余南平 等◎著

全国中小学
国家安全教育师资培训教程

国家安全
海外利益安全
生物安全　文化安全
社会安全　生态安全
太空安全　核安全　科技安全
经济安全
政治安全
网络安全
极地安全　深海安全
资源安全
军事安全　国土安全

华东师范大学出版社
·上海·

**图书在版编目(CIP)数据**

全国中小学国家安全教育师资培训教程/余南平等著. —
上海:华东师范大学出版社,2022
ISBN 978 - 7 - 5760 - 2256 - 8

Ⅰ.①全… Ⅱ.①余… Ⅲ.①国家安全-安全教育-中
小学-师资培训-教材 Ⅳ.①G633.201

中国版本图书馆 CIP 数据核字(2022)第 039523 号

## 全国中小学国家安全教育师资培训教程

著 者 余南平等
项目编辑 刘祖希
审读编辑 程云琦
责任校对 陈梦雅 时东明
装帧设计 邵娜英 卢晓红

出版发行 华东师范大学出版社
社 址 上海市中山北路 3663 号 邮编 200062
网 址 www.ecnupress.com.cn
电 话 021-60821666 行政传真 021-62572105
客服电话 021-62865537 门市(邮购)电话 021-62869887
地 址 上海市中山北路 3663 号华东师范大学校内先锋路口
网 店 http://hdsdcbs.tmall.com

印 刷 者 上海新华印刷有限公司
开 本 787 毫米×1092 毫米 1/16
印 张 16.5
字 数 269 千字
版 次 2022 年 10 月第 1 版
印 次 2025 年 1 月第 2 次
书 号 ISBN 978 - 7 - 5760 - 2256 - 8
定 价 98.00 元

出 版 人 王 焰

(如发现本版图书有印订质量问题,请寄回本社客服中心调换或电话 021-62865537 联系)

# 序

当前,百年变局、世纪疫情、大国博弈诸多因素叠加,世界之变、时代之变、历史之变正以前所未有的方式展开。我国面临的传统安全威胁与非传统安全威胁日益增多,我国安全形势面临的不稳定、不确定风险日益凸显。党的十八大以来,以习近平同志为核心的党中央立足新时代历史方位,从中华民族伟大复兴战略全局和世界百年未有之大变局出发,创造性地提出关于国家安全一系列新思想、新理念、新战略,形成了总体国家安全观,开辟了新时代中国特色国家安全维护与建设道路。为深入学习贯彻习近平总书记总体国家安全观,落实党中央关于加强大中小学国家安全教育文件精神和《中华人民共和国国家安全法》提出的"将国家安全教育纳入国民教育体系"要求,教育部要求结合教育系统实际,指导大中小学系统、规范、科学地开展国家安全教育,系统推进国家安全教育进课程、进教材、进校园,全面增强大中小学生的国家安全意识,提升维护国家安全能力,为培养社会主义合格建设者和可靠接班人打下坚实基础。

对此,华东师范大学政治与国际关系学院教授、上海市人民政府决策咨询基地领军人物余南平教授专程组织相关领域的学者,面向广大中小学教育师资编写了《全国中小学国家安全教育师资培训教程》。本书围绕总体国家安全观所涵盖的重点领域,结合新时代中华民族伟大复兴之路上面临的挑战进行编写。主要分为宏观篇、领域篇、应用篇三个部分。全书坚持政治性、思想性和通俗性的有机统一,重点阐释了包括政治安全、经济安全、生物安全、网络安全、生态安全、科技安全、文化安全等方面在内的国家安全形势新变化,同时也提出了相关领域安全对策的思考与分析。本书作者基于跨学科、跨门类的思维和方法学,将宏观分析与微观研究相结合,并把国家安全领域一些难以分析的问题进行层层解剖,内容紧贴国家安全工作实际需要,并辅以生动形象的案例帮助教师和学生学会主动运用所学知识分析国家安全问题。本书内容简明扼要、深入浅出,对于普及中小学生国家安全教育、提升教师和学生复合型国家安全意识,具有较强的针对性和实用性。

　　本书的设计和完成得到了华东师范大学出版社的大力支持。全书系团队合作的成果,由余南平设计总体写作框架,各章节的具体分工如下:第一章"习近平总书记总体国家安全观概述"由余南平撰写,第二章"现阶段国家安全主要问题评估"由戢仕铭撰写,第三章"当前大国博弈中的国家安全新问题与新形势"由杜志远撰写,第四章"当前技术进步与国际安全竞争"由戢仕铭撰写,第五章"政治与社会问题"由黄郑亮撰写,第六章"经济发展与安全问题"由李括撰写,第七章"科技与网络安全问题"由秦炎铭撰写,第八章"生物与生态安全问题"由车越撰写,第九章"民族复兴中的文化安全问题"由殷悦撰写;严佳杰、张翌然、黄昊、张路参与了统稿工作,终稿由余南平统一审校。

　　本书作为国家安全教育师资培训读本,书中或有不足之处,恳请广大读者批评指正。本书撰写团队愿与广大读者一道为我国国家安全事业的发展共同努力。

本书编写组
2022 年 9 月

# 目　录

上篇：宏观篇

**第一章　习近平总书记总体国家安全观概述 / 3**

　　第一节　当代国家安全的总体布局的说明 / 4

　　第二节　总体国家安全观的提出 / 9

　　第三节　总体国家安全观的内容 / 16

　　第四节　总体国家安全观的两大特点 / 20

　　第五节　总体国家安全观的拓展 / 21

　　第六节　总体国家安全观的落实 / 25

**第二章　现阶段国家安全主要问题评估 / 31**

　　第一节　政治安全问题评估 / 32

　　第二节　经济安全问题评估 / 35

　　第三节　生物安全问题评估 / 40

　　第四节　网络安全问题评估 / 43

　　第五节　生态安全问题评估 / 49

　　第六节　社会安全问题评估 / 53

　　第七节　文化安全问题评估 / 56

　　第八节　科技安全问题评估 / 60

**第三章　当前大国博弈中的国家安全新问题与新形势 / 71**

　　第一节　国家行为体维度 / 72

第二节 国家内容维度 / 78

**第四章 当前技术进步与国际安全竞争 / 87**
　　第一节 当前技术进步的特点和影响 / 88
　　第二节 主要国家对待技术进步的态度和举措 / 92
　　第三节 我国应对国际安全竞争的策略 / 99

中篇：领域篇

**第五章 政治与社会安全问题 / 109**
　　第一节 政治安全:国家安全的根本 / 110
　　第二节 社会安全:国家安全的保障 / 116

**第六章 经济发展与安全问题 / 125**
　　第一节 总体国家安全观中的经济安全内涵 / 126
　　第二节 全球化与经济安全问题 / 129
　　第三节 我国经济安全的立法演变与法律框架 / 131
　　第四节 我国经济安全面临的风险与挑战 / 133
　　第五节 维护经济安全的主要任务 / 137
　　第六节 金融安全与风险防范 / 141

**第七章 科技与网络安全问题 / 149**
　　第一节 科技安全 / 150
　　第二节 网络安全 / 165

**第八章 生物与生态安全问题 / 184**
　　第一节 生物安全与生态安全 / 184
　　第二节 生物安全评价与生态安全问题 / 188

第三节　生态安全实例 / 194

**第九章　民族复兴中的文化安全问题 / 200**
　　第一节　文化与文化安全概述 / 201
　　第二节　中华民族复兴进程中文化安全的演变 / 204
　　第三节　维护国家文化安全的意义 / 208
　　第四节　维护国家文化安全的路径 / 212
　　第五节　维护文化安全的挑战与保障机制 / 214

下篇：应用篇

**第十章　新时代国家安全案例 / 223**
　　第一节　政治安全案例 / 224
　　第二节　社会安全案例 / 226
　　第三节　经济安全案例 / 230
　　第四节　金融安全案例 / 231
　　第五节　网络安全案例 / 234
　　第六节　科技安全案例 / 238
　　第七节　生物安全案例 / 242
　　第八节　生态安全案例 / 246
　　第九节　文化安全案例 / 251

# 上篇：宏观篇

# 第一章　习近平总书记总体国家安全观概述

## ■ 本章导言

2017 年,党的十九大召开,提出经过长期的努力,中国特色社会主义进入了新时代,这是我国发展新的历史定位。在十九大报告中,安全和国家安全成了重要的关键词。在进入中国特色社会主义新时代后,我国社会的主要矛盾已经转化为人民日益增长的美好生活需要和不平衡不充分的发展之间的矛盾。在这个矛盾中,也有安全的地位。十九大报告中提到:"我国稳定地解决了十几亿人的温饱问题,总体上实现小康,不久将全面建成小康社会,人民美好生活需要日益广泛,不仅对物质文化生活提出了更高的要求,而且在民主、法治、公平、正义、安全、环境等方面的要求日益增长。"伴随着我国社会生产力水平总体显著提高,社会生产能力在很多方面进入世界前列的同时,发展不平衡不充分的问题更加突出,这已经成为满足人民日益增长的美好生活需要的主要制约因素。安全成为人民生活的一个重要需求,而需求的增长与保障的滞后也成为急需解决的问题。

与党的历次代表大会报告相比,十九大报告中对安全与国家安全的论述更加丰富、更加系统。在 1992 年召开的十四大首次在党的报告中提到"国家安全",但在提到"安全"的 4 处中只有 1 处是"国家安全";1997 年十五大报告中对于"安全"的提及有 6 次,其中有 3 次是"国家安全";2002 年十六大报告,提到"安全"的次数增加到了 14 次,其中有 3 处是"国家安全";2007 年十七大报告中提到了 23 处"安全",其中有 5 处是"国家安全";2012 年党的十八大报告,提到了 36 次"安全",其中有 5 处是"国家安全";到 2017 年十九大报告中,提及 56 次"安全",其中有 18 处是"国家安全"。由此可见,历年来党的报告对于国家安全的论述明显增多。

## ■ 本章大纲

第一节　当代国家安全的总体布局的说明

第二节　总体国家安全观的提出

第三节　总体国家安全观的内容

第四节　总体国家安全观的两大特点

第五节　总体国家安全观的拓展

第六节　总体国家安全观的落实

### ■ 本章知识要点

1. 全面理解总体国家安全观的概况

2. 掌握总体国家安全观出台的时代背景与理论基础

3. 掌握总体国家安全观的内容与特点

4. 认识总体国家安全观的应用与拓展

## 第一节　当代国家安全的总体布局的说明

下文将对当代国家安全的总体布局做一个说明,具体由五部分组成:(1)当代国家安全总体布局;(2)总体国家安全观的提出;(3)总体国家安全观的内容;(4)总体国家安全观的拓展;(5)总体国家安全观的落实。

首先来看我国在国家安全中的总体布局都有些什么内容。党的十八大以后,以习近平总书记为核心的新一届中央领导在许多方面和过去有很大的不同和拓展。例如,加大了反腐力度,打掉了一批"大老虎"、"小老虎",遏制了官员贪污腐败的势头;开展了群众路线教育活动,回到了党与人民群众的正确关系上来;另外提出了四个全面的战略布局和五位一体的总体布局,抓住了当前中国需要解决的一些重大问题。另外,还有一个重大的方面,开始受到关注:

2012 年 11 月党的十八大召开,2013 年 11 月党的十八届三中全会提出设立国家安全委员会。

2014 年 1 月 24 日,国家安全委员会正式设立;2014 年 4 月 15 日,在国家安全委员会第一次会议上,首次正式提出"总体国家安全观";2014 年 11 月《反间谍法》颁布实施。

2015 年 1 月,《国家安全战略纲要》通过;2015 年 7 月,新的《国家安全法》颁布实施;2015 年 12 月《反恐怖主义法》颁布。

2016 年 4 月 15 日,第一个国家安全教育日活动开展,这是根据《国家安全法》规定,每年 4 月 15 日为国家安全教育日;2016 年 4 月 18 日,《境外非政府组织境内活动管理法》颁布;2016 年 11 月 7 日,《网络安全法》颁布;2016 年 12 月 9 日,中央政治局审议通过了关于加强国家安全工作的意见;2016 年 12 月 27 日,国家网络空间安全战略发布。

2017 年 2 月,习近平总书记主持召开了国家安全工作座谈会并发表了重要讲话;2017 年 6 月《国家情报法》颁布实施;2017 年 10 月 18 日,党的十九大报告对国家安全做了前所未有的系统的论述;2017 年 12 月,《反间谍法实施细则》发布。

这一系列的时间进程,可以看到我们国家对国家安全问题做了一个总体性的、多方面的战略性布局。对这样的布局可以概括为五个方面:(1)中央国家安全委员会的设立;(2)总体国家安全观的提出与发展;(3)国家安全法治建设的快速推进;(4)国家安全战略文本的审议通过;(5)国家安全教育向纵深发展。

## 一、中央国家安全委员会的设立

2013 年 11 月,党的十八届三中全会通过《关于全面深化改革若干重大问题的决定》做出设立国家安全委员会的决定。这一决定的第十三条是创新社会治理体制,其中第 50 点健全公共安全体系中提到"设立国家安全委员会,完善国家安全体制和国家安全战略,确保国家安全"。关于国家安全的论述是放在了创新社会治理体制这一大题目下及健全公共安全体系这一小题目下,这样的设置是引人深思的,因为在过去的党和政府文件中,国家安全问题最初也就是 20 世纪放在了军事国防这一部分来讲。本世纪初放在了外交及国际关系这一部分来讲系统的国家安全,而从十七大以后,放在了社会治理这一部分,具体地来讲国家安全。党的十八届三中全会提出了设立国家安全委员会这样一个问题,同样在这次会议上,关于设立国家安全委员会,习近平总书记做出了专门的说明:"国家安全和社会稳定是改革发展的前提,只有国家安全和社会稳定,改革发展才能不断推进。当前,我国面临对外维护国家主权、安全、发展利益,对内维护政治安全和社会稳定的双重压力,各种可以预见和难以预见的风险因素明显增多,而我们的安全工作体制机制还不能适应国家安全的需要,需要搭建一个强有力的平台统筹国家安全工作。设立国家安全委员会,加强对国家安全工作的集中统一领导,已是当务之急。"同时习近平总书记还提出了国家安全委员会的四个主要职责:(1)制定和实施国家安全战略;(2)推进国家安全法治建设;(3)制定国家安全工作方针政策;(4)研究解决国家安全工作中的重大问题。[1]

2014 年 1 月,中央国家安全委员会正式成立,中央政治局会议决定中央国家安全委员会由习近平任主席,李克强、张德江任副主席,下设常务委员和委员若干名。中央国家安全委员会作为中共中央关于国家安全工作的决策和议事协调机构,向中央政治局、中央常务委员会负责,统筹协调设计国家安全的重大事项和重要工作。需要注意的是,我国设立的中央国家安全委员会是党的机构,这和国外许多国家的安全委员会是不一样的,与学界多年前对国家安全委员会的设想也是不一样的。

## 二、总体国家安全观的提出与发展

国家安全委员会设立后,习近平总书记于 2014 年 4 月 15 日第一次国家安全委员会会议提出了重要的国家安全思想,即总体国家安全观。[2] 总体国家安全观的提出可以说是为我们国家的国家安全建立了一个重要的思想理论。在十九大报告中,习近平总书记强调了要坚持总体国家安全观,而且把坚持总体国家安全观列为坚持和发展中国特色社会主义的十四个基本方略之一,并做出了系统的论述。这些论述使我们觉得总体国家安全观成为现在中国特色社会主义思想的有机组成部分,成为中国特色的国家安全思想。

---

1 新华网. 习近平:关于《中共中央关于全面深化改革若干重大问题的决定》的说明[EB/OL]. (2013 - 11 - 15). http://www. xinhuanet. com/politics/2013 - 11/15/c_118164294. htm.
2 新华网. 习近平:坚持总体国家安全观　走中国特色国安安全道路[EB/OL]. (2014 - 04 - 15). http://www. xinhuanet. com/politics/2014 - 04/15/c_110253910. htm.

## 三、国家安全法治建设的快速推进

按照时间梳理国家安全法律的颁布和实施进程,首先颁布实施的是《中国人民共和国反间谍法》,此后为新《国家安全法》的颁布实施(因为 1993 年的《国家安全法》主要内容为反间谍侦察问题,后被《反间谍法》替代)。新《国家安全法》是与总体国家安全观相适应的国家安全法。后来还颁布了《反恐怖主义法》《境外非政府组织境内活动管理法》《网络安全法》《国家情报法》。过去我国对情报工作在社会层面上是避而不谈的,但《国家情报法》的颁布实施使我们看到中国也需要信息情报工作。总结来说,以下这些法律的颁布实施使我国安全法治建设进入了快车道:

(1) 2014 年 11 月,《中华人民共和国反间谍法》颁布实施;

(2) 2015 年 7 月,新《中华人民共和国国家安全法》颁布实施;

(3) 2016 年 1 月,《中华人民共和国反恐怖主义法》实施;

(4) 2016 年 4 月,《中华人民共和国境外非政府组织境内活动管理法》颁布,2017 年 1 月 1 日起实施;

(5) 2016 年 11 月 7 日,《中华人民共和国网络安全法》颁布,2017 年 6 月 1 日实施;

(6) 2017 年 6 月,《中华人民共和国国家情报法》颁布实施;

(7) 2017 年 12 月 6 日,《中华人民共和国反间谍法实施细则》颁布。

## 四、国家安全战略文本的审议通过

众所周知美国总统每年都需要向国会递交国家安全战略报告,而我们中国没有系统的、成文的国家安全战略。在新的国家安全领导机构即中央国家安全委员会成立后,中共中央政治局于 2015 年 1 月 23 日召开会议,审议通过了我国第一个国家安全战略文本《国家安全战略纲要》。这次会议指出,制定实施《国家安全战略纲要》是有效维护国家安全的迫切需要,是完善中国特色社会主义制度、推进国家治理体系和治理能力现代化的必然要求[1]。

近年来,中国将"国家安全战略"一词逐渐拓展为"国家安全方略",不仅把宏观层面的战略包括进去,把相对微观的一些方针和政策也包括进去。2016年12月9日中央政治局召开会议审议通过的《关于加强国家安全工作的意见》可以说是国家安全的一个方略,在国家安全的总体布局规划中占重要地位。因此在十九大召开时,习近平总书记将"坚持总体国家安全观"作为坚持和发展中国特色社会主义的十四个基本方略之一。

## 五、国家安全教育向纵深发展

过去的国家安全教育以反间谍、保密教育为主,而新国家安全法颁布后,不仅对国家安全教育做出了明确规定,更丰富了其内容。《国家安全法》规定,每年4月15日为全民国家安全教育日。此外,规定将国家安全教育纳入国民教育体系和公务员教育培训体系。国家安全教育主要在三个方面展开:(1)全民教育,每年4月15日为全民国家安全教育日;(2)国民教育体系,有小学、中学、大学、研究生层次的国家安全教育,有通识教育,思想政治教育的国家安全教育,也有专业的国家安全教育,即在高校中要设立国家安全学这样的专业;(3)公务员教育培训体系中要有国家安全教育,从中央党校到国家政治学院,到地方的行政学院和党校以及党政机关都在不同的情况下,根据不同的主题开展不同形式的国家安全教育培训工作。

总结来说,当前国家安全布局包含如下五个重要方面:(1)以"国家安全委员会"为标志的国家安全制度体系的初步完善;(2)以"总体国家安全观"为主体的国家安全思想理论的系统创新;(3)以新《国家安全法》为基准的国家安全法律体系的基本形成;(4)以《国家安全战略纲要》为文本的国家安全方略谋划的初步确立;(5)以"国家安全教育日"为热点的国家安全宣传教育的不断推进。这五个战略布局以总体国家安全观为主线,并形成了以总体国家安全观为主要内容的新时代中国特色国家安全思想。

---

1　新华网. 中共中央政治局召开会议审议通过《国家安全战略纲要》. [EB/OL]. (2015 - 1 - 23). http://www. xinhuanet. com//politics/2015 - 01/23/c_1114112093. htm.

## 第二节　总体国家安全观的提出

　　总体国家安全观在 2014 年 4 月 15 日召开的国家安全委员会第一次会议上被提出。习近平总书记在会议上强调,要准确把握国家安全形势变化新特点、新趋势,坚持总体国家安全观,走出一条中国特色国家安全道路。习近平在讲话中指出,增强忧患意识,做到居安思危,是我们治党治国必须始终坚持的一个重大原则。我们党要巩固执政地位,要团结带领人民坚持和发展中国特色社会主义,保证国家安全是头等大事。

　　党的十八届三中全会决定成立国家安全委员会,是推进国家治理体系和治理能力现代化、实现国家长治久安的迫切要求,是全面建成小康社会、实现中华民族伟大复兴中国梦的重要保障,目的就是更好适应我国国家安全面临的新形势、新任务,建立集中统一、高效权威的国家安全体制,加强对国家安全工作的领导。

　　当前我国国家安全内涵和外延比历史上任何时候都要丰富,时空领域比历史上任何时候都要宽广,内外因素比历史上任何时候都要复杂,必须坚持总体国家安全观,以人民安全为宗旨,以政治安全为根本,以经济安全为基础,以军事、文化、社会安全为保障,以促进国际安全为依托,走出一条中国特色国家安全道路。贯彻落实总体国家安全观,必须既重视外部安全,又重视内部安全,对内求发展、求变革、求稳定、建设平安中国,对外求和平、求合作、求共赢、建设和谐世界;既重视国土安全,又重视国民安全,坚持以民为本、以人为本,坚持国家安全一切为了人民、一切依靠人民,真正夯实国家安全的群众基础;既重视传统安全,又重视非传统安全,构建集政治安全、国土安全、军事安全、经济安全、文化安全、社会安全、科技安全、信息安全、生态安全、资源安全、核安全等于一体的国家安全体系;既重视发展问题,又重视安全问题,发展是安全的基础,安全是发展的条件,富国才能强兵,强兵才能卫国;既重视自身安全,又重视共同安全,打造命运共同体,推动各方朝着互利互惠、共同安全的目标相向而行。

中央国家安全委员会要遵循集中统一、科学谋划、统分结合、协调行动、精干高效的原则，聚焦重点，抓纲带目，紧紧围绕国家安全工作的统一部署狠抓落实。

中央国家安全委员会常务委员、委员出席，中央和国家有关部门负责同志列席会议。[1]

下面将根据对总体国家安全观的报道，具体论述以总体国家安全观为主要内容的中国特色国家安全思想提出的时代背景、总体国家安全观的思想渊源以及国家安全的构成要素、领域与体系。

## 一、时代背景

在这里可用三个"30 年"来概括。新中国成立后的第一个 30 年是比较明确的，这30 年期间，国家安全形势在整体上比较严峻，对外准备打仗，准备早打，准备打世界大战，甚至准备打核战争。对内阶级斗争为主要矛盾，以阶级斗争为纲，所以国家安全形势在整体上比较严峻，但比较简单。

在第二个 30 年，我们国家进入了改革开放时代。在改革开放时期，国家安全形势随着冷战的结束逐渐缓和。但是在国际和国内发展的过程中也变得越来越复杂，不再那么清晰，比如，反恐成为国家安全的一个重要内容。但在 2010 年后，一方面，国际社会发生了一个变化，本·拉登被击毙，美国的反恐战争结束，美国战略重心随即做出调整，其战略重心开始从欧洲向亚太地区转移。另一方面，国内的社会政治问题也越来越突出，在改革开放过程中，各种社会矛盾越来越多，越来越复杂，积累起来以后，使整个国内安全形势也变得更加复杂严峻。所以，第三个 30 年开始的时候，我们的国家安全形势是既复杂又严峻，正是在这种情况下才有了要提出一个国家安全思想的客观需要。也就是说，改革开放三十年，经济社会虽然都取得了长足进展，但三十年前确立的以经济建设为中心的基本路线在执行多年后产生了许多新问题，那就是安全问题。安全问题和发展问题同等重要。对此，习近平总书记在提出总体国家安全观时指出："国家安全和社会稳定是改革发展的前提。只有国家安全和社会稳定，改革发展才能不断

---

1　人民网 2014 年 4 月 16 日报道，标题为《习近平：坚持总体国家安全观　走中国特色国家安全道路》.

推进。"[1] 我们既要重视发展问题又要重视安全问题,发展与安全是并重的。在总体国家安全观提出时,当时的国家安全形势可以概括如下:内忧外患并存,外患日益加重,内忧甚于外患,危机险象四伏,形势复杂严峻,应对措施乏力。所以需要新的措施、新的办法、新的思想、新的理论,总体国家安全观就是这样应运而生的。对于这样的形势,习近平总书记评价道,"当前我国面临对外维护主权、安全、发展利益,对内维护政治安全和社会稳定的双重压力,各种可以预见和难以预见的风险因素明显增多。[2] 需要注意的是,既有可以预见的风险因素,也有难以预见的风险因素,而难以预见的风险因素对于我们国家是更为严重的挑战。"在提出总体国家安全观的时候,他还指出:"当前我国国家安全内涵和外延比历史上任何时候都要丰富,时空领域比历史上任何时候都要宽广,内外因素比历史上任何时候都要复杂。"[3] 也就是说,国家安全的问题多了、严重了、复杂了,需要新的思想。那么,总体国家安全观的提出不仅仅是一个客观的需要,更有主观的、思想理论上的历史继承。

## 二、思想渊源

从思想理论来源来看,总体国家安全观可以说是汇聚古今中外思想、兼容并包而成的。

第一,马克思主义与毛泽东思想对总体国家安全观的提出具有指导性的作用。如总体国家安全观提出的以人民安全为宗旨,总体国家安全观既重视外部安全又重视内部安全等,这里面就体现了马克思主义的辩证唯物主义的两点论、重点论,历史唯物主义的群众史观和毛泽东思想的群众路线。

第二,总体国家安全观的思想渊源,还包括《中华人民共和国宪法》和《中国共产党党章》。宪法规定"中华人民共和国的一切权力属于人民",这样人民主权的原则在总体国家安全观中得到了充分的体现;同样,党章规定的全心全意为人民服务的思想在

---

1 新华网. 习近平:关于《中共中央关于全面深化改革若干重大问题的决定》的说明[EB/OL]. (2013 - 11 - 15). http://www. xinhuanet. com/politics/2013 - 11/15/c_118164294. htm.

2 新华网. 习近平:关于《中共中央关于全面深化改革若干重大问题的决定》的说明[EB/OL]. (2013 - 11 - 15). http://www. xinhuanet. com/politics/2013 - 11/15/c_118164294. htm.

3 新华网. 习近平:坚持总体国家安全观 走中国特色国家安全道路[EB/OL]. (2014 - 04 - 15). http://www. xinhuanet. com/politics/2014 - 04/15/c_110253910. htm.

总体国家安全观中也有充分的体现。

第三,其思想渊源为新时期社会主义民主政治建设理念,这在总体国家安全观中也有体现。

第四,中国传统文化对于总体安全观的提出具有不可磨灭的影响。总体国家安全观强调了国家安全要以民为本,这就体现了中国传统文化的民本思想。

第五,西方近代以来政治文明的影响,总体国家安全观不仅吸纳了中国传统的优秀文化,而且吸纳了世界上众多优秀的、有用的、好的思想。西方文艺复兴之后近代的人本主义、人道主义,在总体国家安全观中强调以人为本这样的理念中就得到了体现。

第六,国际上在冷战后期逐渐出现的各种新的安全理念和新安全观,特别是非传统安全理念和非传统安全观,诸如共同安全、综合安全、合作安全等概念和思想,都很好地被借鉴到了总体国家安全观的理论建设中。

实际上,在世纪之交,我国政府就已经提出过新安全观,多年以来一直认为是一个对外安全观,不是一个全面的安全观,所以是有局限性的。但在对外方面,它还是积极的、有用的。所以新安全观在总体国家安全观中得以体现。当时的总体国家安全观中所强调的以互信、互利、平等、协作为核心的新安全观思想,在总体国家安全观中也有体现。

第七,中国学术界的国家安全学理论成果。中国学术界在冷战结束之后,在改革开放这几十年中,逐渐有一些人开始关注、研究总体国家安全观。这里最重要的就是像国际关系学院在20世纪90年代就开始了国家安全学的学科建设,编写教材,开设相关课程,提出了一个比较系统的国家安全学理论体系。该理论体系对总体国家安全观的提出发挥了积极的作用,教材如《国家安全学》,专著如《为国家安全立学》,在此过程中都发挥了积极的作用。按照国际关系学院的这种国家安全学理论体系,对国家安全的认识从四个方面来进行,第一个方面是国家安全本身的构成要素,第二个方面是影响因素,第三个方面是危害国家安全的因素,第四个是国家安全的保障体系问题。

### 三、国家安全的构成要素、领域与体系分析

首先是国家安全的构成要素。在过去,我们会想到这方面包含政治安全、领土安

全与军事安全,现在我们可能还会想到生态安全与信息安全等。但不管是过去还是现在,都有一个比它们更重要的要素,应该排在第一位的,即人的安全,概括来说就是国民安全。我们在过去的体系中,始终把国民安全放在首位,强调两点:第一,国民安全是国家安全的核心;第二,国民安全是国家安全实践活动最终的、根本的目的。这样的观点在习近平总书记强调的以人民安全为宗旨的总体国家安全观中得到了体现。

第二个过去我们叫国土安全,现在我们叫做国域安全。为什么叫国域安全呢?因为国土强调的是有主权的生存的空间问题。但现在还有好多对国家的生存发展具有重要意义的空间,它们不具有主权,但具有一定的治权,包括一定的使用权、开发权、利用权等,所以将这些空间的安全概括起来叫国域安全。

第三个是资源安全,最近国务院提出改革的过程中,成立了自然资源部,这也说明了自然资源的问题,自然资源越来越重要,在国家安全中有资源安全这样一个内容。

此外还有经济安全和社会安全,这五大方面以往叫做国家安全的史前要素,就是指国家安全还没出现的时候,这五个要素的实体就已经存在了。

和国家安全及国家的诞生伴随的还有这么几个要素:主权安全、政治安全、军事安全。当然,有人对主权安全有不同的看法,认为主权是近代欧洲才提出的一个概念。但这蕴含一个繁杂的问题:尽管概念是近代欧洲提出的,但其事实是不是近代欧洲才出现的呢?这个问题完全可以深入研究,笔者认为有国家就有主权,主权是国家的一个标志。此外还有国家安全的派生要素,包括文化安全、信息安全、科技安全、生态安全在内等十一种要素。在国家安全这十一个要素之下,还有二级甚至三级要素,我们称之为次级要素。例如,我们经常说的粮食安全、金融安全、网络安全,在刚才十一个要素中就没有看到,因为它们是不同安全要素下面的次级要素。

比方说国域安全,是七域一体的国域安全。陆域安全过去叫领陆安全;水域安全过去是领水安全,这样就超出了过去具有主权的领水范围,包括海洋毗连区、专属经济区、大陆架延伸区等;还有空域安全,过去是领空安全但无法涵盖现在的防空识别区,而空域安全把防空识别区这样具有一定的管理权限但没有主权的国家生存发展空间也包括进来;还有天域安全、底域安全(即底土安全),以及网域安全与磁域安全,一共

七方面。至于网络安全,则是信息安全下
的一个具体的共同要素,这样就是国家安
全中的二级、三级甚至四级的共同要素。
国域安全的内容见图1-1。

图1-1　国域安全的内容

　　影响国家安全的因素,是国家安全第
二个大的方面。其总体上可以分为社会因
素和自然因素两个方面(图1-2)。自然因
素包括地理位置、国土面积、人口数量、自然资源、气候条件等五大类。社会因素可下
分为内部因素和外部因素,其中内部因素包括国家体制、大政方针、国民素质、民族宗
教问题等共四类;外部因素则包含国际安全、邻国关系、国际秩序、时代主题及世界格
局等五类。

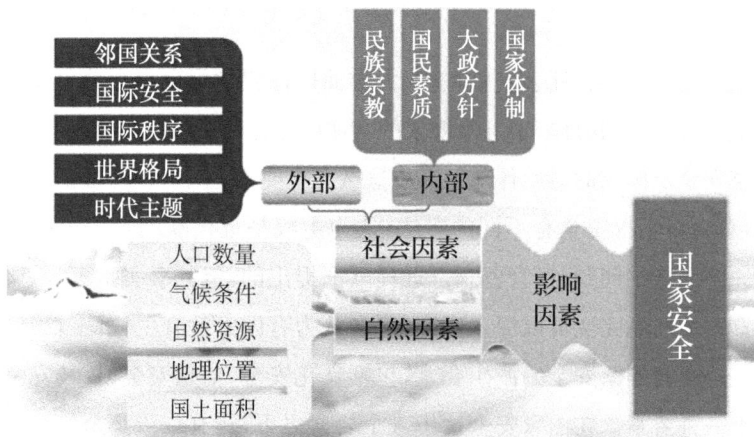

图1-2　影响国家安全的因素

　　第三个方面是危害国家安全的因素,总体上可以分为人祸和天灾(图1-3)。其
中,天灾有洪、涝、旱、震、虫、疫六大类。人祸向下细分为内忧和外患:内忧包括内战内
乱、分裂破坏、极端主义与国内恐怖主义等四类威胁;外患则包括军事侵略、政治颠覆、
文化侵略、隐蔽行动、国际恐怖主义等五类威胁。从中发现,恐怖主义既可能是内忧,
也可能是外患。

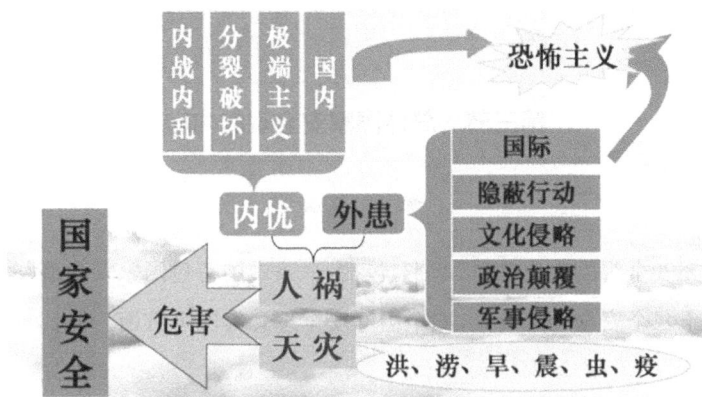

图 1-3 危害国家安全的因素

第四个方面是国家安全的保障体系,保障体系总体上可以分为保障活动和保障机制(图1-4)。保障机制方面,可进一步分为软件和硬件两类内容:软件方面,包括观念战略、法律制度、政策管理、人心民主等四类;硬件方面,包括情报部门、军政机构、外交外事、经贸文教等四类。保障活动方面,总体上可以分为硬手段和软手段两类内容,其中,硬手段方面包括军事攻防、政治镇压、监禁流放、情报保卫等四类;软手段方面,则包括发展经济、变革创新、宣教公关以及对外交往等四类。

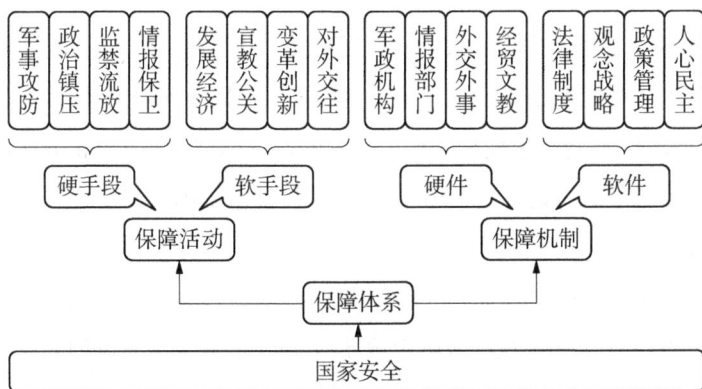

图 1-4 国家安全保障体系

这样,我们就形成了一个完整的国家安全体系。

### 第三节　总体国家安全观的内容

　　总体国家安全观的内容,概括起来,包括:一条中国特色国家安全道路、五个"既重视又重视"、十二个安全构成要素、四个国际安全理念等四个方面。但其实际蕴含内容还远不止于此。

## 一、一条中国特色国家安全道路

　　习近平总书记提到:"必须坚持总体国家安全观,以人民安全为宗旨,以政治安全为根本,以经济安全为基础,以军事文化安全为保障,以促进国际安全为依托,走出一条中国特色的国家安全道路。"[1]这里面体现了社会主义国家的人民主权原则,体现了我们党为人民服务的宗旨。概括起来,总体国家安全观,就是以民为本、统筹兼顾,既要强调以人民安全为宗旨,同时也要关注国家安全从传统的到非传统的各种各样的要素。

　　关于人民安全是国家安全的宗旨,除了前文讲中国特色社会主义道路时的相关论述,习近平总书记还特别强调,我们国家安全既要重视国土安全又重视国民安全,坚持以人为本以民为本,坚持国家安全一切为了人民,一切依靠人民,真正夯实国家安全的群众基础。[2] 习近平总书记对这个思想还有发展,指出了国家安全工作归根结底是保障人民的利益。

　　在整个国家安全中,政治安全是根本性的问题,为什么是这样呢?我们来看宪法的第一条:"中华人民共和国是工人阶级领导的、以工农联盟为基础的人民民主专政的

---

1　新华网. 习近平:坚持总体国家安全观　走中国特色国家安全道路[EB/OL]. (2014 - 04 - 15). http://www. xinhuanet. com/politics/2014 - 04/15/c_110253910. htm.

2　新华网. 习近平:坚持总体国家安全观　走中国特色国家安全道路[EB/OL]. (2014 - 04 - 15). http://www. xinhuanet. com/politics/2014 - 04/15/c_110253910. htm.

社会主义国家。"这样的规定充分体现了人民主权,特别是工农主权的原则。工人、农民、普通老百姓在国家中的政治地位能不能得到保障? 有保障、有地位,那么我们的政治就是安全的;如果没有保障,我们的政治就是不安全的。宪法第二条规定更明确:"中华人民共和国的一切权力属于人民。"这是在讲政治安全的时候,必须讲到位的内容,也是最根本的核心内容。

人们经常听到,"国家安全的根本问题是政治安全问题""政治安全的根本问题是政权安全问题",但对我国来说,政治安全讲到这是远远不够的,我们还要进一步追问:政权安全的根本问题是什么? 政权安全的根本问题是权属安全问题。而权属安全的根本问题在不同类型的国家、不同的时代是不一样的。在封建时代,政权的权属安全就是一家一姓的家天下的安全;而在民主国家,特别是社会主义民主政治的中国,权属安全的根本问题就是人民主权的安全问题。人民主权在我国宪法中是有明确规定的,所以保障人民主权的安全,就是要落实宪法中一切权力属于人民的规定。如果宪法规定落实到位,那我们的政治就安全;如果没有落实到位,我们的政治安全就有问题。所以,政治安全的根本问题就是要把宪法规定的人民主权落实到位。

## 二、五个"既重视又重视"

第一,既重视外部安全又重视内部安全。对内体现为:求发展、求变革、求稳定、建设平安中国;对外体现为:求和平、求合作、求共赢、建设和谐世界。我们在世纪之交提出过新安全观,但是它主要是对外安全问题。习近平总书记强调现在不仅要重视外部安全也要重视内部安全,内外相结合。

第二,既重视国土安全又重视国民安全。习总书记在论述中没有再展开说国土安全,而是国民安全,强调以民为本,以人为本,坚持国家安全一切依靠人民,一切为了人民,真正夯实国家安全的群众基础。没有再讲国土安全,因为国土安全已经讲述得很多了,而过去忽略了国民在国家安全中的重要地位,忽略了人民安全是国家安全的宗旨,所以现在要特别强调这一点。

第三,既重视传统安全又重视非传统安全。构建起政治安全、国土安全、军事安全、经济安全、文化安全、社会安全、科技安全、信息安全、生态安全、资源安全以及核安全等为一体的国家安全体系。注意这里的"等"字,也就是说,国家安全不仅仅有这些要素,还有其他的许多要素,而只有把和国家安全这个体系有联系的要素都概括起来,才能构成一个国家安全体系。这里也没有展开说明什么是传统安全、非传统安全,两者各需要注意些什么,是因为在这里很多要素难以区分其对应传统安全还是非传统安全,故在这里不做明确区分,不管是传统安全还是非传统安全还是两者交织的,都要归入国家安全体系中。

第四,既重视发展问题又重视安全问题。发展是安全的基础,安全是发展的条件。富国才能强兵,强兵才能卫国。发展和安全都非常重要,在十九大论述总体国家安全观的时候,这一条放在了最前面。

第五,既重视自身安全又重视共同安全。要打造命运共同体,推动各方朝互利互惠、共同安全的目标相向而行。过去提到国家安全的时候只重视自身安全,即只考虑自己国家的安全问题,而不管别人,甚至将别人的动荡视为自己的安全。现在不是,现在新的思维、新的观念,非传统的国家安全思维强调的是共同安全,只有世界安全,才能取得最终的安全。因此,总体国家安全观强调既要重视自身安全又要重视共同安全。

十九大报告提出了坚持和发展中国特色社会主义十四条基本原则,其中的第十条就是坚持总体国家安全观。首先强调的,就是统筹发展和安全、增强忧患意识,做到居安思危是我们党治国理政的一个重大原则。要注意统筹发展和安全的观点和过去有所不同,过去发展是硬道理、以经济建设为中心,现在是发展和安全并重。这是一个重大的转变。此外,还强调了必须坚持国家利益至上,以人民安全为宗旨,以政治安全为根本,统筹外部安全和内部安全、国土安全和国民安全、传统安全和非传统安全、自身安全和共同安全,完善国家安全制度体系,加强国家安全能力建设,提升维护国家主权安全的发展力度。

## 三、十二个安全构成要素

关于构成国家安全的十二个要素,习近平总书记在讲既重视传统安全又重视非传统安全的时候涉及了其中十一个要素之后还有一个"等"字,这说明它不仅仅是这十一个要素。习近平总书记在前文所提到的人民安全、国民安全的问题,也应该加入国家安全的构成要素之中,把人民安全或国民安全加入进来之后,国家安全就一共涉及十二个要素。这十二个要素分别是国民安全、政治安全、国土安全、军事安全、经济安全、文化安全、社会安全、科技安全、信息安全、生态安全、资源安全、核安全。

## 四、四个国际安全理念

除去以上总体国家安全观的十二个构成要素外,总体国家安全观包含四个国际安全理念:共同安全、合作安全、综合安全、可持续安全。这四个国际安全理念是习近平总书记最初在亚信峰会上提出的。在提出总体国家安全观后不久,习近平总书记会上提出我们要积极倡导共同安全、合作安全、综合安全、可持续安全的亚洲安全观。党的十九大报告指出必须统筹国内国际两个大局,始终不渝地走和平发展道路,奉行互利共赢的开放战略,确立正确的义利观,树立共同、合作、综合、可持续的新安全观。需要注意的是,习近平总书记这里也用了新安全观的表述,这与过去的以互信、互利、平等、协作为核心的安全观不同,指的是共同、合作、综合、可持续的新安全观。因而,四个国际安全理念不再是一个独立的理论体系,而是总体国家安全观的有机组成部分。

习近平总书记强调,共同,就是要尊重和保障每一个国家的安全,安全应该是普遍的,不应该是一个国家安全而其他国家不安全,一部分国家安全而另一部分国家不安全;综合,就是要统筹维护传统领域和非传统领域的安全。这就是将过去的传统的领土、主权、政治、经济,与当下非传统的生态、信息、网络安全等综合考虑。

合作安全,是安全的一种途径,一种方法与一种手段。习近平总书记指出合作就是通过对话合作促进各国和本地区安全。[1] 虽然这都是在亚信峰会上针对亚洲来说的,但是这话不仅适合亚洲也适用于全世界,所以后来习近平总书记在不同的一些国际会议的场合也强调过这些观念。国际安全理念的第四个,就是可持续安全。可持续安全与前面三个理念不同,前面几个都是西方一些不同国家的政府和研究机构在特定

---

[1] 新华网. 习近平:积极树立亚洲安全观　共创安全合作新局面[EB/OL]. (2014 - 05 - 21). http://www. xinhuanet. com/world/2014 - 05/21/c_126528981. htm.

的时候提出的安全观念,我们之后直接用了,而第四个可持续安全是源于西方的可持续发展的理念,但在中国演变成了可持续安全。习总书记指出,可持续就是要安全和发展并重,实现持久安全。[1] 由此可见,习近平总书记提出总体国家安全观的时候真的是兼容并包,将各方面的好的理念都吸纳进来。

## 第四节　总体国家安全观的两大特点

总体国家安全观的两大特点:一是民本民主的核心理念,二是全面系统的科学思维。

第一,民本民主的核心理念。其在前文我们说的一条特色道路中体现,它的第一句话就是以人民安全为宗旨。习近平总书记强调,要以民为本、以人为本,坚持国家安全一切依靠人民,一切为了人民,真正夯实国家安全的群众基础。[2] 这句话体现了民本民主的核心理念、核心价值观。总体国家安全观存在一个价值观的问题,而以人民安全为宗旨就是其价值观。在 2017 年 2 月召开的国家安全工作座谈会上,习近平总书记对其中的以人民安全为宗旨的论述进一步向前推进了,其具体说法是,国家安全工作归根结底是保障人民利益。[3] 这句话非常重要,各种各样的国家安全工作,无论是传统的军事工作、外交工作、情报工作等,又或是非传统的维护金融安全工作等,归根结底是保障人民利益,离开这一点,安全就是抽象的,国家安全也是没有意义的。

第二,全面系统的科学思维。这一点体现在总体国家安全观涉及的内容非常丰富,涵盖了当代国家安全内容的方方面面。在 2014 年 4 月 15 日,习近平提出总体国

---

1 新华网. 习近平:积极树立亚洲安全观　共创安全合作新局面[EB/OL]. (2014 - 05 - 21). http://www. xinhuanet. com/world/2014 - 05/21/c_126528981. htm.

2 新华网. 习近平:坚持总体国家安全观　走中国特色国家安全道路[EB/OL]. (2014 - 04 - 15). http:// www. xinhuanet. com/politics/2014 - 04/15/c_110253910. htm.

3 新华网. 习近平主持召开国家安全工作座谈会[EB/OL] (2017 - 02 - 17). http://www. xinhuanet. com/ politics/2017 - 02/17c_1120486809. htm.

家安全观时,已经涉及许多内容,而后来在不同的论述中涉及国家安全的部分,把国家安全的其他内容揭示出来了。2017 年 2 月召开的国家安全工作在座谈会上,习总书记指出国家安全涵盖的领域十分广泛,在党和国家工作全局中的重要性日益凸显。[1] 因此,他把提高社会治理水平,化解社会矛盾,交通消防等都放在国家安全中来论述。同时指出要完善立体化社会治安防控体系,提高社会治理整体水平,注意从源头上盘查化解矛盾纠纷,要加强交通运输、消防、危险化学品等重点领域安全生产治理,遏制重特大事故的发生。可以说,一个国家内的所有安全问题都是国家安全问题。概括起来,一个国家就两大类问题,其一是发展问题,其二是安全问题。

以总体国家安全观为主要内容的中国特色国家安全思想,是一种全面系统的非传统国家安全观,全面系统的非传统国家安全思想。这体现在两方面:第一,它把传统和非传统完全统一起来了;第二,它在价值上强调以人民安全为宗旨。对上述内容进行总结得出,总体国家安全观是全面系统的,以人民安全为宗旨的高级的非传统国家安全观。

## 第五节　总体国家安全观的拓展

2014 年 4 月 15 日,总体国家安全观正式提出后,习近平总书记在不同的场合针对不同的问题,不仅反复强调要坚持总体国家安全观,而且对国家安全不同方面的问题做了更加深入和全面的论述,从而不断拓展和深化了以总体国家安全观为主要内容的新时代中国特色国家安全思想。

例如,习近平总书记在中共中央政治局第十四次集体学习时讲到,要切实维护国家安全和社会安定,为实现奋斗目标营造良好的社会环境。要安而不忘危,存而不忘

---

1　新华网. 习近平主持召开国家安全工作座谈会 [EB/OL] (2017 - 02 - 17). http://www. xinhuanet. com/politics/2017 - 02/17c_1120486809. htm.

亡，治而不忘乱。要加强反恐和反分裂斗争。[1]

2014年5月21日，亚信峰会上，习总书记强调，应该积极倡导共同、综合、合作、可持续的亚洲安全观。[2]

2014年8月29日，中共中央政治局就世界军事发展新趋势和推进我军军事创新进行第十七次集体学习的时候，习近平总书记指出，面对国家安全稳定遇到的严峻挑战，面对改革中的深层次矛盾和问题，更需要我们的思想和观念有一个大的解放，改变维护传统安全的思维定势，树立维护国家综合安全和拓展战略利益的思想观念。[3] 注意，这里所说的思维定势，是指一提到维护国家安全想到的就是政治、军事、领土这些传统的领域，而把生态安全、信息安全、文化安全，把人的安全放在一边。

战略利益拓展中的安全问题也是一个重要问题。现在战略安全问题不仅包括域内，还包括域外的安全。习近平总书记在2014年11月28—29日的中央外事工作会议上强调，当前和今后一个时期，我国对外工作要贯彻落实总体国家安全观，增强全国人民对中国特色社会主义的道路自信、理论自信、制度自信，维护国家长治久安。外事工作外交工作也要贯彻落实总体国家安全观。[4]

2015年3月28日，习近平总书记在博鳌亚洲论坛开幕式上强调，我们要摒弃冷战思维，创新安全理念。习总书记指出，当今世界安全的内涵和外延更加丰富，时空领域更加宽广，各种因素更加错综复杂，各国人民命运与共、唇齿相依，当今世界没有一个国家能实现脱离世界安全的自身安全，也没有建立在其他国家不安全基础上的安全，我们要摒弃冷战思维，创新安全理念，努力走出一条共建、共享、共赢的亚洲安全之路。[5] 这不仅对亚洲有利，这是对整个国际社会具有普遍意义的安全观念。

2015年5月19日，习近平总书记在会见国家安全机关总结表彰大会全体议会代

---

1 人民网. 习近平:切实维护国家安全和社会安定[EB/OL]. (2014 - 04 - 27). http://cpc. people. com. cn/n/2014/0427/cb4094 - 24946886. html.

2 新华网. 习近平:积极树立亚洲安全观　共创安全合作新局面[EB/OL]. (2014 - 05 - 21). http://www. xinhuanet. com/world/2014 - 05/21/c_126528981. htm.

3 人民网. 习近平:准确把握世界军事发展新趋势 与时俱进大力推进军事创新[EB/OL]. (2014 - 08 - 31). http://cpc. people. com. cn/n/2014/0831/c64094 - 25572459. html.

4 新华网. 习近平出席中央外事工作会议并发表重要讲话[EB/OL]. (2014 - 11 - 29). http://www. xinhuanet. com//politics/2014 - 11/29/c_1113457723. html.

5 新华网. 习近平. 出席博鳌亚洲论坛2015年年会开幕式并发表主旨演讲[EB/OL]. (2015 - 03 - 29).

表的时候指出,全国国家安全机关要贯彻落实总体国家安全观,坚定理想信念,忠诚党的事业,与时俱进开创国家安全工作新局面。为实现"两个一百年"的奋斗目标,实现中华民族伟大复兴的中国梦做出更大贡献。[1] 国家安全机关指的是隐蔽战线、情报反间谍战线,都要落实总体国家安全观。

2015 年 9 月 28 日,习近平总书记在出席第 70 届联合国大会一般性辩论时发表了重要讲话,指出没有一个国家能凭一己之力谋求自身绝对安全,没有一个国家能从别国的动荡中收获稳定,我们要摒弃一切冷战思维,树立共同、综合、共同、合作、可持续安全的新观念。[2] 这是跳脱亚洲,针对全世界讲的。

2015 年 12 月 16 日,习近平在第二届世界互联网大会开幕式上指出,维护网络安全不应该有双重标准。[3] 网络安全是全球性挑战,没有哪个国家能够置身事外、独善其身,维护网络安全是国际社会的共同责任。这就是说,在网络安全领域中,也要坚持总体国家安全观,要用总体国家安全观的思维来处理信息安全、网络安全问题。

习近平总书记对总体国家安全观的论述涉及方方面面。核安全也是国家总体安全观的一个重要构成要素。2016 年 4 月 1 日,习近平在美国首都华盛顿举行的第四届核安全峰会上发表讲话的时候指出,我们已经将核安全纳入总体国家安全体系,写入《国家安全法》,明确了对核安全的战略定位。[4] 在我们的《国家安全法》里有核安全,在习近平总书记提出的总体国家安全观内也有核安全,由此可见,核安全是一个非常重要的方面。

2016 年 4 月 15 日,在第一个全民国家安全教育日来临之际,习近平做出指示,强调了要以总体国家安全观为指导,全面实施《国家安全法》,深入开展国家安全宣传教育,切实增强全民国家安全意识。[5] 国家安全教育应该是总体性的全面的,不应该局限于反间谍、情报、隐蔽战线的国家安全。

2017 年 2 月 17 日,习近平总书记在国家安全工作座谈会上指出,国家安全涵盖领

---

1 新华网. 习近平. 与时俱进开创国家安全工作新局面[EB/OL]. (2015 - 05 - 19).
2 新华网. 习近平. 在第七十届联合国大会一般性辩论时的讲话(全文)[EB/OL]. (2019 - 09 - 29).
3 新华网. 习近平. 在第二届世界互联网大会开幕式上的讲话(全文)[EB/OL]. (2015 - 12 - 16).
4 新华网. 习近平. 在华盛顿核安全峰会上的讲话(全文)[EB/OL]. (2016 - 04 - 02).
5 人民网. 人民日报社论[EB/OL]. (2016 - 04 - 15).

域十分广泛,在党和国家工作全局中的重要性日益凸显。要突出抓好政治安全、经济安全、国土安全、社会安全、网络安全等各方面国家安全工作,要完善立体化社会治安防控体系,提高社会治理整体水平,注意从源头上盘查和化解矛盾纠纷,要加强交通运输、消防、危险化学品等重点领域安全生产治理,遏制重特大事故的发生。[1] 国家安全涵盖的领域确实非常广泛,所以国家安全这个概念不仅指向上层建筑的安全问题,而且指一个国家所有的安全问题。

2017 年 11 月,在十九大报告中,习近平总书记用了"国家安全全面加强"对过去以来的我国国家安全形势和国家安全工作做了高度的概括。国家安全面临新情况,指出国家安全面临着新问题、新挑战。在论述新时代中国特色社会主义思想的精神实质和分布内容时,他又进一步强调要坚持总体国家安全观,从而使其成为新时代中国特色社会主义思想的重要内容,成为新时代中国特色的国家安全思想。

同时,十九大报告对维护国家安全还有一个新的提法,叫有效维护国家安全。国家安全是安邦定国的重要基石,维护国家安全是全国各族人民根本利益所在。要完善国家安全战略和国家安全政策,坚决维护国家政治安全,统筹推进各项安全工作。健全国家安全体系,加强国家安全法治保障,提高防范和抵御安全风险能力。严密防范和坚决打击各种渗透颠覆破坏活动、暴力恐怖活动、民族分裂活动、宗教极端活动。加强国家安全教育,增强全党全国人民国家安全意识,推动全社会形成维护国家安全的强大合力。注意"有效维护"强调"有效",意味着在维护国家安全中需要一定的谋略,才能有效地维护国家安全。

前面提到过总体国家安全观是一种高级的非传统国家安全思想。相对应的,也有低级的非传统国家安全思想。传统的国家安全思想关注的仅仅是传统的国家安全问题,它注意不到非传统的部分这本身是没有问题的。而非传统国家安全思想关注到的是各种各样的非传统国家安全问题,其中包括信息安全、网络安全等,但是也会关注传统国家安全问题。如果把传统国家安全思想忘到一边,而仅仅关注非传统国家安全思想,那这就是低级的非传统国家安全思想;如果关注传统国家安全问题又关注非传统

---

1 新华网. 习近平主持召开国家安全工作座谈会[EB/OL](2017 - 02 - 17). http://www. xinhuanet. com/politics/2017 - 02/17c_1120486809. htm.

国家安全问题,从而对国家安全问题进行系统全面的考虑,这就是一种高级的非传统国家安全思想(图1-5)。

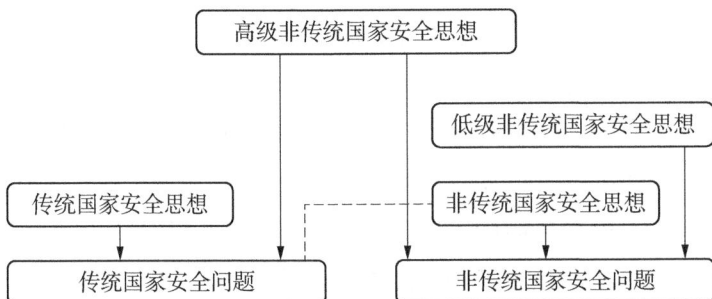

图1-5　高级非传统国家安全思想

因此,判断某种安全思想是否为一种高级的非传统国家安全思想的标准,不在于它是否关注了非传统国家安全问题,而在于是否用非传统的安全思维方式来全面系统地解决包括传统和非传统两方面在内的所有的国家安全问题。所谓共同安全、合作安全、综合安全、可持续安全等,都属于非传统安全的思维形式。

## 第六节　总体国家安全观的落实

总体国家安全观提出以后,社会上的各种宣传教育、学界的各种论著的发表或出版,使总体国家安全观在一定程度上得到了普及,但这种普及还是远远不够的,尤其是在实际工作中,我们还要大力宣传、贯彻、落实总体国家安全观。

主要集中在五个方面:一要落实到国家安全制度体系的完善中;二要落实到国家安全法治建设中;三要落实到国家安全战略谋划中;四要落实到国家安全研究和国家安全宣传教育中;五要落实到其他领域的各种各样的国家安全工作中。

## 一、落实到国家安全制度体系的完善中

十九大提出国家安全制度体系替代了原有的国家安全体制机制,因此现在这种说法叫落实到国家安全制度体系的完善中。关于国家安全体制机制,历史上有不同的说法,最初我们说国家安全机制,后来我们有时说国家安全体制,有时又反过来说国家安全机制。而2013年11月十八届三中全会,习近平总书记在关于设立国家安全委员会的说明中,他用的是国家安全体制机制,把体制机制放在一块说。十九大用的是国家安全制度体系,所以这里用的是国家安全制度体系。在国家安全制度体系的完善过程中,要进一步地贯彻落实总体国家安全观,这个制度体系最重要的就是国家安全委员会的成立,但它不仅仅限于国家安全委员会的成立。近几年的军改,也是国家安全制度体系完善的重要内容,军改的过程中也是强调贯彻落实总体国家安全观的。以后在外交的、情报的、在反间谍的等传统的国家安全制度体系的完善中,也要把总体国家安全观贯彻落实到底。更重要的是加强与重视以往被忽视的一些方面,即非传统的安全工作领域在制度体系完善的过程中也要贯彻落实总体国家安全观。例如,十九大成立了两个新部,一个是自然资源部,另一个是生态环境部。无论是自然资源部还是生态环境部,都要贯彻落实总体国家安全观,在两个部的设立与体制机制的完善过程中,自然资源部必须充分考虑总体国家安全观强调的自然资源安全的问题,生态环境部必须充分考虑总体国家安全观强调的生态安全问题。

十九大报告指出,完善国家安全制度体系,加强国家安全能力建设,坚决维护国家主权、安全、发展利益。同时还提出,健全国家安全体系,加强国家安全法治保障,提高防范和抵御安全风险能力。这种基于总体国家安全观的提法,今后我国政府机构和党的各级部门都要注意贯彻落实。

## 二、落实到国家安全法治建设中

关于国家安全委员会的主要职责,习总书记在2013年11月十八届三中全会上说到国家安全委员会的主要职责第一个是制定和实施国家安全战略,第二个是推进国家

安全法治建设。[1] 有了这个要求,后续我们国家安全立法非常快,而且在国家安全立法中可以明确看到贯彻落实总体国家安全观的踪迹。虽然有的文字表达上可能不太到位,但这个问题在总体上仍有所注意。因此,现在的新《国家安全法》,一个较为准确的定位就是总体国家安全法,而不是过去的隐蔽的反间谍侦查法。法律中既包括了政治安全、军事安全等传统安全领域问题,也包括非传统的诸如文化安全、信息安全、网络安全甚至粮食安全等问题,所以它是一个总体的国家安全法,要贯彻落实到国家安全法治建设中。十九大报告中说,健全国家安全体系,加强国家安全法治保障,提高防范和抵御安全风险能力。这句话我们要特别注意,以法维护国家安全。维护国家安全的时候要依法进行,过去我们的社会主义法治建设在改革开放以后不断地完善,在这不断的完善过程中有一个方面是比较落后的,就是传统的安全领域,长期没有《情报法》,后来 1993 年出台《国家安全法》,但也还不是一部完善的、全面的、总体的国家安全法。所以长期以来,国家安全领域中的好多地方缺乏法制的支撑,这一点应该不断完善。

当然我们知道,我国的安全法治建设任重道远,虽然现在确立了很多法律来完善国家安全法律,但仍有许多法律需要进一步的修订,还有一部分空白区域需要立法。全国人大在这一方面也有其规划。

还有一点就是要有国家安全法治的意识。强化国民国家安全法治意识刻不容缓。当然,不仅仅是普通民众要增强国家法治意识,党政干部、领导干部,特别是高级的领导干部更要加强国家安全法治意识,还有更重要的是国家安全的工作部门要有国家安全法治意识。国家安全部门工作的实质,也是在法律的框架中维护国家安全,因而不能突破法律的框架。其实在国家情报法颁布的时候,有同志就表示国家情报法是对我国国家情报工作的授权,这点毫无疑问是正确的,但同时要注意到,国家情报法是对国家情报工作的一种限权,是把情报工作的权利关进法治的笼子。国家安全权力有时候是很大的,如果这种权力运用不好,就会削弱甚至破坏国家安全。所以国家安全法治意识是非常重要的,包括普通民众、领导干部、国家安全部门工作人员都要培养强烈的

---

1　人民网 2013 年 11 月 16 日报道,标题为《习近平:关于〈中共中央关于全面深化改革若干重大问题的决定〉的说明》.

安全法治意识，做到"有法必依、执法必严"。

## 三、落实到国家安全战略谋划中

有的国家不断地颁布国家安全战略文本，中国也有了《国家安全战略纲要》，虽然这本纲要没有公开，只在新闻报道中对相应的内容做了介绍，但我们毕竟有战略纲要的文本了。《国家安全战略纲要》是一个战略性的规划，十九大报告中新的提法是"方略"，这个词或许更好。是否应该把国家安全方略政策也统一考虑进来，整合成国家安全方略谋划，这是一个大的范围的规划。这样的规划中，不管是高层次的战略还是更接近实际工作的方针政策都需要贯彻落实总体国家安全观。我们知道，在《国家安全战略纲要》制定、发布与实施的时候，新闻报道称："会议认为在新形势下维护国家安全必须坚持总体国家安全观为指导，坚持维护国家核心和重大利益，以人民安全为宗旨，在发展和改革开放中促安全，走中国特色的国家安全道路。"[1]这很好地贯彻落实了总体国家安全观。

2017 年审议通过的《关于加强国家安全工作的意见》，进一步强调了贯彻落实总体国家安全观。会议强调必须坚持总体国家安全观，以人民安全为宗旨，统筹国内国外两个大局，统筹发展安全两件大事，有效整合各方面力量，综合运用各种手段，维护各领域的安全，构建国家安全体系，走中国特色国家安全道路。[2]

## 四、落实到国家安全研究及教育宣传中

总体国家安全观提出以后，中央国家安全领导办公室组织编写了《总体国家安全观干部读本》，目的就是让各层各级、各个领域、各个部门的领导干部学习掌握总体国家安全观。每年 4 月 15 日的全民国家安全教育日，也是一个很好的贯彻落实总体国家安全观的契机。国家安全教育不能局限于反间谍、情报和保密教育，而要全面推进

---

1 新华网. 中共中央政治局召开会议审议通过《国家安全战略纲要》[EB/OL]. (2015 - 01 - 23). http://www. xinhuanet. com/politics/2015 - 01/23/c_1114112093. htm.
2 审议《关于加强国家安全工作的意见》[N].《人民日报》，2016 - 12 - 10.

国家安全教育。

## 五、落实到各领域的国家安全工作中

为什么还要加上这一条呢？因为说得再多，不可能说全。各个领域，涉及国家安全的国民安全、信息安全等十二个领域都要全面贯彻落实总体国家安全观。尤其是我们现在走出国门以后，海外的安全包括海外利益安全和公民在海外的安全问题十分突出。我们还需进一步应该用域外安全这个词，用海外安全这个词还有一定的局限性，域外的利益安全和人员安全工作也要注意贯彻落实总体国家安全观。因此，考虑到国家安全领域的广泛性、问题的复杂性，特别是安全形势随国际格局变化而出现新的问题，都需要我们在各个领域和各项工作中，全面落实总体国家安全观。

### ■ 思考题

1. 总体国家安全观提出的思想渊源有哪些？

参考答案：第一个思想渊源是马克思主义、毛泽东思想。第二个思想渊源是《中华人民共和国宪法》和《中国共产党章程》。第三个思想渊源是新时期社会主义民主政治建设理念。第四个思想渊源是中国传统文化。第五个思想渊源是西方近代以来政治文明的影响。第六个思想渊源是国际上在冷战后期逐渐出现的各种新安全理念和新安全观，特别是非传统安全理念和非传统安全观。第七个思想渊源来自中国学术界的国家安全学理论研究成果。

2. 总体国家安全观有哪些特点？

参考答案：总体国家安全观有两大特点：一是民本民主的核心理念，二是全面系统的科学思维。

3. 教学实践

组织学员集体阅读《习近平关于总体国家安全观论述摘编》《总体国家安全观干部读本》《全面践行总体国家安全观》三部著作，并在阅读结束后组织交流学习心得，探讨总体国家安全观提出的时代背景、设计内容以及在现实生活中的应用等内容。

### ■ 拓展学习资料

[1] 尚伟. 总体国家安全观[M]. 北京:人民日报出版社,2020.

[2] 本书编写组. 总体国家安全观教育读本[M]. 北京:光明日报出版社,2016.

[3] 严华. 坚持总体国家安全观[M]. 长沙:湖南教育出版社,2016.

[4] 侯娜,迟志培. 总体国家安全观研究新探[M]. 北京:中国商务出版社,2020.

[5] 赵红艳. 总体国家安全观与恐怖主义的遏制[M]. 北京:人民出版社,2018.

### ■ 本章参考文献

[1] 中共中央党史和文献研究院. 习近平关于总体国家安全观论述摘编[M]. 北京:中央文献出版社,2020.

[2] 中央党校中国特色社会主义理论体系研究中心. 中国国家安全理论与实践的重大创新[J]. 求是,2017(5):19—21.

[3] 刘跃进,宋希艳. 在总体国家安全观指导下健全国家安全体系[J]. 行政论坛,2018,25(4):11—17.

# 第二章　现阶段国家安全主要问题评估

## ■ 本章导言

习近平总书记在中央国家安全领导小组第一次会议上指出:"当前我国国家安全内涵和外延比历史上任何时候都要丰富,时空领域比历史上任何时候都要宽广,内外因素比历史上任何时候都要复杂,必须坚持总体国家安全观。"为了准确把握总体国家安全观,对现阶段国家安全主要问题进行系统性梳理,这对于加强我们党对这一问题的探索和思考很有必要。2014 年 4 月 15 日,习近平总书记在首次阐述总体国家安全观时将国家安全划分为十二个重点领域,分别为:政治安全、经济安全、国土安全、社会安全、网络安全、军事安全、文化安全、科技安全、生态安全、资源安全、核安全、海外利益安全。这十二个重点领域同时也是国家安全体系的十二个核心要素。本章选择其中常见的八个方面,进行概括性论述并梳理其发展变化轨迹,从时序联系上把握其发展历程,以促进社会各界对总体国家安全观的全面了解和深入认识。

## ■ 本章大纲

第一节　政治安全问题评估

第二节　经济安全问题评估

第三节　生物安全问题评估

第四节　网络安全问题评估

第五节　生态安全问题评估

第六节　社会安全问题评估

第七节　文化安全问题评估

第八节　科技安全问题评估

■ **本章知识要点**

　　1. 了解国家安全八大领域中存在的主要风险和问题

　　2. 掌握并分析风险出现的背后原因

　　3. 了解与发现身边的国家安全风险问题

<hr>

## 第一节　政治安全问题评估

　　维护政治安全,其中维护政权和制度安全是重中之重。进入 21 世纪以来,我国经济总量大幅跃升,综合国力不断提高,取得了举世瞩目的成就,为维护国家政治安全创造了有利物质条件。但我们必须清醒地看到,当前我国所面临的政治安全风险仍十分复杂,维护政治安全的任务十分艰巨和繁重。

　　党的十八大以来,以习近平同志为核心的党中央高度重视国家政治安全,把政治安全视为国家安全的根本,把维护政权安全置于政治安全的首位,把维护执政地位作为政权安全的核心,将人民安全作为国家安全的宗旨。习近平总书记就总体国家安全观,维护国家政治安全提出了一系列新理念、新思想、新战略,特别是指明了维护国家政治安全的重大意义、根本任务、重点工作、策略方法等这些关于国家政治安全的重要论述,深刻体现了对新时代中国特色社会主义的准确把握和理性思考,不仅蕴涵着中国共产党的执政理念、忧患意识和人文情怀,而且丰富并充实了总体国家安全观的思想内涵,使其成为新时代中国特色社会主义思想的重要组成部分。本节从现实层面出发,对目前政治安全面临的问题进行剖析,以期对中国特色国家安全体系中的政治安全起到初步评估的作用。

### 一、西方国家"政治渗透"带来的安全挑战

　　距 20 世纪冷战结束已经有 20 多年时间,但西方的冷战思维反而愈演愈烈。中国作为一个社会主义大国,其社会制度和意识形态与西方国家存在本质上的不同。进入

21世纪后,随着中国的迅速崛起,西方国家对中国的顾虑有增无减。冷战的结束被美国等西方国家认为是西方价值观和意识形态的胜利,美国作为唯一的超级大国处在世界权力结构的中心,在"霸权的列车"上搭载了美国式的民主制度和市场经济观念。美国等西方国家通过向世界其他国家推行"颜色革命",实现维护其核心利益和霸权统治的最终目标。美国学者约瑟夫·奈指出:"推进民主既是国家利益也是软力量之源,尽管这种力量所发挥的作用经常是不够集中的,而且作用过程较长。美国推进民主既有意识形态利益,也有实际利益。"中国作为社会主义大国一直是被西化、分化的重点,一些西方国家无论是从战略格局上,还是从意识形态上,都不愿看到一个社会主义国家顺利发展壮大,所以不断加大对我国实施西化、分化战略力度,这是我国政治安全面临的重大挑战。

美国前国务卿杜勒斯"把对中国和平演变的希望寄托在第三代、第四代人身上"的行动预言,正通过文化多样性题材对中国进行渗透式和碎片式入侵的方式实现。美国政治学家亨廷顿认为,对一个传统社会的稳定来说,构成主要威胁的,并非来自外国军队的侵略,而是来自外国观念的侵入,印刷品比军队和坦克推进得更快、更深入。一些境外驻华使领馆人员,甚至直接指挥、煽动我国人民内部矛盾和纠纷。在西方政客和国外分裂势力的鼓动下,总有一批人在迎合美国和西方世界的思想,想用西方的价值观和民主制度来改造中国,他们对中国现有的国家体制和政治制度进行批判和指责,主张用蓝色文明取代黄色文明。因此,中国在政权安全方面面临的主要挑战来源于国内外企图西化中国的各类因素。由于它直接涉及国家性质是否改变以及政权是否稳固的问题,因此是国家政治安全中不可忽视的挑战。

## 二、政治情报窃取带来的安全挑战

政治情报被称作情报领域的枢纽,尤其是政府的内部签发文件、外交决策等方面的内容,向来是各国情报机构的搜集重点。因为这些具体内容涉及一个国家长期规划发展的战略布局,对维护国家利益政治安全起着至关重要的作用。

中国国防大学教授金一南曾经披露一些被国外和台湾情报机构收买出卖情报的案例,其中涉及出卖政治情报的就有30多起。在这些政治间谍案件中,有些人利用职务之便,出卖中共中央、国务院等部门下发的绝密、机密和秘密文件。有些人甚至把中央紧急会议的内容直接贩卖给西方情报机构。这些文件涉及我国政治、经济、外交等方方面面,包括国家经济调整和外交策略等具体内容,这些信息高度保密,直接或间接关系着我国的政治安全。例如,原中国社保基金会办公厅主任佟达宁被台湾地区情报机构策反,泄露人民币汇率调整等情报,直接导致人民币汇率市场出现大幅度波动,给国家利益造成了不可估量的损失;原中央政府驻香港联络办秘书长蔡小洪曾是英国间谍,潜伏在中国各类机关 10 余年,多次向英国情报机构透露我国领导人动态和各类重要信息。

随着中国综合国力和国际地位飞速发展和提高,境外情报机构投入了大量的人力、物力和财力窃取中国政治情报,有外国情报机构甚至声称"搞到中央文件,就是获得无价之宝",并规定了优厚的奖励办法,所窃取的资料时效性越强、密级越高报酬越丰厚。这些机构对中国进行窃密活动的首选目标是中国党政军领导机关和重要核心部门的涉密人员。面对金钱的诱惑,不乏有一些丧失信念的人,被境外间谍情报机构策反,贪图一时享乐,但最终还是走向人生悲剧,终将受到法律的严厉制裁和判决。

### 三、各类极端破坏活动带来的安全挑战

新形势下,"三股极端势力"以及邪教活动等各类极端破坏活动,都对国家政治安全及社会稳定构成了严重的危害。

"三股极端势力"指的是宗教极端势力、民族分裂势力、国际恐怖势力。国内"三股极端势力"与境外各种反动势力相互勾结,千方百计地制造实施各种破坏活动,妄图破坏我国的民族团结与社会稳定。其背后离不开一些西方国家和机构在人力、财力上的资助,用于直接在我国内部开展破坏活动,危害中国政治稳定。借助互联网和新媒体工具,"三股极端势力"呈现出合流的态势,把目标瞄向高校的青年学生,唆使学生充当先锋,将高校打造成暴动的策源地。"三股极端势力"以非法宣传品在学生群体中发展势力,通过金钱和利益拉拢学生,误导学生攻击社会主义制度,抵制甚至诋毁党和国家的各项政策,宣扬国家分裂思想,甚至直接教唆人们从事各类违法暴力恐怖活动,严重破坏国家安全和社会稳定。

我国的"三股极端势力"其本质不是民族问题,也不是宗教问题,而是打着民族、宗

教旗号下的违法犯罪行为,其本质是反对祖国统一,有意分裂祖国,破坏各族人民团结,反对中国共产党的领导,反对中国社会主义制度。这些都对国家政治安全和社会稳定构成了直接的威胁。"三股极端势力"的活动,将政治安全风险的内部因素和外部因素结合起来,具有极大的危害性,更需要引起高度警惕。

从上文的分析可以得出结论,在国家政治安全所面临的挑战中,政权安全和主权安全往往是密不可分的。与此同时,国内政治与国际政治之间也是相互关联、相互影响的,这正是由当今全球化时代的特点所决定的。

## 第二节　经济安全问题评估

2008年国际金融危机后,世界经济格局进入深度调整和变革周期,发达经济体深受市场经济、民主政治与福利国家之困,呈现出债务高涨、失业率居高不下、经济增长疲软等态势。新兴经济体尽管呈现群体性崛起之势,但各自都面临结构性风险和问题。中国已经成为全球第二大经济体、第一制造大国和全球外汇储备最高的国家,发展所面临的国际大环境正在发生深刻的变化,中国与世界主要大国之间的竞争与博弈出现新形势,其经济发展面临的外部风险明显增加。与此同时,中国步入工业化中后期,供给侧结构性改革正在进行,经济面临繁重的结构调整和转型任务,并将更加深度地融入全球经济体系。

2020年新冠疫情的爆发深刻改变了全球经济发展格局,国家经济安全也面临着新的挑战,概括而言,其外源性风险大于内源性风险,并且主要集中在产业领域和金融领域,具体表现为:跨国公司利用资金实力和绝对技术优势挤占我国市场,特别是威胁我国关键产业的稳定与发展;国际游资和国际金融危机对我国不成熟的金融体系和资本市场的冲击,加大了我国金融风险存在的威胁;许多国家遵循以邻为壑的贸易壁垒政策和措施遏制我国进出口,这将在很长时期内对我国的贸易安全构成威胁。除了一系列内源性风险,随着世界政治和经济形势的深刻变革,国家经济主权这一概念被重新提上日程,国家经济安全的内涵出现了新变化。

## 一、产业安全领域的安全问题

经济安全研究始于冷战时期,繁于全球化时代,盛于特朗普时期,从提出至今都带有显著的国际角力烙印。经济安全的概念首次出现在官方文件中是在 1980 年日本发布的《国家综合安全报告》。随后在 20 世纪 90 年代美、俄等国不断强化其经济安全思想,发展至当今特朗普的"经济安全即国家安全"的核心高度。面对复杂变化的国际局势,我国一直将经济发展作为国家发展的核心事业,并将经济安全视为国家安全的基础。2015 年 7 月 1 日,第十二届全国人民代表大会常务委员会第十五次会议通过新的《国家安全法》。新《国家安全法》第三条规定,国家安全工作以经济安全为基础。这表明,经济安全是我国国家安全的重要内容,在我国国家安全体系中居于基础性地位。社会各界形成了对于国家经济安全认识的共识:一是强调全球化和开放经济环境的背景;二是强调国家根本的经济利益不受侵害;三是强调竞争力。

产业安全是经济安全的核心。抛开国际竞争的影响,产业安全是指经济体内部自主产业的生存和发展不受威胁的状态,主要侧重经济体内部产业生存安全与产业发展安全。产业安全覆盖范围广,在我国经济整体格局中"牵一发而动全身",具体而言,金融安全、粮食安全、贸易安全可以说都与产业安全存在直接或间接的关系。因此,产业安全对于经济安全有着至关重要的稳定作用。产业安全与产业威胁是一个问题的正反两面,产业受威胁程度越高则产业安全度越低。本小节主要从产业组织安全和市场绩效两个层面进行初步分析。

产业组织安全是指某一国家或地区的产业持续增长、产业内企业处于有效竞争的状态。传统意义上的产业组织安全认为产业集中度是反映市场控制力的一个重要指标。本国企业的市场集中度越高,对本国市场的控制力越强,产业就越安全。但从此次新冠肺炎疫情导致的供应链受阻及复工延迟的极端情况看,产业集中度越高其潜在的风险可能越高。以动力锂电池产业为例,数据统计显示,2018 年我国动力锂电池最大的 5 项之和所占的比例(CR5)为 74%,电池最大的 10 项之和所占的比例(CR10)达到 83%,较 2017 年我国锂电池行业集中度进一步提高。我国动力锂电池产业的飞速发展和极大的市场占有率,使得其具有很强的国际竞争力,但高集中度的产业意味着产业风险同样高度集中。一旦单个企业遭受风险,将会上升为整个产业的风险,这对国家整体经济安全是巨大的威胁。同样的例子还有我国 5G 产业领导者华为公司,作为中国乃至世界 5G 产业的领导者,华为在国内信息通信行业龙头地位毋庸置疑,但在受到世界认可的同时,其自身的生存与发展安全基本等同于中国 5G 产业的安全。面对动荡的国际局势、激烈的国家博弈和行业竞争,对于华为公司来说,机遇与挑战并存,对我国的经济安全而言,如何克服产业高度集中带来的风险,是未来维护经济安全要解决的主要问题。

从市场绩效层面看,非金融产业部门的高杠杆率对产业生存安全是一大潜在威胁。高杠杆率意味着产业生存增加了多倍的风险,随着租金、利息等支出的增加,产业内部分企业生存风险陡增。2019 年第 2 季度中国的宏观杠杆率已经超过了美国,紧随日本与英国之后。其中,非金融企业杠杆率高达 154.5%,是美国的 2 倍、是排名第二的日本的 1.5 倍。

表 2-1　全球一些国家部门/企业/政府/家庭负债占 GDP 比重

| | 非金融部门负债占 GDP 比重(%) | 非金融企业负债占 GDP 比重(%) | 政府负债占 GDP 比重(%) | 家庭负债占 GDP 比重(%) |
|---|---|---|---|---|
| 中国 | 261.5 | 154.5 | 52.4 | 54.6 |
| 英国 | 249.7 | 75.0 | 99.8 | 75.0 |
| 美国 | 274.5 | 79.1 | 111.4 | 84.0 |
| 德国 | 180.7 | 58.9 | 67.8 | 54.0 |
| 日本 | 379.6 | 101.6 | 219.4 | 58.7 |
| 巴西 | 157.6 | 42.3 | 87.0 | 28.3 |
| 印度 | 123.9 | 44.4 | 67.9 | 11.6 |
| 俄罗斯 | 78.4 | 45.4 | 14.8 | 18.1 |

资料来源:美联储 https://www.federalreserve.gov/

## 二、国家金融安全领域的安全问题

金融安全是国家经济安全的重要组成部分,是一切生产、消费等经济活动的重要基础。近年来,全球经济周期进入了深度变革和调整时期,世界经济的不确定和不稳定因素持续对中国的金融安全造成了很大的考验和冲击。在十八届中央政治局第四十次集体学习中,习近平总书记就指出:"维护金融安全是关系我国经济社会发展全局的一件带有战略性、根本性的大事。"在金融要素全球流动加速的大背景下,各国都高度重视金融安全,并考虑将其融入现有的金融稳定监督机制之中。虽然多数跨境金融活动都是基于市场化、商业化原则,并且大型跨国金融机构也多是上市公司,但在现有国际金融竞争格局下,或多或少都会受到东道国政府的干预和影响,这就必须考虑其对他国安全与利益的影响。当然,由于政治博弈、法律纠纷、金融制裁等涉及国家关系的因素,且经常缺乏公开、定量的判断标准,因此对国家金融安全的分析就显得格外微妙。

### (一) 金融市场的低利率风险

两方面因素决定了中国的金融市场不适宜保持偏离市场太久的低利率。一是中国的利率市场化机制不完善。成熟市场的利率机制通过央行到货币市场再到经济层面进行传导,同时还有灵活的汇率机制进行调节和消纳。中国目前的利率机制仍然是以官方公布存贷款利率为主,直接对经济实体施加影响,具有直接性,缺乏一个市场缓冲的过程。同时,在外汇市场管制的背景下,无法通过资本的自由流动来对冲影响,因此相较于欧美国家,中国的低利率对经济的刺激则显得更加强烈。二是投资驱动的中国经济增长模式对资本的需求较大。当经济处于下行期时,以投资拉动经济增长成为良药,低利率政策更是对投资增长推波助澜,容易造成无效投资和资产泡沫。

### (二) 市场整体期限错配严重

资产和负债的期限错配是金融机构的重要功能和盈利来源,却又是流动性风险的根源。当前市场整体表现出来的期限错配风险,主要表现为如下方面。

其一,银行体系期限错配风险不断加大。从银行表内资产负债变化来看,2007—2019 年期间,国内五大行的存贷比指标从平均 63% 上升到 72%。具有稳定性的个人活期存款占比从 2007 年的 41% 下降到仅有 28%,具有波动性的同业存款和财政类存款比重从 20% 上升到 26%。这说明银行存款的来源越来越分散化、存款分流严重,但银行在信贷投放方面仍然较快,特别是中长期贷款占贷款总量的比重从50％上升到56％。而从银行表外来看,银行理财业务的期限错配更加严重。根据《中国银行业理财市场年度报告(2015年)》,封闭式理财产品期限不超过6个月的占84.14％,而理财投资的期限往往相对较长;某行内部数据显示,理财投资资产的加权剩余平均年限约为24个月。

其二,债券市场的融资行为存在短期资金依赖症。从债券市场的存量期限结构来看,全市场债券的平均加权期限约为4.8年,远高于市场上一般资金来源的期限。但从债券发行期限结构看,融资人对短期资金依赖较强,2015年全市场发行量的48％均为一年期以内融资。从债券交易上看,金融机构也对短期滚动融资存在依赖。如大量投资者利用隔夜资金进行滚动续借,隔夜回购在银行间质押式回购交易中的占比由2013年的79％上升到2015年的87％,债券市场回购成交量比2013年增长4倍,2015年比2018年增长110％。

非银行金融机构普遍存在资金池业务,这种资金池业务大部分都存在期限错配。虽然监管部门屡次加强监管力度,但仍屡禁不止。保险公司的万能险保费占总保费比例从2005年的6％提升至2015年的39％,2015年万能险保费收入达7647亿元,比2014年接近翻番。

市场整体期限结构的错配问题,导致市场各主体对流动性存在强烈的依赖。当市场无法通过自身达到资金的滚动续借时,就可能出现类似2013年的流动性紧张局面。因此,在遏制经济下行和保持金融稳定的双重压力下,央行不得不持续释放流动性,以满足市场的非正常需求,但是一旦央行适当收紧流动性,市场就会出现较大的波动,导致货币政策陷入两难的"囚徒困境"。

因此,基于我国现存的产业安全和金融安全问题,引导和健全我国资本市场,促进关键领域融资的良性发展,是当前迫在眉睫的工作。为此,一方面需要坚持稳健的货币政策,适当抬高市场利率,同时优化杠杆结构,促使债务在不同社会群体中合理分布,例如鼓励杠杆向政府、居民、海外等部门转移。另一方面需要注重加强对国内投资机构从业人员的国际意识和政治素养的培育,在金融市场领域加强党的思想和组织建设,以规避产业风险,支持我国战略性新兴产业在未来的发展。

<br>

## 第三节 生物安全问题评估

随着生物安全的内涵和外延不断拓展,各国都趋向认为,生物安全有两大风险来源,一是自然界形成的生物灾害,二是生物技术迅速发展带来的负面影响。就前一风险来源而言,2020年新冠肺炎疫情可以说是一个较为典型的例证。而就后一风险来源而言,最早人们更多关注生物技术客观上不成熟或者不确定而导致的安全风险,这方面的例子包括转基因生物安全和有意的外来物种入侵。近年来,随着前沿生物技术的误用、谬用甚至被恐怖组织所蓄意滥用的风险越来越大,生物恐怖和生物武器开始被各国政府重视,并被视为国家安全的新威胁。

国际生物安全形势正从温和可控状态转向相对严峻,生物安全受到各国高端关注。随着全球化进程的深化,各国都不同程度地存在生物安全问题。生物威胁已从偶发风险向持久威胁转变,威胁来源从单一向多样化转变,威胁边界从局限于少数区域向多区域甚至全球化转变,突发生物事件影响范围已经从民众健康拓展为影响国家安全和战略利益。传统生物安全问题与非传统生物安全问题交织,外来生物威胁与内部监管漏洞风险并存。

### 一、目前我国生物安全形势

随着生物科技的进步和病原基因的变异,我国也面临着严峻的生物安全形势。总体来说,呈现出传统生物安全问题与非传统生物安全问题交织、外来生物威胁与内部监管漏洞风险并存、生物威胁防范与新型生物战暗流叠加的局面。具体体现在:新的突发性传染病出现和扩散风险难以即时感知,生物技术的滥用情况难以监管,《禁止生物武器公约》谈判和履约机制话语权与掌控权不足,以及生物战和生物恐怖袭击风险增加。同时,组织运作体系、物资保障、科技支撑体系、人才体系等生物安全防御体系建设薄弱,距离安全需求仍有较大差距等。

总体来看,我国在生物安全方面的威胁可以分为两类:其一是内部性威胁,表现为我国欠缺对生物科技负面作用的管控体系和能力;其二是外部性威胁,表现为生物科技和技术方面还存在"卡脖子"现象。针对前者,我国要继续强化对生物科技运用潜在安全问题的综合管控能力;针对后者,我国则要以提高生物防御能力为目标,努力发展生物科技;同时,努力营造生物领域的"共同、综合、合作、可持续的安全观",避免所谓的绝对安全。

## 二、影响生物安全形势的风险因素分析

### (一)"X疾病"疫情爆发速度快,防范难度大

"X疾病"的源头有许多种可能性:人类制造的新病毒、存在于特定生态环境中的古老病原体、人畜频繁接触而产生新病原体等,在未来,这些病毒或病原体都有可能因宿主、环境等行为的变化而流行开来。例如,全球变暖造成的永久冻土融化将会释放出古老的病毒和病原体;从人类实验室中逃逸的生物剂将会引发生态系统混乱……以上生物性突发事件,无论是自发的、再发的还是蓄意制造的,一旦失去控制,将会引起全球灾难性生物风险,给国家政府、国际关系、经济发展、社会稳定或全球安全带来持续性破坏。早在2018年,世界卫生组织警告新一波大流行疾病随时发生,有可能在200天内导致3300万人死亡。近年来中东呼吸综合征(MERS)疫情、巴西寨卡疫情、非洲埃博拉疫情等较大规模疫情得到一定程度控制,未来只有席卷全球的疫情才可能影响国际生物安全走势。由于"X疾病"爆发之突然性、蔓延之火速性、防范之困难性等特征,可能会引起全球范围内的生化危机,使其成为影响国际生物安全形势的重大变量之一。

### (二)基因技术与基因武器成为全球技术竞赛的重要组成部分

随着生物技术的进步,将会诱使各国恢复研制生物武器的计划,这将会引起全球新一轮的技术竞赛和权力博弈,使得现有相对稳定的国际秩序面临新的挑战。2018年,美国军方利用昆虫携带被称为"水平环境遗传改变剂"的转基因病毒,直接在田间感染农作物并对其进行染色体编辑,使其更好地应对旱涝、病害、盐碱化等常规农业问题,但这也可能成为农业生物恐怖的源头。联合国前秘书长潘基文在2017年8月召

开的联合国安理会会议中指出,世界对生物武器攻击的应对能力远远不够,生物武器攻击的危险性远高于化学及放射攻击。飞速发展的基因编辑技术使得哺乳动物首次实现了基因驱动,该系统使变异基因的遗传率从 50% 提高到 99.5%,同时可用于清除物种。因此可以合理推测,在不久的将来,随着基因编辑和基因驱动技术的发展,基因武器所带来的风险越来越大,将会为全球生物安全带来一系列不确定因素。

### (三) 生物恐怖主义活动加剧

生物恐怖主义是传统恐怖主义在新时期的全新表现形式,飞速发展的生物和基因基础也使得生物恐怖主义正在成为现实。目前恐怖活动可能通过突发事件造成局部区域的流行病,并有可能发动杀伤力更大的生物袭击。日本邪教奥姆真理教曾经使用肉毒杆菌毒素和炭疽等病毒进行大规模试验,离致命的生物恐怖袭击就差一步;基地组织从 20 世纪 90 年代后期开始,便已经将生物恐怖主义计划纳入其训练和密谋当中。2009 年,研发生物武器的恐怖分子差点引发一场局部疫情。

虽然现在看来,生物恐怖活动还处于萌芽状态,但在未来,生物恐怖主义可能蔓延开来,并威胁到全球生物形势和安全。英国伦敦国王学院生物防御专家菲利帕·伦茨(Filippa Lentzos)表示,受限的国防研究和未被允许的攻击性研究的边界线也日益模糊,军事实验室对生物病菌的有意释放可能是最大的生物恐怖威胁。因此,生物恐怖主义活动是国际生物安全形势的变量之一。

### (四) 恶意生物信息编辑成为新安全隐患

基因编辑工具的发展使恶意生物信息编辑的获取途径变得更为广泛,该技术具有很大的不确定性,一旦被别有用心之人利用,很可能会成为新的国际安全隐患。美国知名合成生物学家乔治·丘奇(George Church)教授曾表示,"开展合成生物学研究的任何人都应受到监视,任何没有执照的人都应该受到怀疑"。美国国家情报总监詹姆斯·克拉珀(James Clapper)在 2016 年全球威胁评估报告中声称,"进行基因组编辑技术操作的国家所采用的法规或伦理标准不同于西方国家,因此有潜在的生产有害生物试剂或产品的可能性"。这一担忧已经成为现实,南方科技大学贺建奎"免疫艾滋病的基因编辑婴儿"事件则被西方不幸言中。该事件在国际社会上引起轩然大波,遭到全球科学家们的抗议和抵制。此类事件不仅对我国科学家群体的国际声誉造成不良影响,而且威胁到我国在生物安全领域的话语权和规则制定,对国家安全和发展大局造成不利影响。

### (五)国家间技术博弈与国际生物技术共同体的建立

在全球新科技革命的大背景下,新兴大国正在不断调整其外交、经济和其他资源,与既有大国在太空、网络、海洋等其他具有战略价值的新领域形成观念的碰撞和秩序的冲突。其中生物科技发展带来的生物安全问题,也开始成为大国博弈重要筹码。

国际层面的许多争论都围绕着生物安全展开,具体包括围绕生物技术主权归属的争议、是否要对生物研究实施更加严格的监管和监督、学术自由与公共安全之间的界限到底在哪里等。与此同时,现实中生物 DIY 行为的不断出现,将进一步催化国际生物科学技术共同体内部的分化与分裂现象。尽管联合国和其他国际组织已经相继出台了《禁止生物武器公约》《禁止化学武器公约》《生物多样性公约》《禁用改变环境技术公约》《联合国安全理事会第 1540 号决议》等国际公约以防范生物化学恐怖袭击、保护生物遗传资源和保护地球圈。然而,由于生物技术拥有诸多不清晰性、国际政治格局面临的不稳定性,生物安全在未来将面临更多难以预测的挑战。并且,虽然国际社会就这一议题开展了许多谈判与合作,但考虑到国家间生物技术发展水平参差不齐、主张相异,相关合作与谈判随之面临僵局。

但另一方面,国际社会也可能因为共同遭遇重大事件而快速达成共识。鉴于基因编辑等生物技术的突破性进展对生物武器等重大议题的影响,不断增强科研领域的交流,并通过高层交往增强顶层设计领域的合作,因此在未来外交因素将成为影响国际生物合作进展的关键因素之一。

### 第四节  网络安全问题评估

随着我国云计算、大数据、物联网、工业互联网、人工智能等新技术新应用大规模发展,我国在展现出新一轮网络技术革命优势的同时,也面临着网络安全风险融合叠加的问题。随着互联网技术的发展和应用,物理世界和虚拟世界的界限变得模糊,整个经济社会发展正在趋向相互渗透和融合,与此同时网络空间威胁和风险日益增多,国家安全面临着严峻考验。

其中主要问题体现为以下几点:DDoS 攻击有针对我国党政机关、关键信息基础设施的趋势;APT 攻击在我国重大活动和敏感时期更加猖獗;事件型漏洞和高危零日漏洞数量上升,信息系统脆弱性凸显;数据泄露情况严重,网络安全和数据安全防范意识较差;"灰色"应用程序大量出现,针对重要行业安全威胁更加明显;网络黑产活动技术水平提高,安全防范更加困难;新技术与工业控制系统产品安全问题相矛盾,安全隐患突出。

总的来说,DDoS 攻击、APT 攻击、漏洞威胁、数据安全隐患、移动互联网恶意程序、网络黑灰产业、工业控制系统安全威胁等问题构成了我国网络安全的主要风险,并随着技术的更新,在新时期呈现出许多新的特点,带来新的风险与挑战。

## 一、DDoS 攻击态势加剧带来的安全问题

党政机关、关键信息基础设施等重要单位防护能力显著增强,但 DDoS 攻击呈现高发频发态势,攻击组织性和目的性更加凸显。首先,可被利用实施 DDoS 攻击的境内攻击资源稳定性持续降低,数量逐年递减,攻击资源呈现出向境外迁移的趋势,无形之中增加了管理难度。2019 年国家互联网应急中心(以下简称"CNCERT")通过《我国 DDoS 攻击资源月度分析报告》定期公布 DDoS 攻击资源(控制端、被控端、反射服务器、伪造流量来源路由器等)并协调各单位处置。与 2018 年相比,境内控制端、反射服务器等资源按月变化速度加快、消亡率明显上升、新增率降低、可被利用的资源活跃时间和数量明显减少——每月可被利用的境内活跃控制端 IP 地址数量同比减少15.0%,其中活跃反射服务器同比减少 34.0%。与此同时,CNCERT 保持持续跟踪DDoS 攻击团伙,并配合公安部门治理取得了明显的效果。在治理行动的持续高压下,DDoS 攻击资源大量向境外迁移,DDoS 攻击的控制端数量和来自境外的反射攻击流量的占比均超过 90.0%。攻击我国目标的大规模 DDoS 事件中,来自境外的流量占

比超过 50.0%。

其次,党政机关和和关键信息基础设施成为主要被攻击对象。核心政府部门和关键信息基础设施等重要单位已成为黑客组织非法牟利、恐怖组织达成政治诉求和强权国家对他国极限施压的重要目标。低门槛成为针对关键基础设施网络攻击的鲜明特征。并且,网络攻击还具有"传染性"特征,一些勒索病毒会利用感染设备"联网"特征,传染给局域网或互联网内其他设备,继而造成关键系统和基础设施瘫痪。而关键基础设施遭受网络攻击后,往往需要比其他设施更长的恢复周期。2019 年,我国党政机关和关键信息基础设施运营单位的信息系统频繁遭受 DDoS 攻击,CNCERT 跟踪发现某黑客组织在 2019 年对我国 300 余家政府网站发起了近一千余次 DDoS 攻击。

随着网络建设持续推进,越来越多的政府部门开设了"云平台",许多关键基础设施控制系统也实现了"上网上云"。这种现象一方面展现了我国在数字化政府和数字工业领域的进步,但在提升网络智能化的同时,也带来了安全风险。

## 二、APT 攻击渗透领域扩大带来的安全挑战

APT 组织,通常具有国家或情报机构背景,或者专门实施网络间谍活动,其攻击动机主要是长久性的情报刺探、收集和监控,也会实施如牟利和破坏为意图的攻击威胁。APT 组织主要攻击的目标包括政府、军队、外交、国防外,也覆盖科研、能源以及国家基础设施性质的行业和产业。投递高诱惑性钓鱼邮件是大部分 APT 组织常用的技术手段,我国重要行业部门是钓鱼邮件的受害重灾区。2019 年,CNCERT 监测到重要党政机关部门遭受钓鱼邮件攻击数量达 50 多万次,月均 4.6 万封,其中携带漏洞利用恶意代码的 Office 文档成为主要载荷,主要利用的漏洞包括 CVE－2017－8570 和 CVE－2017－11882 等。例如"海莲花"组织利用境外代理服务器为跳板,持续对我国党政机关和重要行业发起钓鱼邮件攻击,被攻击单位涉及数十个重要行业、近百个单位和数百个目标。

除了党政机关和各大科研院所,其他重要行业领域也成为主要被攻击目标。2019 年,我国持续遭受来自"方程式组织""APT28""蔓灵花""海莲花""黑店""白金"等 30

余 APT 组织的网络窃密攻击,国家网络空间安全受到严重威胁。境外 APT 组织不仅攻击我国党政机关、国防军工和科研院所,还进一步向军民融合、"一带一路"、基础行业、物联网和供应链等领域扩展延伸,例如通信、外交、能源、商务、金融、军工、海洋等领域开始成为重点攻击对象。

APT 攻击在我国重大活动和敏感时期更为猖獗频繁。境外 APT 组织习惯使用当下热点时事或与攻击目标工作相关的内容作为邮件主题,并在我国重大活动和敏感时期异常活跃。"蔓灵花"组织就重点围绕我国 2019 年全国"两会"、新中国成立 70 周年等重大活动,大幅扩充攻击窃密武器库,利用了数十个邮箱发送钓鱼邮件,攻击了近百个目标,向多台重要主机植入了攻击窃密武器,对我国党政机关、能源机构等重要信息系统实施大规模定向攻击。

## 三、目前我国信息系统安全形势

其一是披露的通用软硬件漏洞数量持续增长,且影响面大、范围广。2019 年,CNVD 新收录通用软硬件漏洞数量创下历史新高,达 16 193 个,同比增长 14.0%。这些漏洞影响范围从传统互联网到移动互联网,从操作系统、办公自动化系统(OA)等软件到 VPN 设备、家用路由器等网络硬件设备,以及芯片、SIM 卡等底层硬件,广泛影响我国基础软硬件安全及其上的应用安全。以微软 RDP 系统远程代码执行漏洞为例,位于我国境内的 RDP 系统(IP 地址)规模就高达 193.0 万个,其中大约有 34.9 万个系统(IP 地址)受此漏洞影响。此外,移动互联网行业安全漏洞数量持续增长,2019 年,CNVD 共收录移动互联网行业漏洞 1 324 个,较 2018 年同期 1 165 个增加了 13.7%,包括智能终端蓝牙通信协议、智能终端操作系统、APP 客户端应用程序、物联网设备等均被曝光存在安全漏洞。

其二是我国事件型漏洞数量大幅上升。2019 年 CNVD 接收的事件型漏洞数量约 14.1 万条,首次突破 10 万条,较 2018 年同比大幅增长 227%。这些事件型漏洞涉及的信息系统大部分属于在线联网系统,一旦漏洞被公开或曝光,如未及时修复,易遭不法分子利用进行窃取信息、植入后门、篡改网页等攻击操作,甚至成为地下黑产进行非法交易的"货物"。

其三是高危零日漏洞占比增大。近 5 年来,零日漏洞收录数量持续走高,年均增长率达 47.5％。2019 年收录的零日漏洞数量继续增长,占总收录漏洞数量的 35.2％,同比增长 6.0％。这些漏洞在披露时尚未发布补丁或相应的应急措施,严重威胁我国网络空间安全。

## 四、目前我国数据安全防护水平

目前我国数据风险监测与预警防护能力提升,但数据安全防护意识依然薄弱,大规模数据泄露事件频发。数据安全保护力度继续加强,能够及时处置应对大量数据安全事件。当前,互联网上数据资源已经成为国家重要战略资源和新生产要素,对经济发展、国家治理、社会管理、人民生活都产生重大影响。2019 年,在中央网信办指导下,CNCERT 加强监测发现、协调处置,全年累计发现我国重要数据泄露风险与事件3000 余起,支撑中央网信办重点对其中 400 余起存储有重要数据或大量公民个人信息数据的事件进行了应急处理。MongoDB、ElasticSearch、SQL Server、MySQL、Redis 等主流数据库的弱口令漏洞、未授权访问漏洞导致数据泄露,成为 2019 年数据泄露风险与事件的突出特点。

APP 违法违规收集使用个人信息治理持续推进,工作取得积极成效。针对 APP 违法违规收集使用个人信息问题,中央网信办会同工业和信息化部、公安部、国家市场监督管理总局四部委联合开展 APP 违法违规收集使用个人信息专项治理,成立专项治理工作组,制定发布《APP 违法违规收集使用个人信息行为认定方法》《APP 违法违规收集使用个人信息自评估指南》《互联网个人信息保护指引》;建立公众举报受理渠道,截至 2019 年 12 月,共受理网民有效举报信息 1.2 万余条,核验问题 APP 2 300 余款;组织四部门推荐的 14 家专家技术评估机构对 1000 余款常用重点 APP 进行了深度评估,发现大量强制授权、过度索权、超范围收集个人信息问题,对于问题严重且不及时整改的,依法予以公开曝光或下架处理。

数据安全也成为网络安全的重点领域,2019 年针对数据库的密码暴力破解攻击次数日均超过百亿次,数据泄露、非法售卖等事件层出不穷,尤其是科技公司、电商平台等信息技术服务类行业,银行、保险等金融行业以及医疗卫生、交通运输、教育求职等重要行业存在大量泄漏公民个人信息的情况,数据安全与个人隐私面临严重挑战。此外,一些不法分子已将数据非法交易转移至暗网,使得暗网成为数据非法交易的重要渠道,涉及银行、证券、网贷等金融行业数据非法售卖事件最多占比达 34.3%,党政机关、教育、各主流电商平台等行业数据被非法售卖事件也时有发生。目前我国正在积极推进数据安全管理和个人信息保护立法,但我国数据安全防护水平有待加强,公民个人信息防护意识需进一步提升。

## 五、物联网设备广泛应用带来的安全隐患

新技术与工业控制系统产品安全问题相矛盾,安全隐患突出。随着信息技术(IT)基础设施和运营技术(OT)网络的不断融合,工业控制系统(ICS)也成为了网络安全计划的一部分。随着新技术与工业控制系统产品安全问题逐渐突出。根据国内外主流漏洞平台的最新统计,2019 年收录的工业控制产品漏洞数量依然居高不下且多为高中危漏洞,说明工业控制产品的网络安全状况依然严峻。为了应对以上问题,我国从顶层设计上进一步完善工业控制系统网络安全,并不断提升国家级工业控制系统网络安全监测和态势的感知能力。

我国工业和信息化部于 2018 年和 2019 年相继发布了工业互联网创新发展工程项目,面向网络安全态势感知、威胁情报、公共服务等几个领域,建设"国家、地方、企业"三级联动的工业互联网网络安全保障技术平台。与此同时,CNCERT 在积极参与相关平台建设的同时,也积极提高工业控制系统威胁监测能力,对重点行业联网工业控制设备、系统,以及工业云平台等核心网络资产开展全天候的实时监测和态势分析。我国于 2019 年正式发布了网络安全等级保护制度 2.0 版国家标准,出台了相应的测评要求,正式将工业控制系统纳入网络安全等级保护的范围。同年,我国工业和信息化部联合教育部、应急管理部、国有资产监督管理委员会等十部委共同印发了《加强工业互联网安全工作的指导意见》,从工业互联网中设备、控制、网络、平台、数据等关键要素出发,提出了 17 项工作任务和 4 项保障措施,有力增强了对于工业互联网安全的政策指导。

随着国家监管部门和关键信息基础设施运营单位对网络安全重视程度的不断提

高，以及相关配套法规和安全检测工作的开展，工业领域的网络安全意识有所增强，工业控制产品由于软件代码缺陷所导致的安全漏洞在被大量曝光的同时也在逐步得到修复，呈现向好趋势。由于有些产品需要考虑现行标准和原有产品的兼容性，在一定程度上造成了厂商在安全设计上的缺失，如有的产品设计缺少身份鉴别、访问控制等最基本的安全元素，导致安全缺陷与漏洞数量居高不下，此类问题需引起有关部门的高度关注。

工业设备和系统的数据暴露是对产品安全的另一大挑战。随着工业互联网产业的不断发展，工业产业链上下游加速协同，越来越多的工业行业的设备、系统暴露在互联网上。例如，2019 年监测发现暴露在互联网上的可编程逻辑控制器数量高达 2 583 台，同比增加 8.7％。标识解析、5G、工业物联网等新技术的应用为智能工业赋能，但也将带来信息爆炸、数据泄露等安全隐患，以及海量智能设备的接入和认证管理等安全问题。在标识解析技术应用上，工业和信息化部发布《工业互联网发展行动计划（2018—2020 年）》提出"标识解析体系构建行动"的发展目标，表示标识解析系统作为一个重要的网络基础设施，将在架构、协议、数据、运营等多个层面均存在网络安全风险，直接关乎工业互联网的安全运行。在 5G 技术应用上，工业和信息化部印发《"5G＋工业互联网"512 工程推进方案》，提出将促进 5G 技术与 PLC、分布式控制系统（DCS）等工业控制系统的融合创新，培育"5G＋工业互联网"特色产业。5G 技术方案的高速率、大容量、低延时的特性所带来的大流量数据将给传统网络安全监测分析技术将带来巨大的挑战。在工业物联网应用上，智能网关、摄像头、门禁、打印机等多种设备类型分布位置广泛，在接入物联网设备之后，带来了新的安全挑战。

## 第五节　生态安全问题评估

2018 年 5 月，习近平总书记在全国生态环境保护大会上指出，生态环境也是关系民生的重大社会问题，人民热切期盼加快提高生态环境质量，"我们要积极回应人民群众所想、所盼、所急，大力推进生态文明建设，提供更多优质生态产品，不断满足人民群众日益增长的优美生态环境需要"。

　　人类在生态安全中所面临的问题主要来自两个方面,第一是自然方面,如地震、气候异常变化;第二是人类社会方面,后者为人类生产、生活对环境造成的破坏,如人口过度增长,资源过度使用,造成资源短缺、物种减少、水质污染、大气污染、固体废弃物污染、噪声污染、土地沙化、盐碱化、臭氧层耗竭等。并且,二者之间也并非毫无关系,有时甚至可能是相互联系、相互转化的。例如人类通过工业活动向大气层排放废气可能导致大气污染,大气污染进而引发气候的变异,而气候的变异又可能加重人类排放废气所造成的危害。

　　冷战后,随着国际社会对环境恶化问题认识的不断深化,人们开始将生态环境与安全联系在一起并作为一个新的安全概念提出。20世纪90年代初,欧洲环保组织布伦特兰委员会在《我们的共同未来》报告中指出:"环境安全的定义已经超出对国家主权、政治和军事威胁,还要包括环境恶化和发展条件的破坏。"1992年,联合国在巴西里约热内卢召开的"地球首脑会议"所通过的《21世纪日程》中,将保护环境和"创建一个更安全、更繁荣的未来",以及"人类对安全稳定的自然环境的需求"等问题联系起来,突出强调了环境安全的重要性。

　　传统观点认为,与军事、经济、信息、资源等其他因素相比,生态安全对国家安全的危害性较小,也较为间接。然而,考虑到生态危机的不可逆转性与不可修补性,其危害与影响开始与军事、经济、信息等传统因素相提并论。"地球日"发起人之一的盖洛·纳尔逊(Gaylord Nelson)认为,生态威胁是比军事威胁更严重的问题,国家打败仗还可恢复元气,但环境破坏后要恢复元气却极为困难。

## 一、各类气候问题复杂多变

　　中国当下面临的气候形势较为严峻,主要特征体现为人口众多,气候条件复杂,生态环境整体脆弱。在全球气候变暖的大背景下,气候变化已对中国的粮食安全、水安全、生态安全、能源安全、城镇运行安全以及民众生命财产安全构成严重威胁。《国家适应气候变化战略》显示,20世纪90年代以来,中国平均每年因极端天气造成的直接经济损失超过2000亿元人民币,死亡2000多人。面对现状,全社会对适应气候变化的意识和能力还普遍薄弱,中国适应气候变化和气候治理之路任重而道远。

2020 年世界环境保护组织最新的报告显示,1880 年至 2020 年期间,全球陆地和海洋表面平均温度上升了 0.85 摄氏度,气候变化导致极端天气气候事件频发,冰川和积雪融化加剧,水资源分布失衡,生态系统受到威胁。气候变化还引起海平面上升,海岸带遭受洪灾、风暴等自然灾害影响更为严重。

《国家适应气候变化战略》提出了 2020 年前中国适应气候变化的三大目标:适应能力显著增强;重点任务全面落实;适应区域格局基本形成。该战略要求各地方和部门要调整完善现行政策和制度安排,建立健全保障适应行动的体制机制、资金来源、技术支撑和国际合作体系。

## 二、生态系统脆弱、水污染和大气污染严重

目前,我国的生态安全问题十分严重。土地退化、生态失调、植被破坏、生态多样性锐减并呈加速发展趋势。另有数据显示,现在中国除县城之外的 668 个城市中,有将近一半的城市处于垃圾包围之中。全国城市垃圾堆存累计侵占土地超过 5 亿平方米,每年的经济损失高达 300 亿元。

除了陆地污染,水资源方面,我国面临着人均水资源占有量小、污染程度严重的问题。我国水资源占世界水资源总量的 8%,但人均水资源占有量却仅为世界平均水平的 1/4,是世界上 13 个贫水国家之一。目前全国有将近一半的城市用水供不应求,上百个城市严重缺水。同样,水污染问题也不容小觑。全国有 36% 的城市河段水质低于标准,无法被作为生活用水。大型淡水湖泊(水库)和城市湖泊水质普遍较差,由于氮、磷污染加剧,75% 以上的湖泊富营养化严重。

在大气污染方面,中国城市普遍存在空气污染超标的问题。2019 年在全国 388 个城市中,只有 33.1% 的城市达到国家空气二级质量标准。数据监测表明,雾霾在京津冀、长三角、珠三角地区出现的频次和程度最为严重,这些地区每年出现霾的天数在 100 天以上,个别城市甚至超过 200 天。城市雾霾反复出现,甚至成为常态,为地区的工业生产、交通运输和广大群众的身体健康带来许多不利影响。

### 三、土地和海洋资源污染现象严重,治理任务艰巨

我国土壤酸化、盐渍化程度严重,这造成土壤肥力下降、耕地面积减少的问题,从而影响到我国的粮食生产和农民生活水平的提高。我国的土壤酸化面积已占国土面积的 25%,盐渍化土地总面积约占国土总面积的 8.5%。2011 年中国农用地总面积约为 5.2 亿公顷,人均耕地面积仅为 0.08 公顷,在全世界 26 个总人口 5 000 万人以上的国家中排倒数第三位。

草场面积减少和草地退化情况也较为严重。由于对草地的掠夺式开发,乱开滥垦、过度樵采或长期超载放牧,我国中度退化程度以上的草地超过 1.3 亿公顷,并且还在以每年 2 万平方公里的速度扩大和蔓延。森林保护方面,在近年来植树造林的努力之下,我国的森林覆盖率有所增加,但森林资源总体质量仍处于落后水平。其中森林结构也不尽合理,针叶纯林占很大比重,而此类森林对火灾、病虫害抵御力较差,水土保持能力也较低。总的来说,虽然森林植被覆盖率呈现上升趋势,但是森林质量低、生态功能退化等问题,还是造成了我国森林"局部治理,总体恶化"的现象。

面对日益严重的环境问题,国家方面给予了高度重视,相继出台了《森林法》《环境保护法》《野生动物保护法》《海洋法》等一系法律法规。然而在具体实操层面,由于机制和体制不适应、人们对环境保护意识不够、配套设施还不够完善等各种因素,相关法律成为软法,并没有实现其应有的效果。并且,在我国经济利益占主导地位的格局下,保护生态安全的法律法规并不受人重视,仍旧从属于相关政策和地方保护之中。

习近平总书记指出,要有效防范生态环境风险。生态环境安全是国家安全的重要组成部分,是经济社会持续健康发展的重要保障。要把生态环境风险纳入常态化管理,系统构建全过程、多层级生态环境风险防范体系。要加快推进生态文明体制改革,抓好已出台改革举措的落地,及时制定新的改革方案。准确把握国内外发展环境和条件的深刻变化,积极适应把握引领经济发展新常态,全面推进创新发展、协调发展、绿色发展、开放发展、共享发展,是确保全面建成小康社会的必然要求。

生态环境是关系党的使命宗旨的重大政治问题,也是关系民生的重大社会问题。为了有效地解决我国现存的环境问题,走出先破坏再治理的怪圈,就要进一步规范法

律制度保障,尽快制定国家生态安全法和实施条例;加大现有法律法规的执行力度和惩罚力度,提高环境破坏成本;同时要进一步加大有关环境保护的相关宣传教育,提高公众的法律意识,增强群众的主体责任感,营造"不敢污染、不能污染、不想污染"的新局面生态环境的建设与保护是一个长期的持续的过程,我国还应该加强生态安全预警机制的建设,在减少破坏发生的同时,尽量降低人民生命财产损失;应加强生态防护体系建设,从国民经济的各个组成部门,一直到基层基础建设都要有一个总体的协调性和执行力,保持国民经济良性健康发展。

## 第六节　社会安全问题评估

社会安全作为国家安全的重要组成部分,对国家安全的其他构成要素及整个国家安全具有不同形式、不同方向、不同程度的影响作用。良好的社会安全状态,对整个国家安全具有积极的影响,而不好的社会安全状态,则会对整个国家安全产生消极影响。总体国家安全观强调"以军事、文化、社会安全为保障",正是要发挥良好社会安全状态对整个国家安全的积极有利影响,以促进整个国家安全度的提高。传统国家安全观与非传统国家安全观对社会安全的重要性有着不同的论断。在传统国家安全观中,军队、警察、情报、监狱等是保障国家安全的最重要的力量,但在当代国家安全保障体系和非传统安全观中,社会性保障和社会管理的重要作用日益凸出,并且尤其强调民间社会组织的重要性。民间社会组织对保障国家安全的积极作用在人类历史中就有迹可循,例如在近代中国历史上,一些民间社团、秘密会社和宗教组织就曾为抵御外敌侵略发挥过积极作用。从中国当下角度分析,社会管理形式和内容的创新,本就是国家安全保障活动的一个重要部分。因此,我们不仅需要在国家安全保障活动中列入社会管理和社会创新,而且还应该在国家安全保障机制的硬件中列入"社会组织",在国家安全保障机制的软件中列入"社保机制"和"社管机制"等。

当前,我国经济社会正在发生深刻变化,改革进入攻坚期和深水区,社会矛盾多发叠加,各种可以预见和难以预见的安全风险挑战前所未有。总体来看,以下八个方面应当是比较凸出的社会安全问题。

第一，暴力恐怖事件。恐怖势力是当前危害国家安全的"三股势力"之一，它在危害国家政治安全的同时，也以不同形式和不同方式危害社会安全。近些年有多起恐怖主义事件在全国各地发生，对人民生命财产安全与社会和谐稳定造成了不良影响。除此之外，包括杀人、伤人、爆炸、放火、投毒等在内的其他刑事犯罪和社会治安事件，也在一定程度上对我国的社会安全造成不利影响。

第二，群体性事件。群体性事件由多种原因诱发，包括人民内部矛盾和一些过激行为。前者包括官民矛盾、商民矛盾、劳资矛盾等；后者则包括因为语言冲突、肢体冲突等造成人身伤害、财产损失。随着中国改革开放的不断深入，市场经济的转型，社会利益格局的调整，新问题、新矛盾不断增多。在这样的社会大背景下，群体性事件呈上升趋势，对建设社会主义和谐社会造成了不利影响。群体性事件多发也对国家安全理论和实践构成了全新的挑战。

第三，"黄赌毒"泛滥。新中国成立之后，在国家的有力治理下，"黄赌毒"问题曾一度绝迹。但在改革开放过程中，随着市场经济的发展，政府对社会的松绑，政治权力开始逐渐从社会领域的退出，"黄赌毒"问题死灰复燃。更值得警惕是，这类问题不仅存在于普通群众之间，在明星社会、上层官场中更是盛行，自上而下加重了对民间社会的毒化。

第四，上访截访。上访是一种特殊的社会现象，主要指的是当人民群众遇到纠纷无法解决，或者遭遇社会不公时，采用写信或直接拜访上级部门和信访机构的行为。这本是一种合理合法的解决问题的手段和方式，但是随着上访次数的增加和经验的积累，在上访人员互相激励的同时，各级政府的截访行为时有发生，到最后不仅没有解决问题，甚至会演化为暴力冲突，造成人员伤亡，直接影响到周围人群的情绪，在民间激起不满情绪并埋下社会冲突的祸根。

第五，强征强拆。在过去十多年来，征地拆迁在全国各地的上访缘由中居于榜首。多年来，大规模基础设施建设和房地产开发，使征地和拆迁成为各种社会矛盾和冲突多发的一个领域。以开发商和政府为一方的征地拆迁主体，和以房屋所有人、土地承包人等为一方的被拆迁者之间，各自为了获得更大利益产生分歧，出现矛盾，发生冲突，毁坏财产，伤及生命，直接影响到不同范围内的社会稳定与安全。

第六，医患纠纷。随着人民生活水平和医疗保障水平的提高，人们对医疗服务的需求、对服务质量的要求、对自身权益的维护都在增强和提高。相比之下，医疗卫生事业的改革和发展却没有路上步伐，整体水平较低，无法满足人们日前增长的需求，从而导致医患纠纷的数量逐年增多、医患关系日趋紧张。随着医患冲突问题的出现，催生了一种新职业——医闹。职业医闹的加入，使得本身一触即发的医患矛盾和冲突变得更加激烈，解决起来更加困难。面对这样的新情况、新问题，各级政府并没有及时提出一套合理的解决方案，对医患冲突缺乏有效管控，不仅问题没有解决，还常常使事态失去控制，演变成不同规模的暴力冲突，结果使医患双方都受到不同程度损伤，留下长期难以弥合的社会伤痕，既直接影响到当前的社会稳定与安全，又给未来的社会安全与稳定留下不同程度的隐患。

第七，冤假错案。近年来，一些冤假错案不断被揭露出来，其中有的是多年前的错杀，也有的是近几年的错关，还有甚者是反复的关关放放，对我国法律的公信力、司法机关的权威，以及一方的稳定和安全都造成了极其恶劣的影响。目前已经彻底平反的内蒙古呼格错杀案、正在复核的河北聂树斌错杀案，以及更多因真凶没有出现或死者没有"复活"的冤杀、冤判案，造成了大量的社会矛盾、社会冲突和社会问题。在这些错案中，人民群众的生命财产得不到法律的必要尊重和保护，为社会埋下了诸多不稳定因素。

第八，贫富悬殊。在一方面为中国带来了经济的腾飞，另一方面造成了中国社会严重的贫富差距问题。有些人依靠勤奋和拼搏实现了富裕，而也有一部分人是依靠权力或攀附权力，并在富裕之后借助权力欺压他人，这就在社会中引发一种普遍的仇富现象。仇富现象的出现强化了社会矛盾和冲突，使得社会对立情绪进一步增长。并且，随着城市化的深入发展，大量农村人口涌入城市，然而农村劳动力在向城市转化中的就业、收入分配以及公共品分享方面，受到相当程度的待遇歧视，有工作无劳动保障的问题突出，严重影响到农民工的生活稳定。垄断行业对分配关系的扭曲，加大了收入差距、人员聘用等方面的风险与腐败。这些问题集中表现在人民群众反映强烈的教育、医疗、住房以及社会保障上，使得人民收入水准提高，但国民幸福指数却一直在低位徘徊，在全社会形成了普遍不满的情绪，对社会稳定和经济的平稳发展构成了威胁。

## 第七节　文化安全问题评估

在国家安全总体布局中,文化安全具有不可替代的重要地位。当今世界各国的激烈竞争,不仅是有关经济实力、科技实力和国防实力的竞争,更是有关文化实力的竞争。文化实力不是一个独立的个体,它广泛渗透于上述各种力量之中,彼此相互交融、相互影响,共同构成国家总体实力。

国家文化安全的核心无疑是意识形态安全。习近平总书记高度重视意识形态工作,在 2013 年 8 月的全国宣传思想工作会议上,他提到:"我们中国共产党人能不能打仗,新中国的成立已经说明了;我们中国共产党人能不能搞建设搞发展,改革开放的推进也已经说明了;但是,我们中国共产党人能不能在日益复杂的国际国内环境下坚持住党的领导、坚持和发展中国特色社会主义,这个还需要我们一代一代共产党人继续作出回答。"他认为,做好意识形态工作,"要放到这个大背景下来认识"。为此,他提出一个重要论断:"经济建设是党的中心工作,意识形态工作是党的一项极端重要的工作。"

### 一、西方加强意识形态渗透

改革开放以来,文化领域一直是以美国为首的西方国家对我国进行渗透和颠覆的主要方向,其中意识形态领域更是文化渗透和入侵的重点。具体行为主要体现在:采取多种手段和方式在中国宣扬其错误思潮并攻击共产党的领导和社会主义制度;向中国派遣有反华倾向的专家学者;在中国培养以高校教师为代表的代理人;公然组织反共反社会主义的社团组织,与西方的所谓非政府组织、基金会甚至一些国家的政府部门遥相呼应,共同攻击中国。和从前直接攻击中国共产党的领导和抹黑社会主义制度这种方式相比,现如今,西方国家的"代理人"主要通过大肆宣扬西方的所谓宪政民主、普世价值、公民社会、新自由主义、新闻自由等制造思想混乱,并利用历史虚无主义的手段夸大、捏造我们党和新中国历史上的失误,并以此来隐晦地攻击我们党和社会主义。

与此同时,西方国家还通过开设研究机构、设立高校合作课程和项目的形式,隐形之中传播西方的意识形态,甚至有国外的情报机构秘密地发展间谍,培育反共、反社会主义的力量。随着其形势和手段更加隐蔽,其带来的危害也更加不容小觑。

## 二、文化全球化变成西方化

文化全球化是指世界上不同民族和国家的文化在全球化大潮的冲击下,以多种方式在全球范围内相互交流、交锋、融合的过程。其中既有本国文明、文化的对外输出过程,也有他国文明、文化对本国的不断输入过程,其中既有文化产品的输入、输出,也有国与国之间在教育、科研、传媒、影视、艺术、出版、宗教等领域的交流。

然而,这种文化的输入和输出一直受到"西方文明中心论"等错误观念的影响,西方发达资本主义国家所代表的所谓"西方文明"始终占据主导地位,文化不平等现象十分严重。西方文化主要通过影视作品、图书、新闻媒体等渠道对外输出自身的价值观,把文化全球化变成美国文化或者西方文化的"同质化""一元化",从而达到通过文化全球化进行文化渗透来影响、改变其他国家人民的文化取向和价值观念的目的,从而实现"文化西方化""文化美国化""文化霸权化"甚至"文化殖民化",对我的文化安全形成威胁。

美国电影和好莱坞大片是美国文化的主要表现形式之一,也是其在文化全球化过程中推行"文化美国化"的重要工具。这些电影在世界各国受到了热烈的欢迎,尤其是在青年人和青少年群体获得了广泛的青睐。通过观察我们不难知道,这些电影大多宣扬典型美国式的个人主义、拜金主义、享乐主义、消费主义、自由主义,其代表的美国文化、美国文明、美国价值等已经对我们很多人产生了不同程度的影响,尤其是对年轻人影响最大。如2013年5月1日,美国好莱坞电影《钢铁侠3》在中国上映,并连创午夜场、首日、单日票房等5项内地观影纪录。但不少网友质疑,这部有着浓重的美国文化印记的影片表面上是一部超级英雄电影,实际上是美国文化霸权主义的象征符号。它不仅把钢铁侠塑造成一个对抗共产主义的英雄,而且宣扬霸权主义、干涉主义等,美化美国的"世界警察"形象,其目的就是宣扬美国的主流价值观,在全球推行文化霸权。

## 三、意识形态的僵化

意识形态的僵化是我国文化安全问题之一。在过去,提到思想政治教育、理论研究和理论宣传,人们常常与内容空洞、苍白说教这样的印象联系在一起。例如:不少领导干部不学习、不研究,而是单调地重复中央领导同志的讲话和复述中央的文件;一些专家学者的文章只是马克思主义经典作家名人名言和中央文件的堆砌,写出来的文章虽然没有错误,却是"外行人看不懂,内行人不愿看";一些年轻的理论工作者急功近利,把别人的研究成果再加上一些马克思主义经典作家的名言名句进行所谓的"再加工",虽然可以逃过查重软件的检测,却没有任何自己的思想,更谈不上什么理论创新。这样做的结果是造成了基层干部和群众"一听政治就像催眠,一讲理论就想睡觉",其危害可想而知。如果领导干部和理论工作者出现"意识形态僵化"的问题,那么广大人民群众就更加容易忽略思政宣传和理论教育的重要意义。

思想理论的"僵化"是"永远正确"倾向的另一个表现。我们回顾历史,意识形态领域的"僵化"是苏共亡党、苏联解体的主要原因之一。如果一直以一成不变的、"永远正确"的僵化理论来知道实践,将会造成十分严重的危害,甚至有亡党亡国的危险。

## 四、社科教学研究迷信西方

自改革开放打开国门以来,学习西方先进技术和知识,成为我国社会各界的主要趋势。截至 2007 年,我国出国留学人数已达到 100 万人,这些出国留学者回国之后,他们大多任职于国内各大高校、研究所和各大理论管理机构、决策部门占据学术带头人位置或领导地位。他们十分推崇年轻时在国外学习的一套西方理论和西式的学术评判标准,并将这套标准带回国内的学术圈,在国内学术圈的学术评价体系中形成一股"唯西方论"的风潮。例如,把在国外期刊发表作为衡量一篇论文是否优秀的标准;将运用西方理论作为生产学术论文的必备要求;期刊和学术会议照搬西方的评判标准等等。以上对西方学术标准的盲目崇拜和依赖,导致我国在学科建设,尤其是经济学、法学、政治学、新闻学等社会科学被西方理论和评价体系垄断,使得我国在学术话语权方面始终处于落后地位。

## 五、宗教渗透瓦解国人信仰

冷战结束以来,"以宗教自由为基石"的人权开始成为以美国为首的西方国家对外进行意识形态渗透的重心。他们打着"民主""人权"的旗号对他国进行意识形态领域的"洗脑"和入侵。正如美国前国务卿赖斯所说的——"宗教自由是民主的核心"。近年来,西方敌对势力一直把宗教作为对中国进行意识形态渗透的重要工具,尤其是抓住广大青年人对西方文化好奇的心理,在这一群体中大肆传教,建立了各种宗教组织极其活动据点。在传播宗教的同时,企图改造并同化中华民族的道德观念、精神信仰乃至文化根基。

中华人民共和国成立时,全国的基督徒不过 40 万人,如今已达上亿,甚至已超过了中国共产党党员的总人数,尤其值得注意的是,大学生中信教的人数比例呈上升趋势,传教群体有年轻化的趋势。并且,网络和新媒体的发展进一步加快了传教速度,微博、微信等新媒体工具成为强大的传教平台,在多个群体中具有广泛的影响力,这给我国的意识形态安全造成越来越大的威胁。

首部国家安全蓝皮书《中国国家安全研究报告 2014》明确指出:"西方敌对势力对中国宗教渗透的方式更加多样、范围更加广泛、手段更加隐蔽,公开与秘密并举,具有很强的煽动性和欺骗性。""境外宗教渗透势力已经把触角伸向中国社会的各个领域,渗透态势愈演愈烈。"然而,面对这样的严峻局势,一些地方宗教管理部门却对此没有应有的警惕,有的地方甚至把新建了多少教堂、新发展了多少教徒等作为工作业绩,面对这样的严峻现状,如何准确识别来自西方的宗教渗透并加强防范措施成为维护文化安全工作的重点。

## 六、文化体制改革迷信市场

近年来,在文化体制改革过程中,不少新闻出版单位被推向市场,经济利益成为衡量这些单位业绩的最重要指标。在行业激烈竞争的压力下,一些新闻媒体为了追求更高的点击率、收视率、阅读率等,竟然牺牲新闻真实性、不顾新闻的政治性而去追求所谓的轰动效应,甚至公然炮制虚假新闻以求吸引受众眼球。

而一些新闻单位在市场的压力下,为了片面追求经济利益,不仅取消或大幅削减版面和理论板块,甚至对报刊版面、电视频道、网站等对外有偿转让,一些错误言论和广告在未经核实就进行了发表和播出。结果,这些错误言论和虚假新闻误导了读者和观众,对社会风气和稳定造成了不利影响。

更值得警惕的是,以美国为首的西方国家通过一些基金会、非政府组织等机构收买、同化一些新闻单位的编辑记者,甚至借一些媒体转企改制的机会以参股、控股的形式介入,先是控制媒体的市场经营权,然后步步渗透,并最终控制新闻采编权。目前,在一些传统媒体和网络媒体上不时出现攻击我们党和国家根本制度、丑化我们党和国家的领袖人物、捏造我们党和国家的所谓悲惨秘史等虚假言论,就是以上情况的具体体现。

## 第八节　科技安全问题评估

习近平总书记指出,科技领域安全是国家安全的重要组成部分。近年来,全球科技革命和产业革命如火如荼,催生了一系列新技术和新产业的出现,对经济和社会发展具有革命性的意义。在这样的大背景下,各个国家围绕科技创新展开了新一轮的竞争,科技领域也成为国家博弈的新领域。新机遇必将伴随着新挑战,科技产业飞速发展的同时,科技领域的风险对于国家发展的影响越来越显著,这就需要我们保持高度警惕,采取有效措施应对和化解。

### 一、科技安全领域的风险日益突出并呈现出新特点

现如今,经济社会的发展水平在一定程度上取决于科技的发展水平,科技的发展

使得经济社会发展模式由线性向非线性转变,使经济社会发展的不确定性更加明显。从全球视野分析,随着科技创新全球化深入发展,各国围绕科技的竞争日益激烈,来自外部环境的科技竞争和威胁更加明显。因此,正确认识科技安全领域的风险的不同特征,有利于我们对科技安全有更全面的了解,并对如何防范科技风险具有指导意义。

首先,科技风险性与前沿性共存。现代科技的发展意味着不断突破前沿领域、不断探索未知的世界、不断拓展人类认知的边界……而对于传统认知而言,突破和改变就会带来风险。因此,科学技术在前沿领域的突破必将伴随着一系列未知风险的出现。

第二,科技风险体现出多样性和融合性特征。科技发展本身就是一个多学科、多领域交叉融合的过程,例如信息、生物、能源、材料等技术相互融合,不同学科之间开展协同合作,共同推动某一项技术或某一领域的发展。与此同时,其带来的风险也具有明显的复合性特征。其次,从外部环境分析,由于科技水平处于经济和社会水平的核心地位,当其与复杂动荡的经济和社会局势深度融合,其风险将会以更加综合和复杂的面貌展现出来。

第三,科技风险具有难以预知性。由于科学技术领域的前沿性与未知性,使得科技领域的风险往往突破想象的空间,带来前所未有的影响。随着重大科学成果投入应用,新技术和新产业的发展极其风险防范措施在人类历史上并无并无借鉴可言,其带来的影响和风险也更加难以防范。从另一个角度分析,随着全球科技革命和产业革命的发展,在许多领域,许多替代性影响正在发生,他们带来行业的更新换代与人类认知的更新和变革,这些影响不易被人察觉,却将带来翻天覆地的改变。如果不能及时认知并进行驾驭,其所带来的突发性影响会产生严重的后果。

最后,科技的发展与其带来的风险都具有阶段性特征。科技领域的风险与科技、经济社会发展的阶段是相适应的,与国家科技创新能力及在国际科技竞争中的地位相匹配。在科技发展的赶超阶段,科技领域面临更多的是被低端锁定的风险,防范和化解科技领域风险的能力就较弱;而在科技发展的高级阶段,科技领域的风险更多的是丧失竞争优势,应对科技领域风险的能力就较强。

总的来说,由于科技发展的自身规律与外部环境的影响,科技领域的风险主要呈现出风险性与前沿性共存、多样性和融合性、难以预知性和阶段性特征。当前,科技领域的风险在国家总体风险中的作用日益显著,而且有可能成为整体风险中的关键,因此在防范重大风险中需要重点关注,当然科技也已经成为防范风险必不可少的重要手段。

## 二、当前我国科技领域风险的主要方面

当前,我国科技领域风险主要分为两个主要方面,分别是内部风险和外部风险。前者主要来自因科技发展自身规律而产生,后者则来自紧张的国际局势所带来激烈的国际科技竞争。具体来看,我国当前面临的科技风险可以分为以下五个方面。

### (一) 科技发展外部环境趋于紧张的风险

纵观全球,在经济和科技全球化的大背景下,紧张的国际局势和外部环境将严重限制科技的发展。面对新冠疫情的冲击,全球治理困境凸显。全球治理水平无法跟上科技发展的步伐,治理局面不利于全球科技的发展、交流与合作。自 2008 年爆发国际金融危机以来,全球经济增长持续低迷,许多国家保护主义、民族主义、民粹主义情绪高涨,逆全球化趋势更加明显。然而,科技的发展必不是一个闭门造车的过程,国际治理体系的弱化以及逆全球化趋势的深入将严重阻碍全球科技的交流与合作,进而对科技水平的提高造成不利影响。除了全球治理困境,国家间激烈的科技竞争,也使得我国科技创新外部合作交流渠道变窄。例如,中美博弈的实质就是科技力量的博弈,以美国为首的发达国家对国际科技交流与合作采取更加严格的管制措施,包括制定并出台全新的出口管制清单,对我国企业对美国高技术企业的并购进行限制,限制两国科技人员的交流和限制发放部分理工学科留学生的出国签证等等。这些举措严重影响了我国对外科技交流与合作。并且,可以预测的是,未来美国将会出台更多新的管制措施,并将带动他国和在全球共同营造出科技对立的紧张局面,给我国和国际的科技交流与合作带来严重的影响。

### (二) 科技发展由于自身能力不足而产生受制于人的风险

除了外部环境对科技安全的威胁,我国科技发展由于自身能力不足也存在受制于人的风险。

首先,我国面临着核心科技"卡脖子"的风险。近年来,虽然我国的科技水平发生

了翻天覆地的变化,许多领域的核心科技在全球处于领先地位,然而产业核心关键技术受制于人的局面还没有从根本上得到改变。具体以现在芯片、操作系统、发动机、精密仪器以及重大装备、重要材料、关键元器件等领域。2017 年,我国进口芯片 3 370 亿块,金额达到 2 601 亿美元。核心技术过于依赖他国,将会影响我国产业的正常生产,使我国产业发展面临着巨大的被"卡脖子"风险。例如,2018 年美国供应商的芯片断供,使年销售收入达到千亿以上的中兴通讯公司被迫全面停摆。

其次,我国不能完全自主掌握重大科技基础设施将产生科技风险。与产业发展的核心关键技术受制于人相似,我国在很多基础性技术的发展上缺乏自主可控能力,特别是信息技术的底层、基础性技术掌握在美国等少数国家手中,使世界的互联网发展始终面临不可控的风险。比如俄罗斯为了应对"断网"风险,一方面努力构建自己的网络,另一方面开展与全球互联网连接的断网测试,检验应对外部互联网威胁的能力,这些都是在基础技术被控制之下的无奈之举。

**(三) 科技研发及其应用所产生的未知性风险**

科技的发展是一把双刃剑,一方面是人类对生命的本质和物质起源的不断探索,另一方面是为了人类探索、征服和改造自然的过程,这个过程本身就充满了未知,因此其过程中产生的结果常常难以认识和控制。当下,随着现代技术的不断创新,技术飞跃在突破人类认识的同时,也带来了诸多不确定性与不稳定性,其中较为显性的是技术更新本身对人类发展造成的巨大威胁。例如生物技术研发本身可能会对生物安全造成直接或间接的损害;转基因技术在造福人类的同时,也可能对人类健康、农业生物和环境生物构成极大的影响,其潜在影响仍然难以估量;核技术一方面增加了全球新能源供应,但也对自然生态和人类的生存环境造成了威胁……

科技进步所带来的技术性风险常常是显性的,也相对较容易进行防范,然而科技研发以及应用所产生的伦理、道德等问题却常常被人忽视。人工智能的飞速发展正进一步激化社会矛盾,对人类的心理产生越来越严重的影响。典型的案例包括:基因编辑婴儿、转基因食品、器官移植等。在科技创新突飞猛进的情况下,人类社会的发展可能短时间内无法跟上科学技术飞速发展的步伐。并且,人工智能等新技术应用可能提升就业压力,造成短期内社会矛盾集聚。

新技术的推广应用还会激发其他一系列社会问题,其中就包括贫富两极分化加剧问题。具体体现在互联网、平台经济发展使财富能够在短期内迅速积聚,信息技术快速发展造成数字鸿沟日益扩大,导致社会底层人群由于新技术应用而被遗弃,收入分配差距、区域发展不平衡以及城乡发展差距等呈现扩大趋势。快速发展的科技以及其应用所带来的社会矛盾将会经历了一个不断积累的过程,并在某个事件上集中突然释放,即产生"黑天鹅"事件,继而给科技发展本身带来伤害。

马斯克称人工智能技术"是人类文明面临的最大危险",科技进步不仅会带来技术性风险,更对社会伦理和人类的发展造成挑战。如何治理快速发展的新技术,是人类社会当前面临的严峻挑战,这种严峻性在未来只会有增无减。

### (四) 面临科技发展无法实现预期目标的风险

我国科技发展的总体目标是到 2020 年步入创新型国家行列,到 2050 年建成世界科技强国。为了实现以上目标,我国加大结构调整力度,但仍由于经济结构调整、资源配置不足等因素影响,面临着金融风险提高、全球债务规模扩大等问题,这些问题使我国的经济增长面临着巨大的压力。另外,科技发展无法实现预期目标,将会形成"新技术新产业不能有序替代旧产能—实体经济发展压力增大—科技创新的研发投入增速下降—资源配置不足—科技发展止步不前"的恶性循环。

为了规避科技进步带来的风险,实现经济平稳较快发展,我国在科技创新发展上进行了一系列的任务部署,并围绕国家发展战略目标和任务需求不断进行调整。但从实施情况和效果分析,仍然存在着许多问题,包括政策实施效果不理想、组织实施机制不能按照发展需求及时变革等问题,使科技创新和研发难以达到预期效果,无法充分发挥其支撑和引领经济社会发展的作用。

### ▉ 思考题

如何正确认识国家安全各领域在总体安全观中的定位和作用?

参考答案:总体国家安全观,是解决我国安全问题的指导思想。只有深刻理解总体国家安全观的内涵,聚焦重点安全领域,兼顾各方面存在的安全隐患,不断提升防范和解决安全问题的能力,才能筑牢防范危险挑战的铜墙铁壁。

政治安全是国家安全的根本,对社会各方面具有重要作用。就现阶段我国具体状况来讲,政治安全压倒一切。只有政治安全,其他方面才不会出现较大风险。如果政治方面出现安全问题,我国社会主义建设的成果就有葬送的危险。正如习近平总书记所指出的:"政治安全攸关党和国家安危,是国家安全的根本。"政治安全是国家安全的根本方面,没有政治安全,国家安全必然无从谈起。

经济安全是国家安全的基础。经济安全状况是国家安全状况的基础。当前,我国一切工作的中心任务,就是促进经济发展。解决国家安全问题,就是为经济发展保驾护航,让人民群众过上更加踏实的生活。如果没有经济安全,国家安全将缺乏基础。正如习近平总书记所指出的,"没有经济安全,文化、教育、社会等领域安全也就无从谈起。"没有打牢经济安全的地基,国家安全的大厦会有轰然倒塌的危险。

社会安全是党和国家的基础性工作。社会是否安全对人民群众有直接影响,是决定社会是否稳定的关键因素。人民群众衡量社会安全的标准不是固定的,其必然随着社会发展状况而改变。只有根据社会发展状况,相应提高社会安全水平,才能让人民群众对社会更加满意。正如习近平总书记所指出的,"改革开放以来,我们党始终高度重视正确处理改革发展稳定关系,始终把维护国家安全和社会安定作为党和国家的一项基础性工作。"社会安全问题是国家安全问题的基础,对社会发展进程影响甚大。如果出现较大的社会安全问题,社会发展进程会有停滞甚至倒退的危险。

网络安全是国家安全的虚拟体现。网络安全是国家安全在虚拟实践中的延伸,是国家安全的另一种表现形态。在网络高度发达的今天,网络安全的重要性更加凸显。网络出现安全问题不仅会影响网民的日常生活,也事关国家的正常运作。只有正视网络安全问题,国家安全才更有保证。正如习近平总书记所指出的,"没有网络安全就没有国家安全,没有信息化就没有现代化"。网络安全事关国家发展,事关我国能否实现信息化,事关我国能否实现现代化,是国家安全的重要内容。

■ **拓展学习资料**

**(一) 政治安全**

[1] 郑慧. 国家治理·依法治国·政治安全[M]. 北京:中国社会科学出版社,2015.

[2] 舒刚. 基于政治安全的网络舆情治理创新研究[M]. 武汉:武汉大学出版社,2018.

[3] 张宇燕,邹治波.国际形势黄皮书:全球政治与安全报告[M].北京:中国社会科学出版社,2021.

**（二）经济安全**

[4] 刘伟,苏健.中国经济安全展望报告（2020）:供求双萎缩下的经济形势与政策[M].北京:中国经济出版社,2020.

[5] 年志远.经济安全与经济发展研究[M].北京:中国社会科学出版社,2019.

[6] 李伟.新常态下中国如何保障经济安全[M].北京:中国发展出版社,2015.

**（三）生物安全**

[7] 中国科学院武汉文献情报中心.生物安全发展报告2020[M].北京:科学出版社,2021.

[8] [澳]帕特里克·沃尔什.生物安全情报[M].王磊,译.北京:金城出版社,2020.

[9] 李尉民.国门生物安全[M].北京:科学出版社,2020.

**（四）网络安全**

[10] 刘化君.网络安全与管理[M].北京:电子工业出版社,2019.

[11] 奇安信行业安全研究中心.走进新安全——读懂网络安全威胁技术与新思想[M].北京:电子工业出版社,2019.

[12] 夏冰.网络安全法和网络安全等级保护2.0[M].北京:电子工业出版社,2017.

**（五）生态安全**

[13] 曹国志.生态安全治理新格局[M].北京:国家行政管理出版社,2020.

[14] 王红旗.中国生态安全格局构建与评价[M].北京:科学出版社,2020.

[15] 罗永仕.生态安全的现代性境遇[M].北京:人民出版社,2015.

**（六）社会安全**

[16] 寇丽平.社会安全治理新格局[M].北京:国家行政管理出版社,2018.

[17] 刘智勇.社会安全与危机管理研究[M].北京:人民日报出版社,2018.

[18] 王洁.社会安全管理论要[M].北京:中国政法大学出版社,2015.

## （七）文化安全

[19] 胡惠林.国家文化安全治理[M].上海:上海人民出版社,2020.

[20] 胡惠林.国家文化安全学[M].北京:清华大学出版社,2016.

[21] 孙宁.中国共产党国家文化安全战略[M].北京:中国社会科学出版社,2016.

## （八）科技安全

[22] 赵刚.地源科技学与国家安全[M].北京:时事出版社,2016.

[23] 麻省理工科技评论.科技之巅3:100项全球突破性技术深度剖析[M].北京:人民邮电出版社,2019.

[24] [瑞典]大卫·萨普特著.被算法操控的生活:重新定义精准广告、大数据和AI[M].易立波,译.长沙:湖南科技出版社,2020.

## ■ 本章参考文献

[1] 新华社.习近平主持召开"中央国家安全委员会"第一次会议[EB/OL].（2014 - 04 - 15）.

[2] 中国共产党新闻网.习近平的国家安全观:既重视发展又重视安全[EB/OL].（2014 - 04 - 15）.

[3] 胡洪彬."百年未有之大变局"下的国家政治安全建设论析[J].内蒙古社会科学,2020(02):1—9.

[4] 刘建飞.冷战后美国对华政策中的意识形态因素[J].现代国际关系,2002(08):13—17＋28.

[5] 塞缪尔·P·亨廷顿.变化社会中的政治秩序[M].王冠华,刘为,等译.上海:上海人民出版社,2008.

[6] 金一南.我们应有怎样的国家观念[J].军事文摘,2018(02):1.

[7] 腾讯网.间谍身份14年,泄密红头文件800多份,败类佟达宁罪有应得[EB/OL].

(2021 - 07 - 19).

[8] 网易新闻.国家对他委以重任,他却当间谍 14 年,结局如何[EB/OL].(2021 - 07 - 08).

[9] 高瑞祥.为境外窃取、刺探、收买、非法提供国家秘密、情报罪构成要件研究[J].河南公安高等专科学校学报,2009,18(04):34—36.

[10] 沈毅.反对宗教极端主义,有效打击"三股势力"[J].中国宗教,2018(06):10—11.

[11] 刘利.新形势下民族地区防止宗教极端势力渗透对策的思考[J].理论建设,2019(01):47—53.

[12] 中国共产党新闻网.维护金融安全关系国家战略全局[EB/OL].(2017 - 06 - 07).

[13] 刘凡.矛盾尖锐、全局可控——论全面开放条件下我国经济安全面临的问题与对策[J].河南社会科学,2020,28(06):37—45.

[14] 陈峰.情报与智库双重视角的美国中国经济与安全评估委员会解析[J].情报杂志,2019,38(10):53—59.

[15] 李孟刚.产业安全[M].杭州:浙江大学出版社,2008.

[16] 周勤,余晖.转型时期中国产业组织的演化:产业绩效与产业安全[J].管理世界,2006(10):68—81.

[17] 兰凤崇,李诗成,陈吉清,等.基于专利分析的锂离子动力电池产业发展趋势[J].科技管理研究,2019(12):144—150.

[18] 陈尧,杨枝煌.SWIFT 系统、美国金融霸权与中国应对[J].国际经济合作,2021(02):82—96.

[19] 王元龙.中国金融安全论[M].北京:中国金融出版社,2003.

[20] 易宪容,袁秀明.金融抑制下低利率政策对我国经济成长负效应分析[J].上海金融学院学报,2006,000(006):14—19.

[21] 刘继斌.影子银行规模对商业银行稳健性的影响研究[D].山东大学博士学位论文 2020.

[22] 谢亚轩.中国债券市场国际资本流入的前景[J].中国外汇,2020(4):13.

[23] 吴彦琳,兰玉,段兰怡,等.解决我国中小企业短期融资困境的路径研究——基于 ABCP 模式的思考[J].新金融,2020(1):49—53.

[24] 章溢,曾剑锋,温利民.方差保费原理中风险保费的近似信度估计[J].统计与决策,2019(19):74—78.

[25] 陈方,张志强,丁陈君,等.国际生物安全战略态势分析及对我国的建议[J].中国科学院院刊,2020(02):204—211.

[26] 孔锋.新时代国家发展战略下中国应对气候变化的透视[J].北京师范大学学报(自然科学版),2019,55(03):389—394.

[27] 郑国光.全面落实国家适应气候变化战略[N].人民日报,2014-04-15(012).

[28] 环球网.世卫疾病名单首现"X疾病"或危及数百万人生命[EB/OL].(2018-03-12).

[29] 新浪科技.科学家质疑美国"昆虫同盟计划":研究生物武器[EB/OL].(2018-10-16).

[30] 王小理,闫桂龙.我国生物安全净评估浅谈[A],见《全球生物安全发展报告(2017—2018年度)》[M].北京:科学出版社,2019.

[31] 腾讯网.做好应对生物安全形态演进的准备[EB/OL].(2020-04-14).

[32] 搜狐新闻.揭秘:日本邪教曾想制造核武器意图引发核战争[EB/OL].(2011-11-25).

[33] Michelle Calabro. Filippa Lentzos on Global Catastrophic Biological Risks[EB/OL]. (2021-10-01). Future of Life Institute. https://futureoflife.org/2021/10/01/filippa-lentzos-on-globml-catashrophic-biological-risks/

[34] Baker, B. Synthetic biology: Should scientists try to create new life forms? [J]. CQ Researcher, Vol. 24, 2014, p. 361-384.

[35] 搜狐新闻.美国将基因编辑列入大规模杀伤性武器:堪比核弹[EB/OL].(2016-02-19).

[36] 搜狐新闻.世界首例免疫艾滋病基因编辑婴儿诞生,122名科学家联名谴责[EB/OL].(2018-11-27).

[37] 王小群,韩志辉,徐剑,等.2019年我国互联网网络安全态势综述[J].保密科学技术,2020(05):4—9.

[38] 网易新闻.2019年党政机关遭受钓鱼邮件攻击50多万次[EB/OL].(2020-05-

08).

[39] 腾讯新闻.2019 年中国互联网网络安全报告出炉,报告显示去年中国境外攻击半数来自美国[EB/OL].(2020-08-18).

[40] 搜狐网.CNCERT 发布《2019 年我国互联网网络安全态势综述》报告[EB/OL].(2020-04-22).

[41] 中国网新闻.坚决打好污染防治攻坚战 习近平的这些金句掷地有声[EB/OL].(2018-05-19).

[42] United Nations. Agenda 21:Earth Summit:The United Nations Programme of Action from Rio Paperback[R]. 2013.

[43] 曲岩.试论当代恐怖主义对国家安全的威胁[J].中国市场,2006(26):64—65.

[44] 住建部城建司市政处.关于进一步加强城市生活垃圾处理工作的意见解读[M].北京:中国建筑工业出版社,2013.

[45] 中国政府网.习近平:推动我国生态文明建设迈上新台阶[EB/OL].(2019-01-31).

[46] 习近平关于总体国家安全观论述摘编[J].领导决策信息,2018(15):14.

[47] 中国共产党新闻网.习近平:胸怀大局把握大势着眼大事 努力把宣传思想工作做得更好[EB/OL].(2013-08-21).

[48] 腾讯新闻.《钢铁侠3》首日票房1.3亿连创内地影史4项记录[EB/OL].(2013-05-03).

[49] 腾讯新闻.警惕打着基督教旗号的邪教组织[EB/OL].(2019-01-03).

[50] 新华社.科技领域安全是国家安全的重要组成部分[EB/OL].(2019-01-25).

[51] 中国共产党新闻网.高度警惕并有效防范化解科技领域重大风险[EB/OL].(2019-03-15).

# 第三章　当前大国博弈中的国家安全新问题与新形势

## ▨ 本章导言

当前大国博弈中，国家安全新问题或新形势最典型的特征就是美国对华战略由"战略接触"急剧转向"战略遏制"，并衍生出其他国家被迫选边站的问题，具体表现为：一方面，中国一直所秉承"周边是首要，大国是关键，发展中国家是基础，多边是舞台"的全方位外交格局受到严重冲击；另一方面，美国及其利益相关者不断从内政与外交、经济、军事防务、科学与技术等多方面形成对华遏制态势，并愈演愈烈。

## ▨ 本章大纲

第一节　国家行为体维度
第二节　国家内容维度

## ▨ 本章知识要点

1. 从国家行为体维度了解并熟知大国关系、周边关系、发展中国家关系和多边关系

2. 从国家内容维度了解并思考美国从内政与外交、经济、军事事务、科学和技术、网络与安全等方面对华战略遏制行为

当前大国博弈中国家安全新问题或新形势最典型的特征就是美国对华战略由"战略接触"急剧转向"战略遏制"，并衍生出其他国家被迫选边站的问题，具体表现为：一方面，中国一直所秉承"周边是首要，大国是关键，发展中国家是基础，多边是舞台"的全方位外交格局受到严重冲击；另一方面，美国及其利益相关者不断从内政与外交、经济、军事防务、科学与技术等多方面形成对华遏制态势，并愈演愈烈。

## 第一节　国家行为体维度

### 一、大国关系——大国关系走入深水区

对大国关系的关注不能仅限于中美等大国。由于全球各行为体的经济和政治发展以及对外交环境的评判,导致对"大国"的定义和范围需要从广义来界定。"大国"更多体现为偏"极"性属性的国家或区域组织,具有代表性的有美国、中国、俄罗斯、欧盟、日本和印度等。

(一)中国与美国的大国关系。自20世纪70年代中美关系正常化以来,美国试图通过经济和民主的诱导,将中国拉入以美国为主的西方阵营,以和平方式实现中国的逐渐演变。但是,随着中国实力的增强,以及美国实力的相对衰弱,美国对这一接触战略效果越来越焦虑。尤其是2008年全球金融危机之后,中美之间的相对实力差距日益缩小,加之美国认为中国改变传统的"韬光养晦"外交政策,进而奉行更加积极的"奋发有为"的外交政策。美国政府在经历了克林顿政府"接触与扩展"战略下"战略伙伴"、小布什政府"接触与防范"战略下"战略竞争者"、奥巴马政府"接触与规制"战略下重要的"合作伙伴"和"竞争对手"后,最终发展为特朗普政府"竞争性接触与遏制"战略下"战略竞争者"和"修正主义大国"。特朗普政府认为中国在人权、领土、海洋等各方面表现出了前所未有的"扩张"心态,于是在新疆、西藏、台湾、南海、东海等各领域全方位实施打压和遏制中国的政策和战略。尤其是2020年7月以来,美国关闭中国驻休斯敦总领事馆,对华发表被西方媒体称为"新铁幕演讲"的政策演讲更是证明了美国开始放弃对华"接触战略",完全转为对华"遏制战略"。

(二)中国与俄罗斯的大国关系。中美关系正常化和美苏两极对抗,促进了中国与俄罗斯关系的友好。此后,基于国内外环境的需要以及官方层次的推动,中俄关系不断向好发展,为缓解中国周边战略压力和发展国内经济奠定了扎实基础,中俄关系进入历史最好时期。但是对于中俄关系,必须充分明白国家之间的友好关系一般都是

基于利益的融合与促进而形成的非永久性的互利关系。中俄关系不断走向新台阶,并在诸多国际议程上互相提供政治支持,属于中国外交的重大成就。但是,中俄关系的靠近是以附带西方对俄罗斯的战略挤压和经济制裁而产生传递效应为代价的。随着美国将战略目标由俄罗斯转向中国,俄罗斯的战略压力缓解,这就导致俄罗斯对"中俄抱团意愿"进一步降低。同时,俄罗斯可能会产生利用中美或者中印分歧进一步扩大自身战略影响力的想法。总之,我们必须清楚地看到,中俄关系虽然处于历史最好时期,但是俄罗斯明显表现出对华战略对冲意识。以中俄印三角关系为例,在中印爆发边境冲突之际,俄罗斯选择在中印之间谋取利益。俄罗斯先后与印度签署出售 33 架战斗机、升级 59 架战斗机的合同。

(三)中国与欧盟的大国关系。虽然欧盟对华政策和战略没有跟随美国,但是欧盟对华政策也开始发生重大转变。对于中欧关系而言,2019 年是至关重要的一年,其标志是欧盟对中国采取了更强硬的态度。2019 年 3 月,在中欧峰会召开前夕,欧盟委员会发表《中欧关系的战略前景》报告,把中国称为"系统性竞争对手"。但是,欧盟对中国来说是挑战与机遇并存。随着欧盟寻求更多的地缘政治主权,新任欧洲领导人更加愿意在与中国相关的问题上与中国建立良好的关系,以保护其重要的商业利益。由欧盟委员会主席乌尔苏拉·冯德莱恩和欧盟外交政策负责人约瑟普·博雷尔领导的欧盟热衷于履行欧盟的全球角色。因此,欧盟将继续与中国保持接触。欧盟与中国继续保持接触关系的逻辑与美国的不确定性有关。这些不确定性有两个基本方面:第一,与美国的地区参与可持续性有关。随着美国相对实力的衰减,欧盟对美国的地区安全承诺感到担忧,需要寻求战略自主;第二,与中美关系不确定有关。在中美大国博弈中"选边站"或者实施"追随战略"都可能降低讨价还价的能力和杠杆作用,同时削弱自身在国际社会行动中的自主权和发言权。

(四)中国与日本的大国关系。自 1972 年建交以来,最初构筑中日关系的国际和国内结构已发生巨大变化。20 世纪以来,东亚的显著特征之一就是中国的崛起和日本的停滞。因此,中日关系的主要矛盾是相互竞争的地区秩序。在特朗普狭隘的"美国优先"政策下,联盟管理和中美对冲考验着日本的政策选择。特朗普政府的不可预测性迫使安倍政府重新考虑日本的对华政策。安倍政府采取一种相对合作的方式——在经济和非传统安全问题上对中国采取保留态度。换言之,尽管日本的安全战略以与美国结盟为基础,但它不排除通过与中国的贸易追求经济利益,日本对华政策具有竞争性和合作性的"二元性"特点。但是,随着美国对地区事务和秩序参与意愿的进一步下降,以及对所谓中国"修正主义"的担心,日本对华政策逐渐由"软对冲的合作性参与"向"硬对冲的竞争性参与"转变。因为在日本看来,虽然"加强与中国的联系以确保自身的经济增长"这一事实无可避免。但是,最近态势表明"经济上的相互依存可以防止潜在的冲突"这一理念似乎有点过时。因此,日本认为经济上相互依存的增加实际上为中国提供更大的、限制日本政策选择的政治工具。沿着这一路径,日本不断在领土与海洋安全方面挑战中国的底线。日本频频在钓鱼岛问题上做手脚,先是上演了"钓鱼岛国有化"一出闹剧,然后通过将钓鱼岛(日方称"尖阁诸岛")地址的名字从"登野城"改为"登野尖城尖阁"的议案,试图捏造钓鱼岛归于日本的事实。

(五)中国与印度的大国关系。美国一提出"印太战略",将其重心由亚太转移至印太地区,印度便认为印度世纪开始到来。此外,中美贸易冲突加剧,印度试图利用美国对华的战略压力来增加对华战略优势。在军事方面,印度冒着武装冲突升级的风险挑起与中国边境冲突,先后爆发"洞朗对峙"和"加勒万河谷冲突"等危机,造成双方人员重大伤亡。2017 年 6 月 18 日,印度与中国发生洞朗对峙事件,两国关系开始恶化,中印关系陷 20 年最低谷。2020 年 6 月 15 日晚,在中印边境加勒万河谷地区,印军违背承诺,再次越过实控线进行非法活动,蓄意发动挑衅攻击,引发双方激烈肢体冲突,造成人员伤亡。这是双方自 1962 年以来爆发的最严重的一场边境冲突。目前,中印双方围绕"加勒万河谷冲突"已经进行了数轮军事谈判,致力于缓解紧张局势,而第五轮军事会谈也已经结束。但据印度媒体报道,印度军方在第五轮中印军事会谈中,明确向中方表示,"不会在印度领土完整问题上妥协",要求中方尽快从盘公措和拉达克东部其他几个摩擦点撤军。可以看出,印度丝毫没有自我退步以及保持和平的打算。在经济上,印度修改法案禁止中国大陆直接及其所谓的通过新加坡、中国香港间接流入的外国投资,严格审查中国的清关货物,并在智能手机、电信设备、太阳能电池板等327 种从中国进口的"敏感商品"上寻找替代来源国或在印度本土生产。在文化方面,印度教育部决定审查与该国 7 所院校合作建立的孔子学院和孔子课堂,以及印度高等教育机构与中国高校及机构签署的 54 份校际合作谅解备忘录。

## 二、周边关系——美国建立"民主联盟"围堵中国

自特朗普上台以来,中美大国关系的框架开始面临着美国政府单边主义与民族主义的双重冲击和破坏,两国关系甚至跌到了中美建交以来的历史最低点。与此同时,美国政府开始利用中国与周边邻国存在领土、领海等纠纷,采取"离岸平衡"战略怂恿印度、日本、越南等国家战略围困中国。其中最具有代表性的就是在"四方安全对话"(美、日、印、澳)基础上糅合"五眼联盟"(美、澳、加、新、英)部分成员发展而来的"四方安全对话+"(美、日、印、澳、越、新)。美国成功地将与中国存在领土争议的邻国拉入美国对华遏制阵营,试图通过采取"以大制大"(美国制裁中国)、"合小攻大"(周国小国围攻中国)的措施双管齐下围堵中国。这一策略显然是成功的。在"以大制大"层面,美国动用经贸战、科技脱钩战等手段迫使中国承担美国失业等责任,以霸权方式扭转贸易逆差。在"合小攻大"方面,美国迫使日本、韩国等国家企业顺从美国意愿,将工厂或者企业迁往印度、越南等国家,试图剥离对华产业链的依赖。同时,出于对中美战略对冲以及维持自我战略主权的考虑,在日本提议下,印度、日本、澳大利亚开始推动"三边供应链复苏倡议",以取代中国供应链。在印度、日本和澳大利亚之间达成谅解之后,该倡议也可以向东盟国家开放。具体方面如下。

越南方面,由于美国实施"印太战略"等原因,越南首当其冲扮演封锁中国重要的一环,这也使得越南更加自信与中国对抗。在南沙群岛问题上,越南开始公开叫嚣道,未经越方批准在争议海域开展各项活动均无价值,在南海频频挑衅中国。

日本方面,日本谋求加入西方五国组成的"五眼联盟",并得到英国和澳大利亚的支持,它们认为应加强联盟的战略经济合作,除了交换机密情报外,还可以用作汇集关键矿产和医疗用品等重要战略储备,以降低对中国的依赖。同时,日本计划购买总价大约231亿美元的105架F-35联合攻击战斗机。

韩国方面,2016年,韩国接受美国在其内部署萨德反导弹系统,韩国主张这项军事部署只是应付朝鲜的防御措施,但实际对中国国土安全造成影响,对太平洋地区的战略平衡也造成影响。

澳大利亚方面,在政治上,澳大利亚总理莫里森等官员把指责的矛头对准了中国,

多次表示就"新冠病毒的源头"发起国际独立调查,实际上就是追随美国的脚步,试图嫁祸中国、栽赃中国。在领土上,继美国2020年7月首次就南海主权争议公开发表反对中国的立场之后,澳大利亚向联合国提交了"不承认中国对南海宣称的主权"的声明,试图以域外国家身份进行域内的长臂管辖。在人文交流上,澳大利亚教育部戴着有色眼镜指责孔子学院具有"实际政治影响力",将孔子学院的正常发展视为"推进不当的外国影响力",在继续追随美国打压中国的道路上越走越远。

### 三、发展中国家关系——美国以"债务陷阱"挑拨离间

"债务陷阱"本身就是西方媒体污名化中国的一种建构性话语陷阱。他们所谓的"债务陷阱"是指,贷款国因过重的利息无法偿还贷款的情形,即债权国刻意地向另一国提供大量的贷款,在债务国无法履行债务义务时,强迫该国在经济或政治上让步。西方国家和媒体主要将"债务陷阱"与"一带一路"、"亚投行"等项目相关联。中国的"一带一路"项目极大降低国际贸易的成本,并通过"亚投行"为不发达国家的经济转型提供支撑。中国提出"一带一路"等国际倡议后,世界各国纷纷响应并积极参与。自从"一带一路"倡议提出以来,从理念到现实,从倡议到共识,从域内到全球,共建"一带一路"倡议得到国际社会的广泛关注和认可,有关国家积极响应,不断加强政策协调力度,互联互通水平大幅提升,经贸与产业合作稳步推进,民间往来更加密切,为各国人民带来了实实在在的福祉。一些西方国家也积极加入该倡议。意大利成为首个加入"一带一路"倡议的七国集团成员国;卢森堡与中国签署共建"一带一路"合作谅解备忘录;德国、法国等主要发达经济体纷纷向"一带一路"倡议表达合作意愿。截至2019年7月底,已有136个国家和30个国际组织与我国签署了195份政府间合作协议,商签范围由亚欧地区延伸至非洲、拉美、南太、西欧等相关国家。共建"一带一路"倡议及其核心理念数次写入联合国、G20、APEC等重要国际机制成果文件。这一切引起美国等国家的警觉,霸权主义心态迫使其无法接受中国为国际社会做出的贡献,认为中国在与其争夺地缘势力范围。于是,美国等国家利用各种手段进行打压,利用"债务陷阱"破坏中国与发展中国家的友好关系。中国基于"共商共建共享"理念,助力非洲、亚洲等欠发达国家融资和发展,也被美国等西方国家污名指责为"债务陷阱外交",指责中

国利用"一带一路"展示经济实力,暗中窃取政治利益。从巴基斯坦瓜达尔港到斯里兰卡汉班托塔港,从吉布提港到希腊比雷埃夫斯港。凡是中国所到之处,美国的舆论指责随即就到。然而,事实证明,美国对中国的指责和污蔑是完全没有依据可言的。迄今为止,没有任何一个主权国家因为参与"一带一路"合作而陷入债务危机。在世界银行和国际货币基金组织认定的 17 个非洲债务危机国中,多数国家的债权人是欧美国家银行、企业等,不是中国。美国波士顿大学《2019 年拉丁美洲和加勒比地区中国研究》报告称,中国贷款绝大多数并未超过国际货币基金组织的债务可持续性门槛。可见,以非洲和拉美为例,基于债务风险问题指责中国故意"掠夺"他国是完全没有依据的。同时,相关债权国领导人也出面加以反对,识破美国的阴谋。面对来自西方的质疑,吉布提官员达瓦莱回应道,"当美国官员担心中国在吉布提港口的垄断地位时,他们对当地现状的认知已经过时了"。然而,美国依然我行我素,唯一支撑他们的信念就是"我说你有就是有"。

## 四、多边关系——单边主义和民族主义崛起

自从特朗普上台以来,美国秉持"美国优先"政策,以自我绝对利益,而非相对利益衡量其参与的各种组织或活动,先后退出《巴黎协定》《伊核问题全面协议》《中导条约》《开放天空条约》、联合国教科文组织、世界卫生组织等一系列多边协定与多边组织。美国这种近乎疯狂的单边主义对世界各国尤其中国造成严重危害。一方面,国际秩序陷入"金德尔伯格陷阱"[1]。美国长期霸权主义给国际社会带来动荡和暴力,但是对贸易、金融等方面也发挥着一定的稳定作用。特朗普政府的自我狭隘和所谓的"有原则的现实主义",将国际关系在很大程度上视为一种零和游戏,要求美国对权力保持警惕和优势。于是优先考虑来自俄罗斯和中国等大国竞争对手的威胁,而不是像全球变暖这样的非传统威胁。世界的发展和进步更多是在多边主义的推动下完成的,美国这一自私自利的零和博弈行为给国际社会留下的巨大隐患,也将迫使其他国家选边站,从

---

[1] 金德尔伯格陷阱是指在全球权力转移过程中,如果新兴大国不能承担领导责任,就会导致国际公共产品短缺,进而造成全球经济混乱和安全失序。

而将撕裂世界的共同性和依赖性，进入一个对抗与敌视的恶性循环状态。长期以来中国一直坚持多边主义，是多边主义坚定的倡议者和推动者。中国的安全和发展得益于多边主义的存在和发展，现在这一基础正面临美国单边主义和霸权主义的挑战与威胁。在美国不断破坏国际社会稳定之际，中国作为世界性大国必须承担起自身的责任，与其他国家一道推动多边主义的发展，抵消美国的罪恶势力。

## 第二节　国家内容维度

自 20 世纪 70 年代以来，在《上海公报》《中美建交公报》《八一七公报》三个公报的基础上，中美关系不断走向正常化。此后，美国试图通过"接触战略"（经济市场化、民主自由化、政治西方化）将中国拉入美国主导的西方体系。然而，中国特色社会主义的日益显著与西方资本主义日渐没落二者之间的对比反差，迫使美国等大国意识到自己的战略走向失败，并开始炮制和推介"修昔底德陷阱"。美国开始不断将中国的发展道路污名为"中国模式"，将中国对国际体系的改革塑造为"秩序颠覆"，并由此将中国角色定义为"战略竞争对手"。"战略"一词凸显重视地位，"竞争"一词凸显关系性质，"对手"一词凸显目标对象，美国开始从地位、性质、对象等方面重新界定中国的角色及中美关系，并从内政与外交、经济、军事防务、科学与技术等多方面形成对华打压态势。

### 一、内政与外交——打压与围困

美国重新界定中国的角色以及中美关系主要从两个方面进行——内政干涉（涉疆、涉港、涉台）与外交纠纷（涉边、涉海冲突）。换言之，美国等国正试图通过"内部分化与外部围堵"相结合的战略挤压中国的国际战略空间及其所依赖的内部发展与团结。

与外交打压不同，内部分化的方式不容易引起内部的民族主义向外扩展，反而具备造成政治认同问题的功能。美国对华内政干涉不再遮遮掩掩，反而愈发明目张胆。

美国等国家以"人权卫道士"自居,在"人权对象"(传统弱势、区域自治、"民主斗士"群体)——人权内容(政治、舆论、自治、文化、语言权利)——评判标准(西方民主标准)——人权状况(人权暴力、人权虐待、人权剥夺、人权恶化)——评判依据(媒体展示的模糊报道和单独案例、国际组织展示的记录与实践、独立第三方人权观察者)——人权诉求(享受权利、尊重人权、捍卫人权、保护人权)的框架下,循序渐进地推进"人权政策主权化"战略,最终实现所谓西方自由世界民主价值和资本主义"普世化"目标。

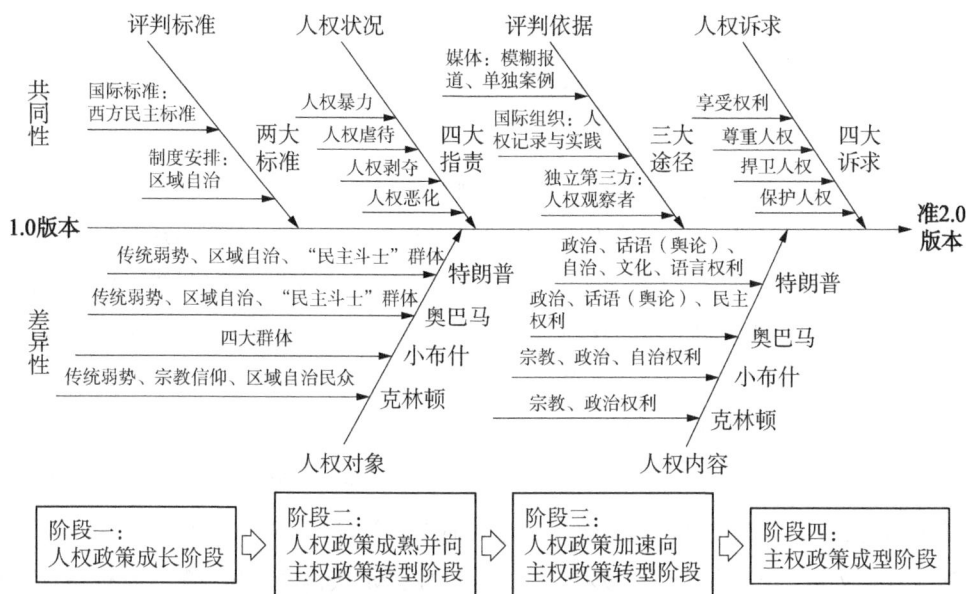

图3-1　美国对华人权政策"框架—战略—目标"鱼骨分析图

在涉疆、涉藏问题上,面对"三股势力"对我国边疆安全和人民造成的严重伤害,以及世界各国对"三股势力"治理问题成效不佳之际,我国政府创新性地设立职业技能教育培训中心,从根源和思想上去除极端主义。事实证明,这一措施有效遏制了恐怖活动多发、频发势头。截至目前,新疆已3年多没有发生暴力恐怖案件,社会治安状况明显好转,新疆各族人民安居乐业,群众的获得感、幸福感、安全感显著增强。反恐、去极端化,清除的是阻碍新疆各族人民实现美好生活的毒瘤,换来的是新疆的和谐稳定与健康发展。然而,美国等国却将"职业技能教育培训中心"污蔑为"再教育营",称其内部条件恶劣,被关人员常受到教育和洗脑等等。所报道之处,用语恶毒,疑点重重,令人咋舌。谣言止于真相,谎言败于事实。相比于道听途说和歪曲编造,一些到新疆深入走访过的国际人士才有发言权。2018年底以来,已有来自近百个国家和地区的驻华使节、联合国官员,有关国家常驻日内瓦主要外交官,以及一些国家政党、社会组织、媒体记者和宗教团体等70多批(团、组)、1000多人到新疆职业技能教育培训中心实地参访。有识之士纷纷表示,新疆职业技能教育培训工作完全符合联合国预防性打击恐怖主义、维护基本人权的宗旨和原则,为国际社会反恐、去极端化探索出了有益经验,提供了成功范例,值得充分肯定和学习借鉴。

在香港问题上,香港特区政府修订《逃犯条例》的建议提出以来,得到香港主流民意支持,广大市民期待特区立法会能如期完成修例,填补法律漏洞,避免香港成为"逃犯天堂""避罪港湾"。中央政府对于特区修例也予以坚定支持。但是,美国这些国家却大造文章,除了背后通过一些组织暗中支持那些"乱港"分子反抗外,还在官方层面直接对中国政府的政策指手画脚。自2020年以来,美国等国家频频指责中国违反国际人权条约,国内人权没有得到保护。2020年8月9日,美国、澳大利亚、加拿大、新西兰、英国等国家对华指责达到最高点,他们共同签署了关于香港人民的权利受到侵蚀的联合声明,对华干涉力度空前。

在涉台问题上,美国政府在对台问题方面一直小动作不断。特朗普上台后,美国等国利用台湾问题对华战略施压更是有过之而无不及,试图捏造"一台一中"的事实。面对蔡英文等"台独"分子公然破坏"九二共识"的举动,美国也是积极配合其行动。美国卫生部长阿扎尔8月9日访问台湾,并会见蔡英文。阿扎尔成为1979年以来访台级别最高的美国官员,也是首次访台的美国卫生部长,这次访问代表了美国利用台湾问题遏制中国的最新动作,是对中国内政的严重公然干涉。美国此举已公然打破中美建交三个联合公报所确立的"一中原则"。美国卫生部长12日刚离开台湾,美国国防部就公布了包含台湾购买的66架新式F-16战斗机的新一轮军售合约。

## 二、经济——脱钩与重塑

自中国加入世界贸易组织以来,世界经济与中国经济不断互补与调适。中国的发展离不开世界的牵引,世界的发展更离不开中国的贡献,二者是整体与部分的关系。中国依赖国内和国外两个市场,计划和资本两种手段,实现经济总量位居全球第二的目标。美国等国对华以经济促政治愿望的诉求逐步失败后,美国政府便开始以贸易赤字为由,展开对华贸易战,不断施加对华贸易压力。2018—2020 年三年间,美国利用贸易逆差、技术转移等理由,采用"极限施压"手段迫使中国购买美国的大量农产品。中美双方曾一度于 2018 年 5 月达成暂停贸易战的共识,并发表联合声明寻求和解。但美国 6 月 16 日公布了第一批针对 500 亿美元中国输美商品的征税清单,将原有 10%税率提高到 25%。美国政府出尔反尔、反复无常的态度严重损害了两国健康关系。2018 年 12 月 1 日,G20 布宜诺斯艾利斯峰会上,两国领导人达成共识,同意举行为期 90 日的谈判,并在谈判期内暂停新增贸易措施。然而,2019 年 5 月 5 日,美国总统特朗普宣布对另外价值约 2000 亿美元,合共 2500 亿美元的中国输美商品征收 25%的关税。2019 年 6 月 29 日,两国领导人在 G20 大阪峰会上举行会谈,同意重启经贸磋商,美国不再对中国产品加征新的关税。2019 年 8 月 1 日,因特朗普政府不满中国政府对美国农产品的购买进程,特朗普宣布将在 2019 年 9 月 1 日起,对余下价值 3000 亿美元的所有中国输美商品征收 10%的关税。2020 年,由于美国忙于处理国内新冠肺炎疫情的暴发,美国对华贸易战暂时得到控制。但是,美国对华经济制裁伴随着新冠肺炎疫情的暴发也开始以"脱钩"方式进行。

这次新型冠状病毒的暴发,美国等西方国家看到他们对华产业链的高度依赖,中国"世界工厂"地位更加触及其敏感神经。它们不再坚持"经济与政治二元分离",提出"经济繁荣网络"计划,重新赋予经济发展的安全性和政治属性,逐渐将产业链撤出中国,转移至印度、越南等这些劳动力充沛、政治观契合的国家,试图在经济上"去中国化"。美国这一战略突出"美国优先"理念,并以"霸权逻辑"替代"市场逻辑",构建由美国主导的全球价值链、供应链、产业链。

## 三、军事事务——威胁与进攻

冷战结束后,美国对华戒备心理从未消失。2008 年全球金融危机爆发后,中美两国在危机应对、经济潜力、制度优势等方面所体现出来的差异,使得美国逐步改变对华政策。对中国在东部和南部进行压制与威胁成为关键,武器军售、海上军演和战略部署等多重方式轮流上演。

武器军售方面,美国利用"和平时期中美两国发生战争的概率很小"这一特征,不断对印度、韩国、日本、中国台湾等国家和地区进行军售。美国渲染中国对周边地区的威胁从而制造邻国和地区的恐慌,这些国家和地区基于安全需要从美国购买大量武器。一方面,美国靠渲染威胁和武器军售,在钱财和影响力方面获得"双丰收"。另一方面,这些国家或地区对安全的特殊需要逐渐形成对美国的依赖,同时对中国形成巨大的战略压力。最近几年,美国对中国周边国家和地区的军售不断增加。根据斯德哥尔摩国际和平研究所(SIPRI)数据显示,美国 2015—2019 年间主要武器出口相比 2010—2014 年间增长了 23%,其中很大一部分流入到日本、澳大利亚、中国台湾等国家和地区。以美国对台为例,从 2017 年特朗普执政至今,特朗普政府已累计批准 7 次对台军售,价值超过 132 亿美元。

海上军演方面,美国现有的覆盖中国南海的双边和多边军事演习在邻近地区更加频繁地发生,如美军多次进入中国南海等有争议地区。美国印度太平洋司令部自成立以来,每年领导 150 多次双边和多边联合军事演习。2019 年,这一数字超过 175 次。虽然演习规模各异,但它们的目的是一致的:扩大美国在该地区的存在并加强其盟国的防御能力。美国主要参加的军演有美菲联合军事演习、环太平洋军事演习、美印日澳马拉巴尔军事演习等。美国"印度太平洋战略"的实施会进一步增加美军在中国南海及其周边地区(包括有争议的水域)进行联合军事演习的频率和范围。

战略部署方面,美国正在加快在中国南海周边地区的军事基地建设和力量部署。根据《印太战略报告》的报告,美国军方目前在印度太平洋地区部署了 2 000 多架飞机,200 艘军舰和潜艇,以及 370 000 名军事人员。该报告载有购买 110 架第四代和第五代战斗机以及 400 枚高级中程空空导弹的计划。此外,美国计划在 2020 年至 2024 年之间购买 10 艘驱逐舰以及弹道导弹,以提高美国在反水面和反潜战中的能力。中国南海及其周边地区是"印太战略"的地理中心,美军将加快和加强其在该地区的力量部署、基地建设和军事行动。

可以预见,在其"印太战略"的框架下,美国不仅将在频率、规模和地理范围上继续升级遏制中国的态势,而且还将采取更加多样化和更具挑战性的行动,意味着继续在安全领域向中国施加压力。一方面,日本、澳大利亚和英国等美国盟国将根据中国南海现状与美国展开进一步的联合行动。另一方面,美国将使海岸警卫队采取的执法行动制度化和规范化,并逐步与菲律宾、越南和马来西亚等国家进行海上联合执法。

## 四、科学和技术——围堵与封禁

科学技术是第一生产力。随着第四次工业革命的不断迭代,以 5G 技术、3D 打印、人工智能等新技术为核心要素的新一代产业革命在推进国家实力建设和能力发展等方面发挥着主导性和前端作用。换言之,在和平时代,掌握最新技术的国家将拥有除了核威慑以外真正威慑能力的隐性杀伤工具。科学技术对国家实力建设和能力的赋权导致每个国家尤其重视科技前沿进步和避免技术转移。但是,如果将科学技术政治化、私有化,那么技术只能停留在国家利益阶段,无法为实现全球进步和造福人类做出贡献。

中美建交以来,美国作为世界科技中心一直处于强势地位,并且希望利用科技打开中国市场,通过两国科技合作让中国接受美国所主导的国际规则并承担相应的国际责任。随着中国综合国力的增强和发展模式的成熟,中美在科技上的关系更趋于平衡。中国越来越多地主动根据本国利益需求选择与美国科技合作领域。这些变化令美国逐渐将中国视为科技领域的潜在竞争者,担忧中国动摇美国在该领域的全球领导地位。于是,美国借用隐私安全、知识产权破坏等由头,不断切断对华的技术供应以及背后的人才力量支持。

在技术层面,面对华为、中兴等中国企业在国际社会的崭露头角,甚至某些领域的主导作用,美国感觉到自身技术“落后”的危机感和恐惧感,先后炮制“中兴事件”“华为事件”。2018 年 4 月 16 日,美国指责中兴向伊朗出口管制技术于是宣布 7 年内禁止美国企业向中国的电信设备制造商中兴通讯公司销售零件。“中兴事件”对中国跨国企业界产生了持续影响。之后不久,2019 年 5 月 15 日,美国总统特朗普签署《保障信息与通信技术及服务供应链安全》的行政令。该行政令宣布,为应对在信息和通讯技术及服务上面临的“重大国家安全威胁”,美国进入国家紧急状态。5 月 16 日,美国商务部产业与安全局将华为及其非美国附属 70 家公司纳入“实体清单”,限制美国公司向华为等 70 家公司出售零部件或技术,多家跨国公司随即宣布减少与华为的合作,或暂停出售华为手机,以求符合美国政府的要求。之后,美国又先后将中国航空工业集团公司、中国航天科技集团公司、奇虎 360、海康威视、东方网力、海能达等几十家集团和企业列入制裁"黑名单"。美国之所以能够封杀中兴、华为等企业,归根结底是因为中国企业大量芯片供应依赖于美国芯片企业。一旦断绝供应后,这些企业的业务将受到巨大打击。经此一役后,中国真正意识到自己在芯片自主研发领域"无芯"、"缺芯"的短板。

在人才力量方面。科学技术的推进最后源于优秀科研人员的研发工作,于是美国从根本入手,试图切断中国的技术进步推动力量。第一,加速给科学和科学家设置"国界"。根据美国《科学》杂志的报道,自 2018 年 8 月美国国立卫生研究院开始对美国 87 个科研机构的 189 名科学家展开"调查",以他们是否与所谓的"境外势力"存在关联对他们进行迫害以来,已有 54 名科学家在这一过程中失去了工作。绝大多数遭到这一迫害的科学家都是亚裔或华裔。美国对华裔科学家的迫害也在加剧。2015 年,世界知名超导专家郗小星被 FBI 逮捕,被指控向中国提供美国"秘密超导技术"。2019 年 9 月,美国司法部指控华裔科学家周宇和妻子陈莉"窃取医学商业机密"。2020 年 5 月,美国司法部对美国克利夫兰诊所前雇员王擎实施抓捕,指控电信诈骗和虚假陈述。第二,加速给留学生设置"国界"。从 2019 年 5 月,美国就开始收紧对华留学生,尤其是理工科留学签证工作。2019 年 5 月,美国提出法案,拟限制中国公民赴美学习或交流"商业管制清单"中的技术。这份名单包括生物技术、人工智能和机器学习技术、先进计算技术等 14 项会影响美国国家安全的技术。2020 年 5 月,美国政府计划取消数千名中国研究生和研究人员的签证。根据官方估计,这项计划或许至少影响 3000 人,而其中一些人可能正在从事重要的研究项目。

## 五、网络与安全——净网与封杀

互联网时代的到来拉近了国与国、人与人之间的距离,世界逐渐朝"命运共同体"方向迈进。但是,一旦涉及国家安全和企业竞争,互联网就会被美国等国视为"威胁网"。随着中国互联网企业的全球化发展,中国企业从互联网模仿者、追随者逐渐成为引导者、创新者,并涌现出阿里巴巴、腾讯、字节跳动等一系列出色的互联网公司。在"2019 年 BrandZ 全球品牌价值 100 强"名单中,阿里巴巴、腾讯、京东等企业纷纷登榜。虽然中国公司相比美国巨头苹果、微软、谷歌等企业存在巨大差距,但是,美国对"星星之火,可以燎原"忧心忡忡,担心中国企业有一天赶上美国企业。于是,美国借口安全与隐私,暴力干涉中国企业发展,甚至逼迫其做出"退出或并购"二选一的选择。其中,最具有代表性的就是"Tiktok 事件"和"微信事件"。2020 年 8 月,美国总统特朗普警告,除非有美国公司将 TikTok 的美国业务收购,否则他将会封禁该平台。2020 年 8 月 6 日,美国颁布禁止美国公司和个人与抖音和微信的中国母公司字节跳动与腾讯交易的总统行政命令,这意味着美国人将无法从谷歌和苹果的应用程序商店下载和使用这两款中国软件。

虽然特朗普的某些行动被认为是出于连任考虑,但禁止 TikTok 和微信对美国来说具有更深远的意义。第一,对 TikTok 的恐惧源于其巨大的成功。2020 年第一季度,TikTok 下载量约为 3.15 亿次,创下了全球历史纪录,超过 Facebook 等美国应用程序。美国《大西洋月刊》发表文章写道,TikTok 已经成为由技术驱动而崛起的中国新挑战的象征,这一挑战不仅面向美国,而且面向美国在技术领域的统治地位。第二,打击中国企业的进取精神和民族精神。TikTok 所属母公司字节跳动,微信所属的母公司腾讯已成为世界上最有价值的创业公司之一,体现了中国新一代文化与科技公司的进取精神。为了限制中国企业的海外发展及其所代表的中国企业精神,美国提出"干净网络"计划以精准打击。第三,打击中国的产业链。TikTok 崛起背后的全球高科技产业趋势,是美国政府最为焦虑的。通过国家安全的政治理由,将 TikTok 一举扼杀,成为美国政府和互联网巨头的共识和默契。TikTok 象征着中国科技公司在算法、人工智能以及在短时间内迅速发展并获得利润的能力。美国的限制将打压从游戏、社交、直播和媒体等领域涌现出来的新星,重新评估美国在全球范围内的吸引力,美国担心更多的互联网企业紧随其后。

### ■ 思考题

1. 中国如何应对当前的新问题与新形势,坚定不移走中国特色国家安全道路?

2. 总体国家安全观视域下,高校爱国主义教育如何进行?

■ **拓展学习资料**

［1］学习关于国家安全的书籍与资料。

［2］了解并把握中国目前的发展趋势与安全挑战。

■ **本章参考文献**

［1］张文木.世界地缘政治中的中国国家安全利益分析［M］.北京:中国社会科学出版社,2012.

［2］尚伟.总体国家安全观［M］.北京:人民日报出版社,2020.

［3］刘建飞.中国特色国家安全战略研究［M］.北京:中共中央党校出版社,2016.

［4］王永贵,廖鹏辉.新时代意识形态安全态势的变化向度与应对策略——深刻领会习近平关于意识形态安全重要论述的精髓要义［J］.理论探讨,2021(1):5—12.

［5］冯维江,张宇燕.新时代国家安全学——思想渊源、实践基础和理论逻辑［J］.世界经济与政治,2019(4):4—27,154—155.

［6］凌胜利,杨帆.新中国 70 年国家安全观的演变:认知、内涵与应对［J］.国际安全研究,2019,37(6):3—29,153.

［7］陈志敏,苏长和等.安全、发展与国际共进［J］.国际安全研究,2015,33(1):45—77,158—159.

# 第四章　当前技术进步与国际安全竞争

## ■ 本章导言

当前,各个国家的政府都开始将技术视为重要的核心资产之一,而技术本身作为推进社会进步与经济增长的重要驱动力,以之为核心的各国间安全竞争也日益激烈。这种竞争主要表现为五大特点:一是布局新兴科技,主导未来产业;二是加强技术商业化与产业化;三是确保重要产业供应链的安全可控;四是加强技术领域投资监管,防止优势技术流失;五是加强技术出口管制,严控本国技术流出。

具体来说,对内来看,各国一方面加大对于先进技术和核心技术开发的投资力度,另一方面加速技术在本国的转化和应用,使本国从中受益最大化;对外而言,发达国家一方面加强了对外资的审查,不让外国资本投资本国的战略技术和产业,以免本国技术旁落外资手中,另一方面加强了技术出口管制,以限制本国技术出口让外国受益。

当今世界正在逐步走向多极化,以中国为代表的发展中国家快速发展,而美国一家独大的地位不断被动摇。同时,世界经济发展步入慢车道,尤其是增量不断减少,各个国家除了利用现有经济动能外,也都在寻求推动经济发展的新方法。技术,作为可以带来的革命性变化与红利的要素,引起了激烈的国际间竞争。我国近年来在科学技术领域突飞猛进,部分发达国家因此产生了焦虑感,这些国家为了维持在世界权力结构中的主导地位,采取打压、封锁、垄断等措施阻碍我国科学技术发展。一些国家以贸易战为工具,对我国科技企业进行极限施压,对我国科技人员严加防范,从而达到转移国内矛盾的目的;把一些中国企业列入"实体清单",实行技术封锁、产品禁运,构筑技术壁垒;处于技术金字塔顶端企业为了尽可能延长已开发技术的生命周期,维持长期专利利益,滥用技术优势,实行技术垄断,提高市场准入和技术门槛,损害全球用户利益。来自外部风险持续累加、迭代升级,科技垄断与反垄断、竞争与反竞争的斗争长期存在,对我国维护国家安全造成长期性、持续性损害,我国必须加强博弈手段的综合运用,切实有效维护国家安全。[1]

■ **本章大纲**

第一节　当前技术进步的特点和影响

第二节　主要国家对待技术进步的态度和举措

第三节　我国应对国际安全竞争的策略

■ **本章知识要点**

1. 了解当前技术进步的趋势和表现

2. 掌握技术进步在国际安全竞争上的体现形式

3. 学会多角度挖掘我国应对国际安全竞争的举措的落脚点

## 第一节　当前技术进步的特点和影响

新一轮科技革命正以量子技术为制高点,在人工智能、生物科学、地球空间科学等领域多点开花、集群突破。各主要大国都把核心技术作为本轮战略博弈的核心,以物理空间和虚拟空间为竞技场,政府强力推动,科技巨头领军,明争技术优势,暗夺数据霸权。全球科技竞争堪称残酷,激烈程度前所未有。总体来说,当前人类技术进步呈现出五大新特点:(1)科技瓶颈正在加速突破;(2)核心领域不断取得进展;(3)人工智能强力引领作用显现;(4)量子科技威力初露峥嵘;(5)航天科技出现新变革。

当今世界,正面临百年未有之大变局。受技术进步的推动,人类社会的生产、生活、创造、治理,以及人类自身、人与自然的关系等都处在重大变革的前夜。与此同时,技术发展水平高低拉大了国家间实力鸿沟,而技术壁垒属性让国家间这些鸿沟难以逾越。在科技竞争中落伍的国家,未来在国际权力结构中将处于极为被动的位置。相比

---

1　熊玉祥.占领科技安全制高点[N].解放军报,2020-05-19(007).

于传统的"长专利",科技创新越来越快,落后者基本没有赶超机会。新兴技术的广泛运用也将冲击国家治理,从而引发社会结构巨变;各类不同技术融合带来的未知性风险、安全风险不断涌现。

## 一、当前技术进步特点概述

一是科技瓶颈加速突破。

计算机技术奠定了因特网诞生的基础,因特网的发展则为万物互联的实现提供了可能;从早期计算机技术到超级计算机,从云计算、到人工智能,信息处理的能力与方式不断更新。信息和网络成了一种新工具乃至新语言,成为越来越多人认识和改造世界的方式。在人类文明的历史上,第一次出现了信息网络世界和物理世界的结合,这种结合形成了人类社会全新的栖息地,同样也形成了全新的"竞技场"。这推动了人类社会发展中的多领域融合,获得技术突破的可能性也有所提高。

二是下一代核心技术如量子计算、生物科技以及信息通信技术等不断获得突破。

2018年3月6日,谷歌发布了全球首个72量子比特芯片;[1] 2018年3月,微软发现了"天使粒子"存在的有力证据,奠定了研制拓扑量子计算机的基础。[2] 2019年1月,IBM在CES展会上展示了世界上首台独立的量子计算机。[3] 2月,中国科技大学首次在室温大气条件下实现了基于固态自旋体系的可编程量子处理器[4]。在脑与神经科学领域,美国科学家首次成功建立了多人脑对脑接口合作系统,被视为"脑联网"之开端。[5] 在生物医学领域,意大利科学家利用基因疗法治愈了一名7岁儿童的皮肤绝症,基因治疗技术取得的突破正在增加。与之相应,一些基因编辑试验也在全球引发巨大争议。

三是通过利用物联网传感器产生的数据,使AI(人工智能)技术的异军突起与广

1　谷歌AI:https://research. googleblog. com/2018/03/a-preview-of-bristlecone-googles-new. htm
2　Gizmodo 科技博客:https://gizmodo. com/how-will-microsofts-wild-electron-splitting-topological-1824142429
3　英国金融时报:Financial Times (ft. com)
4　合肥微尺度物质科学国家研究中心:http://www. hfnl. ustc. edu. cn/detail? id=15415
5　刘发鹏. 美科学家首次开发出非侵入式多人脑-脑接口合作系统[J]. 科技中国,2018(11):100.

泛应用,在各行各业的转型升级中气到了重要作用。

在 AI 技术帮持下,诸如大数据、物联网、互联网、云计算等技术正逐渐实现更高层次的融合,技术融合又推动了相关产业发展如无人驾驶、辅助驾驶、人脸与语音识别等。在生物医疗领域,谷歌旗下 DeepMind 公司研发的人工智能能够根据基因序列预测蛋白质结构[1]。腾讯公司与复旦大学成立"AI 大数据联合实验室",瞄准大数据平台与自然语言处理、精准医疗、计算机视觉、肿瘤知识库、AI 智能助手等五大"靶点"[2]。

四是量子科技作用初显。

谷歌从 2017 年起就同大众汽车公司携手,尝试通过量子计算突破现有车用电池的性能瓶颈。为什么说量子技术能"称霸"? 关键在于它拥有无可比拟的高算力,只要同人工智能、生物技术、边缘计算等产业成功融合,或许能创造新的科学范式、推动科技革命性进步,甚至促使社会过渡到下一个阶段——量子时代。比如新材料设计方面,如果采用量子计算可以设计出新的分子结构、创造原本不存在的材料,甚至推动科研工作在纳米技术、生物技术、建筑轻量化等方向实现突破。

五是航天科技发展经历多年停滞出现了新进步。

比如月球探测器第一次到达月球背面、可重复使用的运载火箭投入商用,此外诸如探测器降落小行星、火星探测、深空探索都有了新进展。

## 二、当前技术进步影响评析

技术进步引发的国际安全竞争日益残酷。当前地缘和国际政治态势越来越紧张,反国际化潮流引发了"技术民族主义",国际合作愈发困难。但技术的安全与保障都需要依靠国际合作,这种态势下科技发展承受了更大阻力。

从影响看,技术水平层次的差异促成了国家间的实力鸿沟,尤其是以人工智能为代表的新兴技术领域,更加需要雄厚的资金和财力的支持。大国可以凭借经济和人才优势,主导本国在高端技术方向上的话语权。技术引发的国际安全竞争和争夺,将对

---

1 刘发鹏. 谷歌 DeepMind 研发出 AlphaFold,可根据基因序列预测蛋白结构[J]. 科技中国,2019(1):105.
2 复旦大学肿瘤医院:https://www.shca.org.cn/home/news/content/id/307/pid/5596.html.

国际权力结构进行大范围的重组,世界各国两极分化更加明显。少数拥有量子计算、AI 技术、生物技术等尖端科技的国家将分享最高国际权力,全球供应链重组更加注重安全,国家与国家之间会产生坚固的数字壁垒。竞争同样还发生在外太空、深海、南北极的资源争夺,天基、海基武器的布置,人工干预局部天气或地形地貌等,都在潜移默化中发生了竞争。就战争而言,无论是战争形态、军事装备还是的战争结果的评价标准也在改变,军事技术的发展使得最各国不得不忌惮战争的风险未知性,而不仅仅是控制损失。总而言之,未来国际权力结构中,没有技术优势的国家将很可能处于被支配的地位。

在国家治理层面,技术发展造就的信息社会使政府管理获得了数字化手段,使行为主体们普遍获得了参与治理的便捷平台,并提高了治理效率。不过同时,多点爆发的危机成为政府面对的新挑战,要求能够实现快速决策与反应。人工智能如今越来越多参与到战略决策和应急反应中,不过人工智能决策存在"黑箱"效应以及潜在算法缺陷等,也增加了决策与预期不符的可能性。此外值得关注的是如今五花八门、日新月异的应用,它们正在通过计算机终端悄悄影响我们的国家安全、民众隐私、道德规范,而政府相应监管措施往往"出台即落后",治理方面困难加大。

在社会结构层面,传统的工作方式会被智能化的社会分工取代,部分低端产业劳动力可能会成为 AI 的下属,大量劳动力则需要接受从头开始的培训才能参与工作。一些传统职业消亡伴随着一些新型职业的出现,使得跨界人才变得紧俏,拥有技术的劳动者与和普通劳动者之间收入差距会拉大。同样可能造成新型两极分化的还有突飞猛进的生物科学:分化除了财富获得的多少,越来越多体现在个体生命的质量与长短。无论是人与计算机结合、生物基因改造,还是政府管理的 AI 应用等,都会冲击社会伦理与现有法律。传统社会结构也会面临巨大挑战:基因编译等生物技术带来的新型风险、对于个人隐私的重新定义与保护缺失等都会产生巨大的影响。

在技术融合层面,新一代传输技术与网络技术促进了广泛的信息数字化,从而打破了各种界限和壁垒,把人、网、物结合起来,而在这一过程中数据算法是核心。不过,当前广泛使用的大多核心算法被个别发达国家和跨国公司拥有。这就延伸出一系列问题,比如:利用算法工作的 AI 所起草的文件甚至法律、撰写的新闻与文稿,怎样确定版权所有?此外,有关信息数据的监管、保护、责任认定、价值评估、专利制度完善与法律跟进,当前社会上任何行为体都很难靠单个力量处理这些问题。学术层面而言,各种边缘学科、交叉学科的诞生会打破原有学科体系,新出现的研究方法乃至方法论和知识体系也需要从最高层面统筹。技术创新持续加速,制度层面如不尽快跟进,则差距会越来越大。

在新安全风险层面上,掌握并使用技术的各国都需承担整个技术链的风险。物联网可能使数据病毒散播加速,并提供人为操控的空间;现实世界对 AI 依赖性越大,AI 对现实世界的影响乃至危险程度也将难以控制(如恶意人为操控);个人数据、公共数据、产业数据等各类数据数量极大,但也更加难以防护,可能加剧网络破坏、入侵等犯罪。最后我们还能看到,新物种的入侵,生化武器开发、基因技术滥用等,对人类社会的发展与安定都有着潜在威胁。

---

## 第二节　主要国家对待技术进步的态度和举措

### 一、布局新兴科技,主导未来产业

未来,促进经济增长将依靠新兴科技与其造就的新产业,而这种增长的潜力是巨大的。德勤公司关于科技的一系列研究指出:人工智能、3D 打印、先进分析技术、先进材料、先进机器人、区块链、网络安全、数字设计、高性能计算、人机交互、物联网等技术属于指数型技术,有望引发新的生产革命,给社会、经济、行业带来非线性、指数级变化。[1] 因此世界各国为了在将来占据产业主导地位,都都在加大对新技术的投入力度。人工智能与量子技术就是其中的典型案例。

人工智能领域,美国 2016 年 11 月出台了《国家人工智能研究和发展战略计划》,2018 年 5 月成立人工智能专责委员会,2019 年 2 月总统签署"美国人工智能倡议"行政令,旨在从国家战略层面调动更多联邦资源用于人工智能研发。美国军方也在与私

---

1　德勤:https://www2.deloitte.com/cn/zh.html.

企联合研发军用人工智能技术。日本 2017 年 3 月出台《人工智能技术战略》；欧盟 2018 年 4 月出台《欧盟人工智能战略》，并成立人工智能高级专家组，法国国防部启动"人机编队"项目，以人工智能主导未来空战；韩国 2018 年 5 月通过《人工智能研发战略》，未来 5 年将向 AI 领域投入 2.2 万亿韩元，韩国科学技术院与防务公司共建军用人工智能技术创新基地；德国内阁 2018 年 11 月通过《人工智能战略》，联邦政府到 2025 年将投入约 30 亿欧元用于该战略的实施。2017 年 7 月，中国《新一代人工智能发展规划》出台，将新一代人工智能发展提高到国家战略层面。俄罗斯总统在 2019 年 6 月 15 日制定出俄在人工智能领域的国家战略，并且声称已开始研制的新一代战机将具备人工智能和无人驾驶能力。各主要国家均把人工智能作为本轮科技革命的"牵引技术"。

在 5G 领域上，很多国家曾犹豫不决。但美国不择手段打压中国高科技企业的行为，事实上加快了各国对 5G 技术研发和商用的决策。各国均把 5G 视为战略性技术，希望抢先入场，率先建立起新一代的关键信息基础设施，为人工智能、物联网等技术的发展"筑桥铺路"。法国电子通信与邮政监管局 2018 年 7 月正式发布 5G 发展路线图，计划在 2025 年实现交通路网全覆盖；美国政府 2018 年 9 月在白宫召开由国内各利益相关方参加的 5G 峰会，将以"美国优先，5G 第一"的方式加快部署 5G 移动网络。特朗普还以总统令方式责成美国商务部落实。

在量子技术领域，如今各大国在量子技术方面的竞争越发激烈。量子是能表现出某物质或物理量特性的最小单元，可以应用在量子计算、量子通信、量子测量、量子成像等很多领域，而最终会以量子处理器、传感器、安全系统等形式应用到实际生活中。欧盟 2016 年宣布发起量子旗舰计划，未来 10 年间投资 10 亿欧元[1]；英国政府拨款支持 4 个量子研发项目，给予总计 2000 万英镑资金支持，包括用于探测地下物体的量子传感器，用于精确授时的微型原子钟原型，提供加密数据传输的低成本集成芯片，用于接收量子密钥信号的先进接收机等。[2] 美国国会 2018 年 12 月通过《国家量子技术法案》，未来 5 年内将斥资 12.75 亿美元开展量子技术研究。2019 年 9 月通过《国家量子

---

1　欧盟委员会：Official website of the European Union I European Union (europa. eu).

2　新华社：http://www. xinhuanet. com/world/2018 - 11/10/c_1123693370. htm.

倡议法案》，计划未来5年为此投入12.75亿美元；[1] 日本政府也在2018年发布"量子飞跃旗舰计划"（Q-LEAP），主要包括3个技术领域，每个技术领域都有2个旗舰项目和1个基础项目；[2] 以色列等国的政府也有相关投资计划。

有关生物技术方面，2018年初，美国国立卫生研究院（NIH）宣布将在今后6年内拿出1.9亿美元实施"体细胞基因组编辑"计划，开发安全有效的人类基因组编辑工具用于医疗。[3] 美国国家科学、工程与医学院发布《2030年推进粮食和农业研究的科学突破》，指出促进粮食生产和农业科学研究需要实现5大突破。美国能源部资助7800万美元用于生物能源早期研发项目。美国国家科学基金会投资1200万美元支持生物基半导体存储系统的开发。2018年以来，欧盟发布"欧洲跨境基因组数据库合作宣言"推动精准医疗进程，还发布新版生物经济战略《欧洲可持续生物经济：加强生物与经济、社会和环境之间的联系》，拟投入1.15亿欧元；俄罗斯政府发布《2018—2020年生物技术和基因工程发展措施计划》，促进生物医药、工农业生物技术、生物能源和基因工程等9个领域的生物技术基础研究和产业发展；英国计划在未来5年内投入1000万美元用于支持生物制造、生物修复和生物能源领域研究；新加坡国立研究基金会发布《国家合成生物学研究》计划，将利用合成生物学推动生物基产业发展。

## 二、加强技术商业化与产业化

一个需要重视的现象是，全球化进程使得新技术的开发与商业化分属于多个国家，这意味着一些投入巨大的科技成果被其他国家"利用"，从而获得产业优势。为了避免这种情况出现，越来越多国家不再仅仅重视技术研发，而是同时注重技术转化，从而加快技术的商业化与产业化。具体的做法有设立专门机构负责技术转化、通过物质和专利奖励激发技术商业化的积极性、加强科研学术机构的相关研究和创新，以及利用互联网等新技术完善职能部门与技术转化部门的沟通协作等。

---

1　美国物理学会：Physical Review Journals (aps. org)
2　日本文部省：http://www.mext.go.jp/b_menu/boshu/detail/1402996.htm
3　美国国立卫生研究院：www.nih.gov.

具体的案例有几类：第一类是政府牵头建设技术创新平台，这些平台可以统筹协助从事创新活动的各类行为体，从而高效处理疑难杂症、加强知识交流，使研究与实际需求更加紧密地结合起来，最有代表性的是美国能源创新中心、英国弹射中心等；第二类是加强企业在科创中的参与，这些了解市场需求的私营部门会在参与过程中自动完成科研转化，使研究成果"即研即用"，最有代表性的有欧盟的"地平线2020"计划；第三类通过税收减免促进科研成果转化为商业或产业，有的国家也会通过增加研发者的收入施行变相的税收减免。比如英国、法国以及一些低地国家、南欧国家创造的"专利盒"，这种制度覆盖的企业获得直接或间接的专利的收入，享受税收减免，这无疑会促进企业将专利商业化、产业化成果留在本土，把知识到产品的创新链全过程留在本土。

## 三、确保重要产业供应链的安全可控

全球供应链作为一个正在扩张的新体系，也伴随着进一步的国际分工和全球资源配置创造了更多价值。不过，当前全球竞争越来越激烈，一部分国家以自身利益为战略导向，使得国际供应链时刻存在被切断的危险，各个国家都不得不对自身的原材料、技术供应等产业安全问题产生更多担忧。于是各国政府都开始重视本国重要产业链的安全，通过确保关键原材料和元器件的供应、重要技术的依赖摆脱，来保证产业链的可控性。

在供应链层面，美国现如今将中国视为主要威胁，近年来其相关安全战略倾向保守主义。美国有保护自身供应链的传统，近期美国为保障供应链安全可控，美国在内外两方面发力：在国内延续制造业回迁、补强供应链的安全策略，对国外则以国家安全为导向，针对主要对手中国进行极限施压，并且为了给这些行为以合法性依据，通过了一系列政策法规。

美国国防部于2020年发布了《网络安全成熟度模型认证1.0版》(CMMC 1.0)，网络安全被作为一大标准来规范相关企业，企业是否符合标准不再由其自身认定，而是把该权力移交给美国国防部授权的第三方，而这一认证方式正在被国防部尝试推广到更多部门。同年，美国国家标准与技术研究院(NIST)发布的8276号网络供应链风险管理指南草案,而隶属于美国国土安全部的网络安全和基础设施安全局(CISA)也开始与其他部门保持同步协调,其借鉴 NIST 文件和 CMMC 后发布的 ICT 供应链风险管理指南,就是用来给涉及企业"自愿"遵从的一份文件。此外,CISA 主任克里斯托弗·克雷布斯(Christopher Krebs)还积极提议要同联邦贸易委员会(FTC)加强协调,因为 CISA 拥有开发网络安全工具的能力,而 FTC 拥有执法上的便利,二者能力可以互补。

从特朗普政府执政时期开始,网络安全就成为两党乃至社会共同关注的热点问题,2018 年特朗普签署国防授权法案,授权成立美国网络空间日光浴委员会(CSC),而这个组织把矛头直指中国,大肆宣扬华为、中兴威胁,把中国塑造为破坏网络安全的负面行为体。该组织的报告提出了应对网络威胁的措施,包括严格审查和公开供应链中的核心技术、制定一种排他性的信任体系来保护信息通信产业、充分利用外国投资委员会等,阻止拥有相关技术的美国公司被来自他国的资本收购而造成技术优势流失。随着《美国对中国的战略方针》(United States Strategic Approach to The People's Republic of China)的发布,中美关系被美国定性为战略竞争,美方在科技窃密、恶意投资、商业间谍等方面给中国罗织罪名。美国希望借此加强同盟友的合作,通过出口管制等方式来反击中国在基础设施和制造业供应上的安全威胁。

信息通信领域是老生常谈的问题,美国针对中国科技企业的打压力度不断加强。2020 年 5 月到 6 月,美国工业和安全局先后对中国 33 家机构和个人实施"实体清单"列入与制裁措施。在与通信相关的其他领域,美国也在逐渐形成一个成体系的战略来确保供应链安全。

在电信领域,2020 年特朗普签署行政命令建立"外国参与美国电信服务评估委员会"(Committee for the Assessment of Foreign Participation in the United States Telecommunications Services Sector),取代了过去的"电信小组"(Team Telecom)。这一举措虽然名义上是对任何试图进入美国市场的境外电信公司加强审核,但实际上针对的是中国电信公司,最有力的证据就是仅仅两个月后美国参议院发布了《美国网络面临威胁:监督中国政府代理人》(Threats to U. S. Networks: Oversight of Chinese Government-owned Carriers)的调查报告,配合电信服务评估委员会打压、抹黑中国企业,提出要立即进行审查,更提出要完善外国电信公司的强制退出程序。

在电力领域,里奇全球(Ridge Global)公司于 2020 年 2 月为"保护我们的电能"(Protect Our Power)组织准备了一份美国电力部门供应链安全风险的研究报告,指出美国电力系统的许多技术与控制元件深度依赖国际供应网络,而中国等国家可能利用在全球 ICT 供应链中的优势地位,对美国电力部门实施恶意危害。5 月 1 日,美国总统特朗普签署了《确保美国大容量电力系统安全行政令》(Executive Order on Securing the United States Bulk-Power System),确信大容量电力系统已日益沦为恶意网络攻击的目标,不受限制地从国外获取电力设备的供应,将对美国国家安全、外交政策和经济发展构成严重威胁。因此,将禁止美国购买对国家安全造成严重风险的海外电力设备,并授权能源部长为此甄别相关实体和采取适当措施。根据行政命令,美国能源部长有权设立和发布认定特定设备和供应商的标准,并识别已在使用中的高危设备,可对此采取监控和替换等措施,同时应牵头成立一个关于能源基础设施采购政策的特别工作组,成员涵盖国防部、内政部、商务部、国土安全部等重要职能部门。

事实上,美国对华供应链的打压态势已然超出网络安全产业,还在加速向医疗、教育、文化等其他领域蔓延。

## 四、加强技术领域投资监管,防止优势技术流失

近年来,主要国家都加强了对外国投资本国关键技术行业和敏感技术领域的监管,其目的主要有两个:一是通过限制外国投资来确保本国对关键技术产业和敏感技术领域的自主可控,二是通过限制外资进入而为本国关键技术产业的发展提供空间。欧盟 2018 年 11 月通过了关于审评海外直接投资对于国家安全威胁的法律提案,把芯片、通信、人工智能、医疗服务、生命科学等领域纳入投资核查的范围中。法国 2018 年 12 月公布了《有关需要事先审批的外国投资的共和国总理令》,规定需要接受事先审批的企业包括航天航空与民用防卫领域的企业,网络安全、人工智能、机器人、增材制造、半导体领域研发活动的企业,以及存储某些敏感信息的企业。美国总统特朗普 2018 年 8 月签署《外国投资风险审查现代化法案》,大幅扩大了美国外国投资委员会(CFIUS)权力范围,只要涉及关键设施、关键科技和敏感数据,无论任何级别或百分比

股权的投资,都将属于 CFIUS 审核范围。德国内阁会议 12 月通过《对外贸易条例》修正草案,规定欧盟以外的投资者并购德国企业的审查门槛将从目前的 25％股权比例下调至 10％。韩国 2019 年 1 月公布了《根除产业技术泄漏对策》,将对外资并购具备核心技术的韩企执行更严格的审查,同时对向海外泄漏技术的行为也将予以更为严厉的处罚。根据该政策,接受韩国国家研发资助,而且具备国家核心技术的韩国国有企业,面临外国投资者并购时,需要获得韩国政府许可,而此前只需要申报即可。没有接受国家研发资助、自行研发技术的韩企,今后面临外资并购时,需要进行申报,此前也并没有这一义务。对于故意向海外泄漏国家核心技术、经营机密的人员,将处以最高可达损失金额 3 倍的罚款。泄漏国家核心技术者,或会面临 3 年以上的有期徒刑。当前,韩国核心技术的名单里,包含 12 个领域的 64 种技术。

## 五、加强技术出口管制,严控本国技术流出

有关多边技术出口的管制和监控问题早在上世纪就经历了讨论,当时拥有世界范围内技术领先优势的美、欧、日等发达主体制定了《瓦森纳协定》,用以打造多边与单边出口的管制渠道、解决法律政策制定等需要国际协调的问题。经过几十年发展,中国为代表的发展中家经济增长迅速,而美国为首的传统技术出口国开始逐渐产生技术优势丧失的担忧,于是通过加强单边出口管制来应对这一局面。美国对于技术出口的管制一向比较重视,尤其在关键尖端技术方面,一直视之为美国繁荣强大的最重要资本。美国商务部每年会根据竞争对手的技术情况更新一份《技术出口管制清单》,内容涵盖十大类敏感的军民两用技术。2018 年 8 月特朗普政府又出台了《出口管制改革法》用以进一步扩大技术出口管制,美国商务部被给予更大管制空间,来对没有被出口管制清单列入的、但与国家安全有重要关系的敏感性技术出口或转移进行管制。所谓与国家安全有重要关系的新兴技术覆盖了 14 类、47 项,主要涉及数字技术、AI 技术、生物技术、量子技术、高端制造技术、关键性材料技术、人机交互技术等。美国在进行单边管制的同时也力图通过调整原有的国际多边出口管制体系,来加强体系层面的协同以达到更好的技术管制效果,将其新确定的新技术与核心技术纳入其中。

**第三节　我国应对国际安全竞争的策略**

2020 年 4 月 23 日,习近平总书记在陕西考察时指出,要围绕产业链部署创新链、围绕创新链布局产业链,推动经济高质量发展迈出更大步伐。创新链和产业链的互动关系反映出看待经济和科技结合问题时,要具备系统性、动态性和辩证性思维,倡导产业和创新生态的内在、自生性的循环发展。在知识经济时代,打造创新链与产业链闭环生态成为决定国际竞争成败的关键。针对上述趋势和风险挑战,我们应及早研究,加强预案科学应对之策。

## 一、完善和创新社会分工协作机制,推动我国产业迈上全球价值链中高端

习近平总书记在十八届中共中央政治局第九次集体学习时的讲话中指出,要坚持科技面向经济社会发展的导向,围绕产业链部署创新链,围绕创新链完善资金链,消除科技创新中的"孤岛现象"。[1] 这是党十八大以来,在我国深入实施创新驱动发展战略的背景下,习近平总书记首次对产业链和创新链的关系进行论述,揭示了产业链、创新链、资金链的层次递进关系,即产业链是链条主导力,创新要围绕产业需求部署和推进,资金要环绕创新过程集聚,产业是整个生态链条的核心和龙头。[2]

近几年,美国利用产业链主导优势对我国高科技企业和产业极尽打压,企图通过切断芯片、高精度元器件和工业软件的出口来组织我国产业进步。我们要从中认识到产业链不齐全、关键产业依赖性过高所带来的危险,同时也可以认识到科技创新对产业发展的根本性保障作用。面对美国牵头的技术封锁与产业链挤压,我们需要主动发

---

1　新华社:"习近平在中共中央政治局第九次集体学习时强调敏锐把握世界科技创新发展趋势　切实把创新驱动发展战略实施好",2013 - 10 - 1.

2　推动产业链与创新链深度融合[N].学习时报,2020 - 7 - 15.

展自身产业走向全球价值链高地,通过"围绕产业部署创新"来寻求突破。具体做法,首先是要全面审视我国现有产业的规模、结构,以及这些产业的创新能力、自主度与创造价值能力,然后方能合理推动产业调整,最终实现我国产业在全球价值链中获得更高位置。

## 二、推动教育、科研、文化体制机制改革,加快创新资源布局,推进基础产业高级化和产业链现代化

随着未来科学技术进步与人类社会发展,我国如今的科学文化教育与职业教育体制都需要因时而变、迎接改革。为了给改革创造良好条件,我们需要加大人才引进力度,由国家、地方政府、高校及重点研究室等多个层次协作发力,吸引来自全世界的人才;此外,我们要加大投入,提供全球一流的科研创新环境与设施设备,不仅能吸引人才,还要留住人才、培养人才。这样为改革创新提供一套完整的机制保障,优化资源布局,培养和发展一批植根于我国的新产业、新业态。

第一,要改善产业链生态。重点要放在补足产业链缺失、加强产业链韧性、引导产业链延伸,对我国现有产业链结构和产业融合载体进行"体检",通过投资引导改变我国产业过于聚集与在生产中间环节的现状,从而达到提升产业核心竞争能力和技术创新能力的目的。在产业链中缺失的领域,要以科研机构、高水平院校建设为基础,进行重点技术的定点攻关。最后为了打造属于本土的体系、提高产业链可控性,应对以官方牵头的社会组织为中介,将重要产业链中的重点企业团结起来,打造牢固的产业合作纽带。

第二,提高对产业链的科技支撑。习总书记强调要"围绕产业链部署创新链",本质上对创新链部署提出了要求。首先是要为企业生产提供创新动能,这不能依靠盲目投资发力,更需要兼顾精准与全面,从产业链上下游全局观察,解决企业关心的技术"痛点",并为企业和研究主体提供对接平台,才能服务好企业发展。其次,科研创新需要有前瞻性,不仅能解决当下难题,更要先人一步加强对高新前沿技术的探索,从而推动我国产业发展转型升级,将创新打造为聚集产业资源的优势。最后,企业也应当配

合创新发展措施,发挥龙头企业的资源优势,孵化更多能够激活创新链的科技型企业,提高产业自身的创新能力。

第三,促进产学研协同创新。创新发展的难点不仅在研究层面,也在转化层面,这就需要政府、科研主体、产业主体相互配合,建设新型产学研合作体系,让科研成果的转化率与转化效果得到最大程度提高。具体做法上,要规范科研成果的产权制度与分配制度,加强对科研主体及企业的创新激励,改变原有的观念和评价方式,解决科研与生产的割裂的问题。此外,在人才引进方面要加大开放力度与投入力度,无论是走出国门还是引入国门,都要充分利用全球创新资源来提高自身建设,对接更高水平的产业与资源。

第四,完善制度环境以保障产业链与创新链融合。我国拥有独特的制度优势,在优化创新环境、合理分配资源方面给予有力支持。通过法律完善、政府规划、财政补贴和税收减免等方式,我国可以统合全国力量提高资源聚集能力、激励创业创新、鼓励科技成果转化。此外,还应当与时俱进完善人才引进与保障制度,注重培养和引进兼具科研与行业经验的复合型人才。

## 三、推进基础产业高级化和产业链现代化,加快创新资源布局,打造高科技创新闭环

创新链是从原始创意到产品市场化的过程,产业链是生产要素依据生产过程的上下游关系和空间布局形成的关联形态,是创新成果的物质体现。产业链的每一个环节或节点上都可能成为创新的爆发点,衍生出一条创新链,从而带动整个产业链中各个环节的共同创新。创新链作为原始驱动力,镶嵌于产业链各个环节中,借助产业链上各个环节的价值增值实现循环。

打造创新闭环就是要"围绕产业链部署创新链,围绕创新链布局产业链",前者是要突出科技对产业的支撑作用,后者更加强调科技对产业的引领作用,二者共同交织、头尾相连,形成创新闭环,这种闭环关系体现了创新链与产业链深度融合,科技与经济深度融合。

从我国产业发展实践来看,创新链对产业链的带动作用越来越明显,所处的能级

也越来越高,从支撑、带动向引领演进,闭环的耦合性、韧劲越来越强。这种闭环的形成动力主要包括两个方面:一方面是市场自发驱动所导致的创新要素自由流动和结合,比如珠三角地区自改革开放以来发展出口导向型经济,受市场驱动形成了较为完整的电子信息产业链,很多大企业围绕产业需求而组建研发机构,推动企业创新发展;另一方面是政府使用"看得见的手"进行宏观调控,组织科技力量进行核心技术攻关,推动产业链向两端延伸。

随着创新闭环的形成,将会有效解决目前我国面临的科创与产业脱节、创新能力落后于产业需求等问题,从而一转局势,用高质量创新链支撑、引导产业发展,促进国内技术换代、产业升级和尖端产业兴起,通过创新的供给与产业的需求对接,实现创新链与产业链的正向循环。双链融合的效果将同时对二者发展形成正向推动,一方面创新链可以激发产业链现在能力,而产业链可以配置创新要素来发挥功能性作用;另一方面市场通过潜移默化的影响筛选更有需求的技术创造,避免资源浪费,从而达到融合发展。

围绕创新链布局产业链,旨在强调创新不仅要根据现有产业需求来部署,也需要二者统筹协调。创新既要补齐产业短板,也要适度超前,形成创新引领产业发展的格局。这里的"布局"是依托科学发现、技术发明、工艺提升、原创成果来开辟新的产业和业态。创新链所引发的创新行为,如果与产业链相融合,既能提升产业各个环节的价值,也能拓展和延伸产业链条。当前"逆全球化"潮流不断涌现,我国产业链不稳定性风险增大。从2020年突如其来的新冠肺炎疫情可以看出,全球化产业链供应链的本地化、区域化、链条缩短的趋势将进一步加强,我国产业链面临外迁和断链风险。

同时,我们也要看到,在疫情防控中,我国利用5G、大数据、人工智能等技术来推动疫情诊断、新药研发,利用现有技术储备对相关产业链实施"国家干预",效果显著。这表明,在国家战略安全、应对突发事件面前,创新研究除了肩负科学研究、探索真理的重任,还要向产业领域提供高质量的科技供给,将科学知识转化为经济社会价值。

未来一段时期,既是中国加快科技发展、实现创新飞跃的机遇期,也是世界各主要国家科技竞争的决战决胜关键期,围绕核心科技展开新一轮综合国力竞争的大幕已拉开。在路径选择上,应抓牢量子计算、人工智能、先进制造的大方向,兼顾其他领域,同时,也要防止科技领域出现重大战略失误。

## 四、打造新产业、发展新业态

在新形势下,产业链布局不再仅仅根据现有产业需求,而是要统筹考虑创新链与产业链的协调,在不足产业链缺失环节的基础上更要适度超前,从而引领产业发展新格局。创新链与产业链融合的效果从微观来看是在产业链各个部分实现增值,而宏观来看会延伸和拓宽产业链。新冠疫情爆发以来,本已遭遇困难的全球化进程更是面临被"逆转"的局面,而这对于早已习惯于以来全球产业分工的国家来说无疑是一个重大挑战,各国自身产业链甚至会面临断裂危机。我国虽然拥有世界上最全的工业门类,但在疫情与全球政治经济竞争的双重压力下,依然面临产业链撤出、断裂等问题。如何正确面对风险,把握全球产业链区域化、本土化、短小化的变化趋势是我们必须加以重视的。

疫情带来挑战也带来机遇,在中国出色的疫情防控过程中,新技术、新药物的广泛使用起到了重要作用,这是制度优势的体现,而科学技术为体制优势的发挥打好了坚实基础。当出现突发事件或面对国家战略安全的时候,创新就不仅是一种科研探究,更是承担着社会责任,我们需要重视科学技术转化,为事关国民生计的重要产业提供技术保障和创新供给。

我们正在步入一个激烈变化的时代,围绕核心技术展开的综合国力竞争会在可见的将来决定下一个时代的主导与被主导者,这是我国面临的挑战,但同时也是乘势加强科技创新、实现跨越式发展的机会。我们在 AI 技术、量子技术和先进制造业等已经布局的领域必须紧跟国际竞争节奏,并兼顾发展和开拓其他"赛道",避免在科技领域出现重大战略失误。

面对美国的打压,一是应进一步加大研发投入,加速实现核心技术领域的自主可控;二是应借机审视中国供应链对美国等国外市场的依赖度,及时做出战略调整,寻求更多元化的获取渠道;三是应保持战略定力,提高风险排查、溯源、固证能力,利用坚实的证据回绝恶意指控。

在对欧盟的策略中,应认识到其在中美之间既中立又独立的立场定位,中欧合作仍留有广阔空间。一是应理解欧洲对供应链安全威胁的关切,鼓励其开发客观、公正的安全评估标准与程序,并承诺以安全、可靠的信息通信技术产品供给欧洲市场,进一步提高供应链间的衔接度与黏合力;二是应提升中欧之间的国际交流与合作渠道,积极与其分享中国对供应链安全政策环境上的忧虑,联手反对美国的政策扰乱;三是应对欧洲供应链多元化风险分散策略,提高甄别能力,在中国产业升级的过程中,提升对高新技术产业固链能力的同时,可顺势淘汰落后产能。

在供应链安全国际规则的博弈中,中国应力图改变单打独斗的局面,灵活把控国际形势为相关立场争取空间。一是应加强寻找同理念伙伴,不是为了阵营化的"零和"竞争,而是为了中国的立场关切能被更多国家理解和接受。例如,在联合国开放性工作组(OEWG)等场合,可通过联合提案、联合声明等方式,增强对制定新国际规范过程的影响力。二是应多加关注国际研究走向,积极利用学界、智库等平台作为中国声音的传导,借助相关研究成果为中国立场提高说服力。三是应积极关注当前新冠肺炎疫情对网络安全国际规则制定走向的影响,可尝试以医疗行业供应链安全为突破口,通过嵌入中国对政策环境安全关切的新规范,为在网络安全领域制定类似新的供应链安全规范提供经验与先例支持。坚持自主创新与开放创新相结合,推动跨区域开放合作。深化与"一带一路"沿线国家、港澳台地区的产学研合作,吸引全球顶尖创新资源在我国开展核心技术攻关,拓展产业链和创新链网络。构建新型产业分工体系,依托自贸区、高新区、经济开发区等,积极引进国际高端创新资源,加快形成高科技产业链,扩大关键环节的产能供应,提高产业链、创新链的价值能级。

### ■ 思考题

1. 当前技术进步的态势给全球带来哪些深刻的变革?

参考答案:

当前,以通信技术、人工智能、物联网为代表的新兴科技领域的创新正在不断深化,未来全球产业格局、商业模式等将受其影响而不断呈现新面貌。

首先,作为新兴科技领域的集中代表,人工智能技术进一步在全球范围内受到重视,并对大部分垂直领域产生影响。随着算法、数据、计算能力等关键要素的积累与突破,人工智能正在加速拓展应用场景,对制造、金融服务、医疗保健、物流等产业领域产生重要影响,并日益融入人们的日常生活。

其次,作为信息技术向纵深发展的主要成果之一,物联网正在成为支撑经济和社会发展的新型基础设施。物联网的推广会将越来越多的设备、车辆、终端纳入智能化体系之中,将促进传统基础设施向网络化、智能化转型,进而为新的经济与社会形态的发展提供更高质量的基础设施支撑。

再次,包括量子计算技术在内的新兴研究领域步入关键期,先进国家在这些领域的竞争进一步加强。特别是由于计算能力是信息化发展的核心,量子计算技术将成为科技加速进步的"催化剂",对基础科学研究、新材料研发、信息安全与国防建设、资源勘探等领域都将产生重大影响。随着世界主要国家加快量子技术研究与应用布局,此领域的全球竞争加剧。其中,美国近十年来以每年 2 亿美元的资金投入规模支持量子技术各领域的研发,并于 2018 年 6 月推出《国家量子行动计划》法案(National Quantum Initiative Act),将在原有基础上每年增加投入,而且鉴于该领域的战略意义,美国政府于 2018 年 11 月将量子计算列入出口管制框架;欧盟也在 2018 年启动了资金投入规模达 10 亿欧元的"量子旗舰"项目,重点支持量子计算、模拟、通信和传感四大领域。此外,英国、荷兰、澳大利亚、瑞典等国亦纷纷出台相关政策或进行项目支持。因此,各国在新兴技术领域的研发竞争日益强化,并将由此催生新兴技术领域不断出现重大突破。

最后,新技术催生的行业标准之争已经并将进一步成为国际经济与科技博弈的主要领域。例如,新一代信息通信技术推动了产业升级变革,并催生新的行业标准及不同标准之间的竞争。其中,中美围绕 5G 技术标准展开的国际竞争所呈现的"双峰并峙"格局已引起全球关注,并对相关国际政治动态的发展产生重要影响。而未来在数据保护等技术与产业领域的标准竞争亦将对行业乃至相关国家的全球产业地位产生深远影响。

■ **拓展学习资料**

**(一) 技术进步的特点和影响**

[1][加]厄休拉·M·富兰克林. 技术的真相[M]. 田奥,译. 南京:南京大学出版
　　社,2019.

[2] 樊鹏. 新技术革命与国家治理现代化[M]. 北京:中国社会科学出版社,2020.

[3] 陈平. 代谢增长论[M]. 北京:北京大学出版社,2019.

**(二) 主要国家对待技术进步的态度和举措**

[4] [美]约翰·刘易斯·加迪斯. 遏制战略:冷战时期美国国家安全政策评析[M]. 时殷弘,译. 北京:商务印书馆,2019.

[5] 黄琪轩. 大国权力转移与技术变迁[M]. 上海:上海交通大学出版社,2016.

[6] [美]达戈戈·阿尔特莱德. 进击的科技:从爱因斯坦到人工智能[M]. 唐源荞,译. 北京:中信出版社,2020.

**(三) 我国应对国际安全竞争的策略**

[7] 刘伟. 全球治理:国际竞争与合作[M]. 北京:北京大学出版社,2017.

[8] [美]迈克尔·波特. 国家竞争优势[M]. 李明轩,邱如美,译. 北京:中信出版社,2012.

[9] 公方彬. 大战略:以新设计走出中国崛起的新路径[M]. 广州:广东人民出版社,2016.

# 中篇：领域篇

# 第五章　政治与社会安全问题

## 本章导言

政治安全与社会安全,分别是国家安全体系的根本和保障。党的十九大报告指出,国家安全是安邦定国的重要基石,维护国家安全是全国各族人民的根本利益所在,要完善国家安全战略和国家安全政策,坚决维护国家政治安全,统筹各项安全工作。随后,党的十九届四中全会对"国家安全体系"做出了战略部署,指出"坚持总体国家安全观,要以人民安全为宗旨,以政治安全为根本,以经济安全为基础,以军事、科技、文化、社会安全为保障,健全国家安全体系,增强国家安全能力"。

政治安全与社会安全相辅相成,共同构成了国家安全体系的主要组成部分。其中,政治安全是国家安全的根本,关乎着我国政权的稳定、政治制度的有效运行与人民的根本利益;而社会安全则是国家安全的保障,更是国家政权和政治制度安全的重要前提。目前,政治与社会的安全直接影响着国家政权、国家制度和人民生活的稳定性,影响着社会经济和文化的发展,我们必须要站在整体、全局的高度看待政治与社会安全,最终建成新时代的国家安全体系,并为人民根本利益的实现创造有利的政治与社会环境。

## 本章大纲

第一节　政治安全:国家安全的根本

第二节　社会安全:国家安全的保障

## 本章知识要点

1. 掌握政治安全与社会安全的概念

2. 理解政治安全与社会安全在国家总体安全观中的地位和作用

3. 认识到维护政治安全与社会安全的基本举措

## 第一节　政治安全：国家安全的根本

国家主席习近平在十九届中央国家安全委员会第一次会议上强调，必须"坚持人民安全、政治安全、国家利益至上的有机统一，人民安全是国家安全的宗旨，政治安全是国家安全的根本，国家利益至上是国家安全的准则，实现人民安居乐业、党的长期执政、国家长治久安"。关于政治安全的论述，深刻反映了今天政治安全对国家安全的重要性，明确提出了中国特色社会主义进入新时代后维护国家安全的新要求，具有鲜明的时代性、强烈的针对性、科学的指导性，是做好维护国家政治安全工作的根本遵循。

## 一、政治安全的概念

在了解政治安全之前，有必要最先了解什么是政治。政治是指在一定的经济基础上，阶级之间、民族之间、社会集团之间围绕各自根本利益所发生的相互关系以及与此有关的活动，也即借助于社会公共权力（或国家权力）来规定和实现特定权利的一种社会关系。按照马克思主义政治观，政治的基本内容包括四个方面：政治是一种特定的社会关系；政治是经济的集中体现，它产生于一定的经济基础，又为经济基础服务，给予经济发展以巨大影响，并在社会上层建筑中居于统帅地位；在阶级社会中，国家政权关系到政治的主要和根本的问题；政治是一种有规律的社会现象。在社会生活中，政治的具体外延形态主要表现为政治制度、政治行为、政治组织和政治文化等。总体来看，政治是一个历史范畴，一切政治现象都与国家政权有着密切的联系，而一切社会经济利益和要求，又都能够通过国家政权得到集中而又充分的反映和实现。因此，政治所要处理的主要是国家生活的各种关系，包括阶级内部的关系、阶级之间的关系、民族关系和国际关系等，并表现为代表一定阶级的政党、社会集团、社会势力在国家生活和国际关系方面的政策和活动[1]。

　　政治安全尤其以政权安全和制度安全最为重要,关乎着国家和执政党的命运安危。政治安全将会作用于国家的各行各业,无论是经济建设,还是社会稳定,亦或是文化生活,都需要政治安全的前提保证。那么,究竟什么是政治安全呢?

　　政治安全,主要指一个国家由政权、政治制度和意识形态为要素组成的政治体系,相对处于没有危险和不受威胁的状态,以及面对风险和挑战时能够及时有效防范、应对,从而确保国家良好政治秩序的能力。政治安全的核心是政权安全和制度安全,最根本的就是维护中国共产党的领导和执政地位、维护中国特色社会主义制度[2]。《中华人民共和国国家安全法》第十五条规定,国家坚持中国共产党的领导,维护中国特色社会主义制度,发展社会主义民主政治,健全社会主义法治,强化权力运行制约和监督机制,保障人民当家做主的各项权利。具体来看,维护政治安全的主要任务包括:防范、制止和依法惩治任何叛国、分裂国家、煽动叛乱、颠覆或煽动颠覆人民民主专政政权的行为;防范、制止和依法惩治窃取、泄露国家秘密等危害国家安全的行为;防范、制止和依法惩治境外势力渗透、破坏、颠覆、分裂活动[3]。政治安全居于国家安全的根本地位,这是因为政治安全事关国家主权、政权、制度和意识形态的稳定,事关国家的根本需求,是国家赖以生存并获得长远发展的必要条件。不仅如此,政治安全还涉及民族的复兴和人民的幸福,并为其他领域的国家安全提供了必要的制度保障,是一切领域国家安全的前提。因此,只有从维护政治安全的高度去谋划和维护其他领域的安全,才能更好地保障国家利益,实现党的长期执政、国家长治久安和人民安居乐业。

## 二、维护政治安全的核心要义

　　在当代中国,维护国家政治安全集中表现为对外保持中华人民共和国的主权独立、领土完整,对内坚持中国共产党的领导、人民民主专政、社会主义政治制度,维护社

1　刘跃进. 国家安全学[M]. 北京:中国政法大学出版社,2004:108—109.
2　本书编写组. 国家安全知识百问[M]. 北京:人民出版社,2020:47.
3　本书编写组. 国家安全知识百问[M]. 北京:人民出版社,2020:48.

会政治秩序稳定和马克思主义意识形态的主导地位[1]。

最基础的是维护主权独立和领土完整。自从现代民族国家诞生以来,主权独立和领土完整就是国家得以生存的基础。联合国宪章也规定了国家平等、主权独立、领土完整、不干涉内政的国际关系基本准则。而对于有着特殊近现代史的中国来说,主权独立和领土完整更是有着历史意义。《中华人民共和国宪法》规定,中国公民负有维护国家统一和各民族团结的义务,负有保卫祖国、抵抗侵略的神圣职责。维护国家主权独立与领土完整既是宪法赋予每位公民的神圣职责,也是国家武装力量建立存在的基本任务。因此,主权独立和领土完整也就成为今天维护国家政治安全的基础。

最核心的是政权安全和制度安全。政权是一个国家政体的统治体制,是维护社会秩序的权力,当代中国国家政权体现为中国共产党在国家政治生活中的组织领导和执政地位。政治制度是国家权力的性质、组织、分配、运作等方面的规范法度,当代中国的基本政治制度是中国共产党领导的多党合作和政治协商制度、民族区域自治制度以及基层群众自治制度,其中,人民代表大会制度是我国的根本政治制度。中国共产党在中华人民共和国的领导地位和社会主义政治制度的确立是在长期革命斗争中形成的,是中国历史发展的必然,也是中国人民拥护和选择的结果。因此,必须坚持中国共产党的领导,坚持社会主义制度,这是维护国家政治安全的核心。

最现实的是维护国家政治秩序稳定和主流意识形态巩固。国家政治秩序是社会中的人们依据基本的政治共识和法律规定展开的一种政治实践,这是保证国家政权运行和政治活动开展的必要基础,维护国家政治秩序稳定就是确保国家政治生活的稳定、权力运转不受敌对分子的破坏,保持社会的安全,为国家权力和制度运行提供安全有序的社会环境。维护我国政治秩序稳定就必须始终坚持中国共产党在各项工作中的领导地位,始终坚持马克思主义在意识形态领域的主导地位,坚持人民民主专政,坚持社会主义道路,为中国共产党执政活动和社会主义政治制度依法落实创造和谐有序、安全稳定的社会环境。此外,维护政治秩序稳定,还需要以人民为根本,做到心系人民、服务人民,需要人民群众的大力支持和拥护,以人民的力量铸造稳定的政治秩序

---

1 杨大志.政治安全是国家安全的根本[EB/OL].求是网[2018 - 4 - 20].http://www.qstheory.cn/defense/2018-04/20/c_1122716581.htm.

和稳固的意识形态。

## 三、维护政治安全的意义

中国的"总体国家安全观"是由制度安全、制度安全、综合安全等多个领域构成,政治安全是国家安全体系的根源和核心,是国家各项建设事业的前提保障,同时,政治安全也是国家各领域安全的最终结果。

政治安全决定着"两个一百年"奋斗目标的有效落地。"两个一百年"是中国共产党的伟大奋斗目标,旨在带领中国民族的伟大复兴。政治安全的实现,就是为国家建设提供了稳定的政治秩序,营造和谐有序的国内政治环境,为国家的发展塑造提供有力支撑。党的十八大以来,习近平总书记提出国家总体安全观,多次强调维护政治安全的重要性,并着眼于形势的变化,成立中央国家安全委员会,旨在统一领导国家安全体系的建设。这一系列重要举措,其目标就是维护国家的政治安全,以推动"两个一百年"奋斗目标的实现,最终引导中华民族走向复兴。

政治安全是中国共产党实现治国理政的重要举措。长期以来,政治安全都处于中国共产党国家治理中的主导位置。在新民主主义革命时期,政治安全表现为反帝反封建,推翻反动政权的统治,建立人民民主专政;在社会主义建设阶段,政治安全表现为巩固新生的社会主义政权,对外反抗边境侵略,捍卫国家独立和领土完整,对内通过社会主义三大改造、扫清反革命反社会主义因素,完善社会主义政治秩序和基本政治制度。在改革开放时期,政治安全表现为改革与稳定的相互协调,既要对国际社会保持开放,主动迎接经济全球化的潮流,又要防止西方敌对势力对我意识形态攻击,时刻提防西方和平演变的攻击,维护我国政治秩序的长久与稳定。在我国政府 2011 年公布的《中国的和平发展》白皮书中,首次明确界定了中国的六项国家核心利益,其中四项属于国家政治安全的范畴。[1] 可以说,正是中国共产党对政治安全的坚持,维护了基本政治秩序的稳定,为国家各项建设事业提供了必要的前提条件,带领中国在半个多

---

[1] 这六项国家核心利益为:国家主权、国家安全、领土完整、国家统一、中国宪法确立的国家政治制度和社会大局稳定、经济社会可持续发展的基本保障。

世纪的时间里,由站起来走向富起来,并向强起来奋斗。

政治安全是现代国家生存和发展的必要做法。目前,世界主要国家都把政治安全视为国家根本利益,相继出台了多项规章制度和法律法规,以保障国家的政治安全。美国作为当今世界的超级大国,其发展历程与政治安全的维护息息相关。在美国政府出台的多份《国家战略安全报告》中,都把政治安全范畴下的国土安全、人民安全、经济安全与价值观安全作为美国国家安全的核心保障。而在制度建设方面,美国在 20 世纪中期,国会便颁布了国家安全法,成立美国国家安全委员会和中央情报局;而在 21 世纪,随着国际恐怖主义威胁的蔓延,美国又成立了国土安全部,不断的完善国家安全机制建设。俄罗斯作为传统的安全大国,也在不遗余力的完善国家安全体系建设。早在苏联时期,克格勃就曾名扬天下,成为冷战期间苏联国家安全的主要守卫力量。目前,俄罗斯政府下辖俄罗斯联邦安全局、俄罗斯国家安全局,这些部门在俄罗斯政治安全体系中扮演着重要角色。此外,英国、德国、日本、澳大利亚等国也都有着成熟的国家安全体系与相应的安全保障部门,这些机构的设立,其核心目标就是保障国家安全的实现,维护政治安全的稳定,为国家各项建设事业营造有利的内外环境。

## 四、维护政治安全的条件

当前,我国政治安全仍然面临严峻的内外挑战,既有外部势力煽动"颜色革命"的侵扰,也有内部分裂势力对国家安全的威胁。目前,这两种挑战已出现了叠加、传导、蔓延的势头。我们必须通过有效的行动,与敌对势力作斗争,化解一系列政治风险,坚决守护党和国家政治安全的生命线[1]。

坚持党对一切工作的领导,这是维护政治安全的根本保证。办好中国的事情,关键在中国共产党的领导。中国共产党是中国特色社会主义事业的坚强领导核心,是中国特色社会主义事业取得胜利的根本保证,能够调动全社会资源,带动国家安全建设。因此,要切实增强"四个意识",坚定"四个自信",坚决做到"两个维护",充

---

1 何隆德.防范化解政治风险 维护国家政治安全[EB/OL].新湘评论[2020－7－1].http://www.cnxxpl. com/Info.aspx? ModelId＝1&Id＝38110.

分发挥党总揽全局、协调各方的领导核心作用，不断巩固党的执政地位，维护党的执政安全。

把马克思主义作为维护政治安全的思想武器。马克思主义是我们立党立国的根本指导思想。指导思想决定着国家的发展道路，指引着未来前进方向。旗帜决定方向，道路决定命运。要牢牢掌握意识形态工作领导权，不断推动马克思主义中国化时代化大众化，坚决与各种反马克思主义思想作斗争，巩固壮大主流思想舆论，不断巩固马克思主义在意识形态领域的指导地位，巩固全党全国人民团结奋斗的共同思想基础。

中国特色社会主义制度是维护政治安全的关键。制度为国家建设、政党发展提供了机制保障。国家间的竞争，在某种程度上也是不同国家制度之间的较量。中国特色社会主义制度的形成，是中国共产党带领中国人民在长期实践中的经验总结，是科学方法论下的建设结晶，无论是在国内建设还是在国际竞争中，都有着显著的优势。在国家面临的一系列困难与挫折中，中国特色社会主义制度所拥有的组织能力、动员能力、协调能力，是国家克服困难的关键力量。因此，国家政治安全的前提条件，就是要发挥好我国所特有的制度优势，并将其转化为现实中的安全体系建设，用制度的力量维护安全、化解风险。

国土安全是保障政治安全的根基。国土安全是国家存在的客观前提，为国家形成的基本要素之一。但是，国土安全也是今天国家安全最为敏感的领域，其本身的联动性决定了国土安全将有着牵一发而动全身的特征。可以说，只有国土安全得到了保证，国家的各项发展和建设才能拥有稳定和平的环境，国家政治、经济、社会、文化等安全体系才有了最基础的保障。

防范多重风险的叠加是政治安全的外延。政治风险亦可由其他风险引发。在百年未有之大变局的环境下，全球安全问题面临着诸多新型挑战，多重安全风险存在着相互交融、相互叠加的趋势。边疆问题、香港问题、意识形态问题，无一不是传统安全与非传统安全的综合效应。这就需要把国家安全置于战略高度，以总体国际安全观为指导思想，系统谋划、精准布局，合理打造国家政治安全防范体系。同时，统筹国内、国外两大安全环境，防范外部政治风险对内部政治风险的传导，并及时化解国内政治风险的苗头与升级。总体来看，系统性风范与全方位识别，是我们防止风险叠加、维护政治安全的必要手段,最终为我国社会主义现代化建设营造良好有序的环境。

· · · · · · · · · · · · · · · · · · · · · · · · · · · · · · · · · · · · · · · · · · · · · · · · · · · · · · · · · · · · · · · ·

**延伸阅读:《中华人民共和国国家安全法》**

《中华人民共和国国家安全法》,是为了维护国家安全,保卫人民民主专政的政权和中国特色社会主义制度,保护人民的根本利益,保障改革开放和社会主义现代化建设的顺利进行,实现中华民族伟大复兴,根据《中华人民共和国宪法》制定的法律。我国现行的国家安全法,于 2015 年 7 月 1 日由第十二届全国人民代表大会常务委员会第十五次会议审议通过。国家安全法对政治安全、国土安全、军事安全、文化安全、科技安全等 11 个领域的国家安全任务进行了明确,共 7 章 84 条(7 章包括:总则、维护国家安全的任务、维护国家安全的职责、国家安全制度、国家安全保障、组织义务和权利、附则),自 2015 年 7 月 1 日起施行。为了应对国家面临的安全挑战,将总体国家安全观法律化、制度化,构建国家安全法律制度体系,是制定新的国家安全法的目的。

## 第二节 社会安全:国家安全的保障

与政治安全息息相关的是社会安全,社会安全旨在把政治安全的要义落实在社会层面,是政治安全在社会的直接反映。社会安全是国家安全的重要内容,包括防范、消除、控制直接威胁社会公共秩序和人民群众生命财产安全的治安、刑事、暴力恐怖事件,以及规模较大的群体性事件等。社会安全工作涉及打击犯罪、维护稳定、社会治理、公共服务等各个方面,与人民群众切身利益息息相关。

### 一、社会安全的含义

社会安全是国家政权基础上、社会各参与主体之间的动态平衡,通常包括政治、经济、思想文化及民众等方面的有序可控。社会安全的首要目标在于社会的稳定,它是社会安全的最基本和最集中的表现,与人民群众的切身利益息息相关。社会稳定指的是社会各项事业的有序进行,参与主体的关系协调,具体包括政权体系的稳定性、社会分工的合理性以及社会各阶层运行的有序性,其表现形式主要为政权和生活的稳定,国家的发展不出现剧烈的变动。

保障社会安全是保卫国家政权和政治制度安全的重要前提,因此社会稳定也是国家安全的重要组成部分。从广义来看,社会安全包括外部安全和内部安全,从狭义来看,社会安全仅指一个国家或地区内部的安全。目前,我国已经形成了一系列维护社会稳定、保障社会安全的法律体系,《中华人民共和国国家安全法》第二十九条规定,国家要健全有效预防和化解社会矛盾的体制机制,健全公共安全体系,积极预防、减少和化解社会矛盾,妥善处置公共卫生、社会安全等影响国家安全和社会稳定的突发事件,促进社会和谐,维护公共安全和社会安定[1]。

维护社会安全与稳定的关键在于有效的社会治理。基于党的十九届四中全会对社会治理新格局的规定,社会安全治理的核心在于坚持"共建共治共享"的治理理念,它是对传统社会安全治理中威权制、官僚制和等级制的彻底摒弃[2]。具体来看,"共建"强调的是在社会治理中,发挥人民群众当家作主的地位,广泛倾听来自社会基层的意见,避免"唯命令论"的一言堂局面出现;"共治"着眼于治理能力的有限性和人民群众需求的无限性的矛盾,这就需要发挥党委领导、政府负责、民主协商、公众参与的治理体系优势,致力于实现社会治理的科学化、规范化与法制化;"共享"解决了社会治理为了谁的问题,是社会按劳分配的思想反映,有利于推动人民安居乐业、社会安定有序,促进发展成果共享,不断满足人民的幸福感、安全感。这一新的治理理念反映的就是"人民性"的这一时代特性,体现了公平公正的社会治理准则。

## 二、社会安全的重要性

社会安全关系到一个国家的政权和政治制度的安全。一个国家社会稳定的重要

---

1　本书编写组. 国家安全知识百问[M]. 北京:人民出版社,2020:69.
2　姜晓萍. 社会治理须坚持共建共治共享[N]. 人民日报,2020 - 9 - 16.

标志是政权性质、国家基本政治制度没有发生质变;同样,一个国家的社会局势出现不稳定,必然危及该国的政权和政治制度安全。政权作为政治斗争和政治活动的核心,是社会稳定的晴雨表。没有取得统治地位的政党、阶级,其政治斗争的主要目标是夺取政权;而取得统治地位的政党、阶级,其政治斗争的目标则是如何维护和巩固政权。因此,在政治博弈的状态下,敌对方往往通过制造政治动乱、民族骚乱,甚至文化渗透和思想传播来破坏社会的稳定,进而达到对国家政权和政治制度的威胁。

社会稳定是国家和民族得以发展的重要条件。国家的发展有赖于整个社会和政治局势的稳定,因此各国历来都把维护本国的社会与政治稳定作为各项工作的目标。冷战结束后,国际上由于民族和宗教问题导致的局部地区的不稳定,以及毒品走私、恐怖主义、有组织的犯罪等新的影响个别国家乃至世界稳定的问题,极大地影响了某些国家或地区的政治经济发展,已受到世界各国不同程度的关注。同时,随着我国改革开放逐渐进入深水区,统筹协调各方面利益关系的难度逐渐加大,不仅社会矛盾多样多发,而且这些矛盾具有关联性、复杂性和敏感性的阶段特征,极易引发影响社会稳定的重大群体性事件。面对这些挑战,必须要坚定地维护社会安全,保障社会秩序的平稳运行,有效防范重大安全事故,为改革开放事业寻求有力的社会保障。

社会稳定是各项工作得以顺利进行的基本保证。社会稳定就意味着社会秩序的稳定,而社会秩序的稳定是人们从事生产活动和一切其他社会活动的基本条件。只有在稳定的社会环境中,国家各项事业才能取得发展,而国家各项事业的发展,又会反过来保证社会的稳定。从历史上看,社会稳定的国家,其各项事业的发展一定大大快于社会不稳定的国家。在两次世界大战中美国本土均未受战争影响,为其经济发展提供了大好时机。而随着"9·11"事件的爆发,美国的经济发展、宗教关系和社会稳定都产生了相当大的动摇。同样,中国在进入改革开放以后,国家领导人不断强调,稳定是一切工作的核心,没有稳定的社会环境,经济建设就无法开展,要进行四个现代化建设,必须有安定的社会环境作保障。可以说,世界上任何一个国家的发展事业,都与稳定的社会环境有着密切的联系[1]。

---

1 刘跃进. 国家安全学[M]. 北京:中国政法大学出版社,2004:116—117.

## 三、维护社会安全面临的挑战

改革开放以来,党中央始终高度重视改革发展与社会稳定的辩证关系,始终把维护国家安全和保障社会稳定作为一项基础性工作。目前,我国公共服务体系基本建立、覆盖面持续扩大,城镇化、就业率稳步提升,贫困人口日益减少,人民生活水平显著提高。与此同时,我们仍要居安思危,防患于未然,有必要认清当前形势下,我们面临的社会问题和影响社会安全的诸多挑战。

第一,暴力恐怖事件多发,严重影响社会安全。当前,我国面临的暴力恐怖风险依旧严重,反恐斗争任务繁重。境外敌对势力的影响、渗透的加剧,以及境内分裂势力、极端势力的融合,导致暴力恐怖事件近年来处于多发期、活跃期,暴恐分子作案方式多样、程度增强,甚至成立了诸如"东突""东伊运""藏独""疆独"等有组织、有预谋、境内境外相互勾连的恐怖组织。面对恐怖主义的跨国性、隐蔽性和突发性的特征,首先要通过必要的国际合作,对恐怖势力进行联合打击;其次要发动民众的力量,通过团结人民,共同与恐怖势力作斗争;最后要实现防控措施的常态化,扩大对重点区域、人流密集场所的巡逻设岗,有力地震慑犯罪,把恐怖势力消灭于萌芽中。

第二,社会治安问题,影响民众的生活稳定。在社会经济高速发展的过程中,刑事犯罪、社会治安问题仍然是我国社会安全的不稳定因素。目前,社会治安问题呈现出网络化、职业化倾向,不仅出现了高级科技、高技术领域的犯罪行为,而且犯罪形式也涉及社会生活的多个领域,包括金融敲诈、食品安全、电信诈骗、环境破坏等。不仅如此,传统的治安问题依旧多发,民生领域的违法犯罪率居高不下,盗窃、抢劫、黄赌毒等犯罪问题时有发生,不仅直接影响社会安定,而且毒化社会风气,影响恶劣。

第三,社会矛盾积聚,加大社会安全风险。改革开放以来,我国社会转型加速,积累了诸如生产责任事故高发、劳资冲突不断、社会道德滑坡、信任危机加深等一系列社会风险因素,甚至出现了不同社会矛盾相互叠加的趋势。一般问题与社会深层问题、改革进程中的新问题与历史遗留的老问题、境外因素与境内问题等一系列社会问题交织,社会矛盾逐渐走向复杂和多样,牵一发而动全身,极易引发规模大、难处理的重大群体性事件,直接影响了社会的稳定和谐[1]。

第四,网络公共安全问题凸显,给社会安全带来新的挑战。互联网具有强大的组织动员能力和聚焦放大效应,一旦遇到敏感事件的刺激,就极可能爆发出惊人的破坏能量。传统违法犯罪正在加速向网络空间发展蔓延,网络"黄赌毒"、金融诈骗、贩枪、传授制爆技术等违法犯罪明显增多,电信诈骗、窃取公民个人信息等新型网络犯罪不断滋生,网上造谣、恶意炒作等乱象屡禁不止,网络有组织违法犯罪突出,网络社会安全问题明显增多。与其他领域的安全问题相比,网络犯罪具有成本低、随意性强、传播面广的特征,这就造成网络犯罪成为威胁社会安全的新挑战,需要全社会范围内的监管、普法,对网络犯罪展开全方位的斗争,避免网络成为威胁社会稳定的万恶之源。

## 四、维护社会安全的路径

社会领域的安全隐患具有隐蔽性强、影响面广、与人民群众生活息息相关的特征。这就需要每一个人具有风险防范的意识,能够及时识别风险、发现风险,化解风险,最终维护社会的安全稳定。

第一,发挥群众力量,依靠群众、多措并举增强防控合力。人民群众是社会的主体,与社会安全休戚与共。因此,在社会安全维护行动中,要树立群众为主体的思维意识,通过组织和发动群众,结成广泛的群众共同体,与危害社会安全的行为作斗争。首先,推广"枫桥经验",坚持党建统领、以人民为中心,发展"红枫义警""枫桥大妈"等社会组织,把风险控制在小范围领域,及时发现、及时化解,力争"矛盾不上交"。其次,要构建群众广泛参与的社会化路径,利用人民群众的力量,激发基层新动能,组织人民群众以各种形式参与进社会安全的维护中去,例如人民调解员、居民志愿者、社区巡视员等,以基层人民群众的组织网络,扑灭有损社会安全的苗头。最后,要走群众路线,与民生相关的决策要强化民主参与,保证信息公开,把激励机制用在社会稳定建设中去,完善社会风险的发现机制。总体来看,发挥群众力量,就是要把社会安全工作与群众紧密联系在一起,促进机构与人民相互结合、相互补充,形成社会安全维护的合力。

---

1 本书编写组.国家安全知识百问[M].北京:人民出版社,2016:127—131.

第二,增强法治运用能力。社会安全的维护,离不开依法治国的保障体系。在维护社会安全的过程中,任何社会问题的解决,都要坚持从法律的角度出发,把它当成一个法律问题,纳入法治的轨道解决。对于领导者来说,法律就是评判社会是非、纠纷裁决的依据,一切社会治理都要根据法律的要求,在法律的空间内依法维护人民群众的利益和水秩序的稳定。法治的运用,其特征就是在处理社会安全事务时要讲依据,确保依据充分;要讲证据,确保证据确凿;要讲程序,确保程序正当;要讲政策,善于实施国家法律。在社会安全的维护中,要增强法治运用能力,必须做到:首先,要完善社会安全框架下的法律体系建设,在总体国家安全观的引导下,加紧社会安全的立法,保社会安全的维护有法可依、有法必依。其次,国家机关要把法律落到实处,维护社会安全的职能机关要以法律为执行依据,对危害社会公共安全、破坏社会公共服务设施、参与和组织恐怖活动,以及盗窃、抢劫、交通肇事等犯罪行为做出必要的斗争,通过实际的行动发挥法律对社会安全的保障作用。最后,要在社会成员中普及法律意识,人民群众和领导干部要学会运用法治思维和法治方式解决问题,这是提高所有社会成员维护社会稳定的参与度的必备条件,更是确保社会长治久安的必要前提。

第三,搭建信息交流平台,转换组织决策模式。在信息时代,信息传递的实效性和准确性是社会安全治理的关键部分。有效的信息沟通,能够及时解决社会安全机关的信息搜集阻塞问题,使社会层面的安全隐患因素能够快速、全面地向上传递。而在社会安全治理体系内部,建立扁平化信息交流结构或模式,从而降低信息传递的成本,提升信息交流效率。具体来说,这种信息交流平台包括:首先,建立稳定大数据信息库。社会层面的问题纷繁复杂,维护社会安全将面临一项严峻的问题,即如何有效管理社会层面的海量信息。在互联网技术、数字经济的有利推动下,社会安全的维护可引入大数据技术,建立专业的信息数据库,对社会层面的数据信息分门别类,建立稳定的数据存储系统,为系统内部信息交流、信息识别提供稳定的数据库保障。其次,要搭建全国范围的社会安全信息管理体系。信息管理体系是保障社会安全的专门机构,为全国范围内的社会清查、治安管理提供信息服务,形成中央—省(自治区)—市—县四级信息管理平台,各级平台实行对上负责制,保障信息交流工作在各级管理部门、各区域的相互传递,以确保能够准确及时地传递搜集信息。最后,依托先进技术,对社会安全开展识别、分析、防范等措施。近年来,随着人工智能、大数据、万物互联的普及,我们可以把高新技术应用于维护社会安全层面,实现对社会动态、网络行为、行为轨迹的实施监控,并对相应的行为进行数据分析,形成监督—防范—控制—治理的多层级社会安全治理结构。

第四,维护社会安全,应坚持防范风险与化解风险相互结合的工作思路。2019 年1 月,习近平总书记在"省部级主要领导干部坚持底线思维着力防范化解重大风险专题研讨班"开班式上,提出在面对社会风险时,"既要有防范风险的先手,也要有应对和化解风险挑战的高招"。[1] 这就要求我们在维护社会安全时,坚持防范与化解风险的双重思维。具体来看,这包括两个方面:一方面,要提升风险辨识能力。"备豫不虞,为国常道",当前社会发展很快,巨大的社会变迁,使风险与挑战更加纷繁芜杂。这就需要社会成员要加强理论学习,强化风险意识。另一方面,要增强社会风险的应急解决能力。社会风险作为社会发展的客观现象,并不能够被根除。而如何有效的面对社会风险,力求把社会风险的损失降至最低,则是考验每一位领导干部和社会参与者的问题。领导干部要有应对和化解风险挑战的高招,必须在日常加强应急准备工作:在情景构建基础上科学制定可实施的、操作性强的应急预案并不断修改完善;以风险评估为基础,以应急准备为保障,以风险管控为手段,强化突发事件模拟演练,提高应急处置能力,以备不时之需。

**延伸阅读:习近平总书记对社会安全的论述**

维护社会大局稳定,要切实落实保安全、护稳定等各项措施,下大气力解决好人民群众切身利益问题,全面做好就业、教育、社会保障、医药卫生、食品安全、安全生产、社会治安、住房市场调控等各方面工作,不断增加人民群众获得感、幸福感、安全感。要坚持保障合法权益和打击违法犯罪两手都要硬、都要快。对涉众型经济案件受损群体,要坚持把防范打击犯罪同化解风险、维护稳定统筹起来,做好控赃控人、资产返还、教育疏导等工作。要继续推进扫黑除恶专项斗争,紧盯涉黑涉恶重大案件、黑恶势力经济基础、背后"关系网""保护伞"不放,在打防并举、标本兼治上下功夫。要创新完善

---

1 人民网:"习近平就防范化解重大风险提要求:既要有先手,也要有高招",2019 年 1 月 22 日,http:// theory. people. com. cn/n1/2019/0122/c40531 - 30584911. html。

立体化、信息化社会治安防控体系,保持对刑事犯罪的高压震慑姿态,增强人民群众安全感。要推进社会治理现代化,坚持和发展"枫桥经验",健全平安社会建设协同机制,从源头上提升维护社会稳定的能力和水平。

——摘自习近平:提高防控能力着力防范化解重大风险 保持经济持续健康发展社会大局稳定[EB/OL].新华网[2019-1-21].http://www.xinhuanet.com/politics/leaders/2019-01/21/c_1124021712.htm.

■ **思考题**

1. 领导干部如何提高防范政治风险的能力?

参考答案:要增强政治敏锐性和政治鉴别力,对容易诱发政治问题特别是重大突发事件的敏感因素和苗头性、倾向性问题,做到眼睛亮、见事早、行动快,及时消除各种政治隐患。高度重视并及时阻断不同领域风险的转化通道,避免各领域风险产生交叉感染,防止非公共性风险扩大为公共性风险、非政治风险蔓延为政治风险。增强斗争精神,敢于亮剑、敢于斗争,坚决防范和克服嗅不出敌情、分不清是非、辨不明方向的政治麻痹症。

2. 在国家安全法的规定中,维护社会安全有哪些主要任务?

参考答案:《中华人民共和国国家安全法》第二十九条规定,国家健全有效预防和化解社会矛盾的体制机制,健全公共安全体系,积极预防、减少和化解社会矛盾,妥善处置公共卫生、社会安全等影响国家安全和社会稳定的突发事件,促进社会和谐,维护公共安全和社会安定。

3. 教学实践

举行"国家安全读书日"活动,通过阅读、读后感的形式对政治安全和社会安全进行教学普及,可包括政治和社会理论、颜色革命、社会治理、突发事件、暴恐事件等内容。

■ **拓展学习资料**

[1] 刘胜湘.世界主要国家安全体制机制研究[M].北京:经济科学出版社,2018.
[2] 赵红艳.总体国家安全观与恐怖主义的遏制[M].北京:人民出版社,2018.

[3] [美]伯特·查普曼. 国家安全与情报政策研究:美国安全体系的起源、思维和架构[M]. 徐雪峰,叶红婷,译. 北京:金城出版社,2017.

[4] 本书编写组. 总体国家安全观教育读本[M]. 北京:光明日报出版社,2016.

[5] 刘跃进. 国家安全文集[M]. 北京:中国经济出版社,2020.

[6] 夏立平. 中国国家安全与地缘政治[M]. 北京:中国社会科学出版社,2013.

[7] 李竹,肖君拥. 国家安全法学[M]. 北京:法律出版社,2019.

[8] 于今. 大国前途:"一带一路"与国家安全[M]. 北京:中央编译出版社,2017.

[9] 张文木. 世界地缘政治中的中国国家安全利益分析[M]. 北京:中国社会科学出版社,2012.

[10] [美]洛克·约翰逊. 国家安全情报[M]. 北京:金城出版社,2020.

[11] 刘骞. 后冷战时代的宗教文明与国家安全[M]. 北京:中国社会科学出版社,2017.

[12] 杜雁芸,刘杨钺. 科学技术与国家安全[M]. 北京:社会科学文献出版社,2016.

[13] 赵民胜,李梅丽,谷珍丽. 当前的国际形势与中国国家安全[M]. 北京:中国人民大学出版社,2014.

[14] 辛西娅·格拉博. 预警情报手册:国家安全威胁评估[M]. 北京:金城出版社,2020.

[15] 徐宏. 新兴宗教的传播及对国家安全的影响研究[M]. 北京:中国社会科学出版社,2015.

## ■ 本章参考文献

[1] 刘跃进. 国家安全学[M]. 北京:中国政法大学,2004.

[2] 尚伟. 总体国家安全观[M]. 北京:人民日报出版社,2020.

[3] 本书编写组. 国家安全知识百问[M]. 北京:人民出版社,2020.

[4] 《总体国家安全观干部读本》编写委员会. 总体国家安全观干部读本[M]. 北京:人民出版社,2016.

# 第六章　经济发展与安全问题

## ■ 本章导言

经济安全是总体国家安全观下国家安全体系的基础与重要组成部分。实现国家经济安全的基本原则是对社会主义基本经济制度的坚持不动摇,对以社会主义市场主体地位为核心的经济体制不断完善。重点任务是防范与管控各种重大风险挑战,以保护国家根本利益不受伤害。具体路径是坚持改革发展,不断提高国家总体经济实力、竞争力和抵御内外深刻复杂挑战与威胁的能力。

"和平与发展"依然是当前内外环境所面临重大历史变革下的时代的主题,经济全球化与区域一体化也仍然是世界经济的构成形式的一体两面。然而,近年来由于全球经济危机后恢复进程的差异化与地缘政治纷争等外部因素的综合作用,政治上的民粹主义、经济上的贸易保护主义成为反全球化的主要推动力。特别是 2017 年以来,美国在维护其全球霸权地位而发起全球范围的贸易保护主义政策措施,对正常的国际贸易、国际贸易规则造成了极大的打击和破坏。中国则从对内维护国家经济利益、对外维护国际贸易体系稳定运行开展了积极的斗争,从而保障了国家经济安全,同时捍卫了正常的国际贸易规则。

构建经济领域的安全共同体是推动构建人类命运共同体伟大历史进程中的必然要求。每个国家都处在世界经济的大框架下,因此旗帜鲜明地反对并打破贸易壁垒,实现世界经济的安全与繁荣,是各国开展合作共赢自由贸易的基本前提。因此,对国际经济规则的遵守与改革,对国际经济秩序的维护与完善,是世界经济实现结构平衡与可持续发展的保障,而对不合理的国际经济规则及国际经济秩序,需要通过联合国召开有关会议,采取多边主义形式共同商定,本着"共商共建共享"的原则来实现改善。[1]

---

1　尚伟. 总体国家安全观[M]. 北京:人民日报出版社,2019:145.

■ **本章大纲**

第一节　总体国家安全观中的经济安全内涵

第二节　全球化与经济安全问题

第三节　我国经济安全的立法演变与法律框架

第四节　我国经济安全面临的风险与挑战

第五节　维护经济安全的主要任务

第六节　金融安全与风险防范

■ **本章知识要点**

1. 经济安全的内涵

2. 经济安全的意义

3. 经济安全风险

4. 维护经济安全的主要任务

## 第一节　总体国家安全观中的经济安全内涵

经济安全作为国家安全的基础,是总体国家安全观的基本要义。以经济安全为基础,一方面旨在为国家安全提供坚实的物质基础,因此,要确保国家经济发展环境具备内部稳定与外部不受侵害的必要条件;另一方面旨在提高国家总体经济实力,因此,要谋求实现促进经济持续、稳定、健康发展的动态过程。

实现国家经济安全的基本原则是对社会主义基本经济制度的坚持不动摇,对以社会主义市场主体地位为核心的经济体制不断完善。重点任务是防范与管控各种重大风险挑战,以保护国家根本利益不受伤害。具体路径是坚持改革发展,不断提高国家总体经济实力、竞争力和抵御内外深刻复杂挑战与威胁的能力。

## 一、经济安全的基础

一个国家的经济安全以它自身的经济制度的稳固为基础,各国的基本经济制度具有不同的内涵。根据马克思主义政治经济学的基本原理,经济制度是生产关系的总和。中国当前正处于并将长期处于社会主义初级阶段,在此阶段我国的基本经济制度是以公有制为主体、多种所有制经济共同发展,以按劳分配为主体,多种分配方式并存的社会主义市场经济体制。这就决定了我国市场与政府关系的本质是政府主导下的社会主义市场经济。

中国坚持政府主导的市场经济体制,依靠宏观调控和微观管制来克服市场缺陷。由于政府主要掌握供给侧,因此加强对供给的管理是政府统筹协调经济运行结构的重要抓手,控制财政与社会投资的方向、领域和投资规模是政府主导经济运行方向的主要手段。收入分配方面,中国坚持市场初次分配与政府再分配相结合,兼顾公平与效率;对外经济方面,中国坚持市场调节与政府调节相结合,建立自力主导型的多方位开放体系。

而对于美国的自由市场经济制度中,除了历史上的战争威胁外,任何力量都难以成为政府加强对市场运行监管的干预因素,对市场绝对自由的要求是美国经济制度的主导性特征,这也就是美国经济难以逃避周期性危机的根本原因所在。

## 二、理解经济安全是国家安全的基础

通过实现经济发展来提高人民的生活水平,既是和平与发展时代下维护国家安全的根本目的也是基础。一方面,民心、社会与政权的稳定是党的执政之基,而实现经济安全是获得上述保障的基本条件;另一方面,维系经济安全成为国家最重要的职责之一,国家的政治、军事乃至文化社会政策中,相当程度上都有着辅助、配合经济建设的职能和任务,而没有经济安全,其他领域的安全也将因失去依托而无从谈起。因此,实现经济利益同样是国家制定和实施安全战略的基本出发点。此外,经济利益也是国家之间存在矛盾、冲突和陷入斗争的重要原因。特别是冷战结束以来,随着和平与发展成为时代主题,经济全球化迅速走向成熟与高级阶段,国际经济互动日益频繁,经济竞争也就难以避免地成为国家间,尤其是大国之间竞争的主要前沿阵地,经济领域的危机、摩擦和制裁频现,成为各国无法回避的凸出问题。上述几个方面的历史任务与时代重大变革都越来越凸显经济安全在国家总体安全体系中的基础地位。

## 三、我国经济安全的内外形势

20 世纪 90 年代以来,经济全球化迅速走向成熟与高级阶段,国际经济互动日益频繁,其中经济竞争也就难以避免地成为国家间,尤其是大国之间竞争的主要前沿阵地。随着改革开放的日益深化,尤其是 2001 年加入世界贸易组织(WTO)以来,我国与国际社会在政治、外交、经济、文化等诸多领域的互动关系取得了长足进展和众多重大成就,但在可预见的一个时期内,经济的总体发展水平与阶段约束仍然是决定我国发展中大国身份地位的关键因素。近年来,随着我国经济持续发展和经济实力的不断壮大,特别是 2010 年我国 GDP 总量超过日本成为全球第二大经济体,国际社会上开始出现基于"国际公共产品"理论的"中国责任论"、基于"萨缪尔森陷阱"和"修昔底陷阱"论调的"中国威胁论",以及基于"中等收入陷阱"理论的"中国崩溃论"等众多杂音;与此同时,在供给侧结构性改革和经济换挡的大背景下,我国经济可持续发展开始面临史无前例的内外风险与挑战,形势的演变要求我们必须主动作为、积极能动地调控来提高对维护经济安全的重视程度;同时在总体国家安全观的指导原则下培养符合安全观的思维能力,即有意识地将传统、非传统安全领域,尤其是新兴科技领域引起的潜在安全议题加以有机关联,统筹协调地对待多方面安全因素的复杂联动机制。适应新常态,把握新常态,引领新常态,是当前和今后一个时期我国经济发展的宏观逻辑,同时也是保证我国经济安全的总体逻辑。

. . . . . . . . . . . . . . . . . . . . . . . . . . . . . . . . . . . . . . . . . . . . . . . . . . . . .

**材料拓展:政府工作报告中的经济安全** [1]

2020 年 5 月 22 日,李克强总理在第十三届全国人民代表大会第三次会议上做政

---

[1] 资料来源:中华人民共和国中央人民政府网站.

府工作报告。报告指出,2019 年我国经济表现出以下特征:

经济运行总体平稳。国内生产总值达到 99.1 万亿元,增长 6.1%。城镇新增就业人口 1352 万人,调查失业率在 5.3% 以下。居民消费价格上涨 2.9%。国际收支基本平衡。

经济结构和区域布局继续优化。社会消费品零售总额超过 40 万亿元,消费持续发挥主要拉动作用。先进制造业、现代服务业增长较快。粮食产量 1.33 万亿斤。常住人口城镇化率首次超过 60%,重大区域战略深入实施。

发展新动能不断增强。科技创新取得一批重大成果。新兴产业持续壮大,传统产业加快升级。大众创业万众创新深入开展,企业数量日均净增 1 万户以上。

改革开放迈出重要步伐。供给侧结构性改革继续深化,重要领域改革取得新突破。减税降费 2.36 万亿元,超过原定计划的近 2 万亿元规模,制造业和小微企业受益最多。政府机构改革任务完成。"放管服"改革纵深推进。设立科创板。共建"一带一路"取得新成效。出台外商投资法实施条例,增设上海自贸试验区新片区。外贸外资保持稳定。

三大攻坚战取得关键进展。农村贫困人口减少 1109 万,贫困发生率降至 0.6%,脱贫攻坚取得决定性成就。污染防治持续推进,主要污染物排放量继续下降,生态环境总体改善。金融运行总体平稳。

民生进一步改善。居民人均可支配收入超过 3 万元。基本养老、医疗、低保等保障水平提高。城镇保障房建设和农村危房改造深入推进。义务教育阶段学生生活补助人数增加近 40%,高职院校扩招 100 万人。

## 第二节　全球化与经济安全问题

经济安全不仅深刻地蕴含在经济运行与管理等各个方面之中,而且还与国家安全的其他各领域广泛地联系在一起。因此,要维护好经济安全,在战略重要性的高度全面认识经济安全就是必然要求。

## 一、发展与经济安全

在经济全球化的背景和语境之下，一个国家的发展水平的高低应该被当作理解和维护经济安全的重要参考条件。无论发达国家还是发展中国家，具有相当的经济发展程度是建立安全秩序的必要基础条件。对于发展中国家来说，如何针对贫困化状况进行减贫脱贫是最大的经济安全问题；对于发达的资本主义国家而言，经济体制对财富分配不均造成的社会贫富差距失衡是其最大的经济安全问题。事实上，贫困和严重的发展不均衡恰恰是全球主要不稳定国家和地区存在冲突与战争可能的根本原因。贫困化问题自二战结束以来就一直是世界各国的普遍关切的经济发展与安全问题；从20世纪60年代起，联合国陆续开始了四个十年发展规划并通过一系列辅助性相关倡议和决议，倡导建立国际经济发展的新秩序，以缓解发解不均衡的状况。

## 二、危机与经济安全

全球化背景和语境下的第二个经济安全的关注点是经济危机。发达资本主义国家的经济危机主要表现为供需节律错配引发的周期性市场泡沫与萧条性危机；而发展中国家的经济危机通常表现为因政策失误或社会动荡而导致的生产急剧下降。在全球化背景下，与经济安全有关的危机往往具有复杂性、互动性、连带性和广泛性。20世纪70年代发生的国际石油危机，80年代发生的发展中国家的主权债务危机，90年代亚洲金融危机和2008年肇发于美国而后波及全球的金融海啸等，都产生了重大的国际影响，从而成为国际社会广泛关注的经济安全问题。

## 三、制裁对抗与经济安全

从全球化与国际关系的角度来看，重要性日益凸显的经济安全问题还有国家之间因对抗关系而采取的强制性经济手段，其中按照对抗的激烈程度由低到高可以分为惩罚性加征商品关税与禁运、经济制裁与技术封锁以及破坏对方经济体系的全面经济战。冷战结束以来，使用军事手段维护国家经济利益与安全的方式一方面不符合时代发展需要，另一方面存在成本高昂且结果不可控等问题。因此，国家间以经济制裁为手段进行对抗就成了最容易接受的选择。个别发达国家已将经济制裁作为标准武器与手段，对存在竞争关系的国家进行战略打压，其中既包括所谓的"敌对国"，也包括"盟国"，出发点就是运用一切可能与必要的手段维护其根本经济利益。

全球经济一体化通过削减关税壁垒、促进国际贸易与通关便利化等方式促进了全球经济的普遍增长与发展，但另一方面，经济相互依赖所引起的各国经济体系脆弱失衡等潜在威胁，同样促使有关国家强化经济安全意识。例如，经历了 20 世纪 70 年代国际石油危机的发达国家明显加强了对本国所需能源供应的储备、保障等政策管控。冷战结束后，高度重视经济安全进一步成为国际发展大趋势。克林顿政府在 1994 年的国家安全战略报告中明确提出把强大的军事实力、自由市场经济和民主人权列为美国外交政策的三大支柱，此后的美国国家安全战略报告中，都增补了经济安全的相关内容。俄罗斯在经历了转型期经济大幅衰退后，于 1997 年 12 月提出经济安全是俄罗斯国家安全的关键部分。普京政府关于国家经济安全则明确指出，俄罗斯联邦国家安全状况完全取决于国家的经济实力，以及国家安全保障体系的运行效率，从而将经济安全在国家安全中的地位提升到新的高度。

## 第三节　我国经济安全的立法演变与法律框架

我国自 1993 年颁布了第一部《国家安全法》后，分别于 2009 年与 2015 年对其进行了两次修订。虽然我国先后制定了三部《国家安全法》，但从涉及经济安全的方面来看，这三部《国家安全法》实质上分属两个阶段。其中，1993 年和 2009 年两部《国家安全法》属于第一阶段，代表我国国家安全法律框架的形成。但 2009 年版与 1993 年版的差别仅在于对触犯《国安法》的定罪量刑所适用的《刑法》条例做出相关调整，并没有其他内容方面的改动。更主要的是，这两部《国家安全法》均为分领域对国家安全加以划分，所以也不涉及经济安全的内容。

2015年最新修订的《国家安全法》中关于经济安全的新变化,是根据新时代中国特色社会主义建设的现实要求与总体国家安全观的指导原则,对总则、国家安全机关在国家安全工作中的职权、公民和组织维护国家安全的义务和权利、法律责任等几个方面做出了关于实质内容与框架的修订,首次在总体国家安全观的宗旨下对我国经济安全法律体系制定了具有明确具体内容的条文,属于第二阶段。

根据2015年版《国家安全法》,涉及经济部分的安全是指国家的经济社会可持续发展和国家其他重大利益相对处于没有危险和不受内外威胁的状态,以及保障持续安全状态的能力(第二条)。

除了对国家经济安全概念进行界定外,2015年《国家安全法》分别在"总则"与"维护国家安全的任务"两个层面对经济安全进行了阐述。

## 一、《国家安全法》总则层面

包括以下三条:

"第三条  国家安全工作应当坚持总体国家安全观,以人民安全为宗旨,以政治安全为根本,以经济安全为基础,以军事、文化、社会安全为保障,以促进国际安全为依托,维护各领域国家安全,构建国家安全体系,走中国特色国家安全道路。

第八条  维护国家安全,应当与经济社会发展相协调。

第三十四条  国家根据经济社会发展和国家发展利益的需要,不断完善维护国家安全的任务。"

## 二、维护国家安全的任务层面

包括以下四条:

"第十九条  国家维护国家基本经济制度和社会主义市场经济秩序,健全预防和化解经济安全风险的制度机制,保障关系国民经济命脉的重要行业和关键领域、重点产业、重大基础设施和重大建设项目以及其他重大经济利益安全。

第二十条  国家健全金融宏观审慎管理和金融风险防范、处置机制,加强金融基础设施和基础能力建设,防范和化解系统性、区域性金融风险,防范和抵御外部金融风险的冲击。

第二十一条　国家合理利用和保护资源能源,有效管控战略资源能源的开发,加强战略资源能源储备,完善资源能源运输战略通道建设和安全保护措施,加强国际资源能源合作,全面提升应急保障能力,保障经济社会发展所需的资源能源持续、可靠和有效供给。

第二十二条　国家健全粮食安全保障体系,保护和提高粮食综合生产能力,完善粮食储备制度、流通体系和市场调控机制,健全粮食安全预警制度,保障粮食供给和质量安全。"

## 第四节　我国经济安全面临的风险与挑战

### 一、经济社会风险的传导蔓延效应

改革开放以来,我国国民经济在规模体量快速扩张的特征下,长期保持了年均增长率近10%的高速发展,但与此同时也伴随着区域之间、城乡之间、产业之间发展不平衡、不协调等矛盾,以及粗放、低效发展模式引发的经济可持续性隐患。习近平总书记在党的十九大报告中指出,我国经济已由高速增长阶段转向高质量发展阶段,并且正处在转变发展方式、优化经济结构、转换增长动力的攻关期,进而提出坚决打好三大攻坚战,而防范化解重大风险正是其中的首要方面。

面对新情况、新问题,党中央所作出的我国经济发展进入新常态的重要指示,正是在面对新情况与新问题的形势下所做出的具有战略高度的重大判断。首先,我国当前人口老龄化日趋严重,劳动人口总量下降,农业富余劳动力减少,工资水平上升,劳动力低成本的优势正在减弱。其次,传统产业在市场利润单一条件引导下出现了供给能力大幅超出需求,结构性过剩的问题,其中围绕房地产行业的煤炭、水泥、玻璃、钢铁等行业的产能几近峰值;传统的粗放式、高能耗经济产业发展模式已经使得资源与生态等环境资源达到或接近承载能力的上限。再次,实体经济与金融行业在各自内部和彼此之间存在着结构上的失衡,部分领域中存在着过高的资本利润回报杠杆率,从而导致资金脱实向虚,实体经济融资难、融资贵等潜在威胁经济可持续发展与安全的隐患。最后,虽然在总体上的系统性风险是可控的,但不良资产、流动性、债券违约、影子银行、外部冲击、房地产泡沫、政府债务、互联网金融和大数据信息安全等诸多方面仍然存在风险隐患,成为容易引发金融风险的问题点。这些方面一旦出现安全问题,或防范应对不力,就有可能向其他安全领域传导。

当前形势下,我国社会结构的深刻变化和利益格局的深度调整,以及广大人民群众对美好生活产生的进一步多元化发展需求,经济社会领域各类风险诱因更加多样,各种利益诉求日益增多,利益冲突和社会矛盾也随之凸显。在医疗、教育、司法、交通运输、银行业、卫生、房地产等领域,各种特定利益诉求群体的"维权"活动多发。群体上访事件中跨地域响应、跨群体聚合、跨行业联动的组织化倾向日益凸显,成为当前直接影响社会稳定的突出问题。对于这些问题的处理需要在总体国家安全观的高度上加以认识和对待,重视经济安全风险对其他领域对的现在威胁,反过来也需要利用其他领域的力量协调经济领域的安全维护与保障工作。

## 二、我国经济安全面临的主要风险与挑战

中共中央政治局在关于召开党的十九届五中全会的决定会上对当前经济形势和经济工作的分析研究认为,当前我国经济形势仍然复杂严峻,必须从持久战的角度来认识所面对的中长期来看具有不稳定性、不确定性的很多问题;一方面要加快形成以国内大循环为主体、国内国际双循环相互促进的新发展格局,建立疫情防控和经济社会发展的长期协调机制;与此同时,在结构调整过程中要坚持依靠科技创新的战略路径,完善宏观调控中的跨周期手段,实现稳增长和防风险动态平衡与长期均衡。我国经济安全面临的主要风险与挑战来自以下六个方面。

### (一)国际经济金融动荡对我国经济稳定运行带来风险隐患

发生于 20 世纪 90 年代的亚洲金融危机、21 世纪伊始的互联网泡沫危机,以及

2008 年的全球金融海啸,直接和间接地对我国经济造成了严重的金融、产业、贸易影响。在 2008 年全球经济危机后的恢复阶段发达国家持续通过量化宽松的货币政策拉动自身市场活力,而使国际协调的后危机恢复路径成为空谈。这种各行其是的过程中积累了诸多消极效应,从而使国际经济领域的复苏与稳定面临更多的不确定性和不可控性。国际金融危机的深层次影响使得全球经济贸易在相当长时期增长乏力,经济民族主义、贸易保护主义重回国际社会视野,对各国经济稳定的冲击日益增大。

### (二) 国际经济秩序变革带来深层次挑战

随着经济全球化进程的深化,世界经济在深度调整中曲折复苏,与此同时新一轮科技产业变革不断发展,国际力量对比在此双重重大历史变革的共同作用下正在酝酿深刻的新变化,国际经济规则制定主动权之争日趋激烈,有关国家积极谋求为全球经济设立新的规制标准。而国际经济秩序变革,事关我国在国际经济体系长远性制度安排中的地位。

### (三) 金融风险积聚埋下隐患

金融是现代经济的标志性特征与核心性功能,在相当大程度上影响甚至决定着经济发展的上限边界。因此,金融安全也是我国经济安全最敏感的部分之一。近年来,随着经济发展走上快车道,我国的社会公、私债务水平均出现持续上升的态势。与此同时,行业信贷风险逐步凸显拉升了金融机构信用和流动性的风险。此外,随着我国金融市场对外开放程度的不断提高,也将面临更大的风险跨境传导的可能性。因此,我国必须通过持续不断的深化改革来保障金融安全,有效防范系统性风险。

### (四) 产业安全面临内外多种风险因素威胁

西方主要的发达国家的制造业回流与再工业化进程,造成了东南亚、南亚国家在一段时期内集中地吸引原有的低端产业和转移的订单,我国产业由此面临着如何提升国际市场上的竞争力和避免国内产业空心化的双重挑战。从关键产业看,装备制造、互联网信息等产业及其细分行业中的核心技术、专利,以及关键设备、零部件、基础软件等环节和节点的对外依赖程度仍然处于比较高的水平,与此同时,由于国际政治中的大国博弈影响,先进技术的引进受到日益复杂的外部因素制约。除此之外,外资并购等具有高变动风险的因素也构成了对装备制造业、互联网行业等关键和新兴产业的潜在威胁。

### (五) 财政和社会保险面临风险

总体来看,我国财政方面的安全挑战与风险主要存在于,财政收支压力在积累中加大,从而意味着财税运行体制有必要得到更深刻的完善。一方面,部分城市的建设规模和速度与自身财政收入状况不匹配,大幅度超出财政收入水平,从而导致政府债务负担过高,逐渐积累进而造成财政金融风险易发程度升高。另一方面,社会养老保险体系同样由于尚未健全,其中城镇居民基本医疗保险制度和新型农村合作医疗制度仍然有待于更广泛、更深入、更高效的对接融合,因而存在值得给予高度关注和提防的隐患。

### (六) 粮食安全风险将逐步上升

由于受到耕地资源和水资源以及自然灾害等多种环境因素的制约,我国粮食安全面临着能够保证口粮绝对安全与粮食增产基础不稳固的复杂矛盾状况;加之粮食育种、农机、肥料等环节广泛地依赖外资品牌,使得我国抵御国际粮价以及相关市场价格大幅波动的能力较为脆弱,因此,粮食安全隐患不容忽视。

此外,人口、就业、环保、房地产等领域也存在需要引起重视的安全风险。在人口领域,我国存在着经济发展阶段与人口年龄结构之间的矛盾与张力,经济发展、社会保障等成本将不断提高,人口老龄化和劳动力供给短缺的潜在风险上升。就业领域中的结构性失业问题依然比较凸出。在生态环保领域,经济绿色化水平低,大气污染等问题多发,经济发展中的生态保护形势严峻。在房地产领域,保持房地产行业长期平稳健康发展,仍然面临不少挑战。

**材料拓展:管仲经济战**

在和平与发展已成为当今世界主要潮流的形势下,综合国力的较量随之转变为各国间竞争的主要形式。经济作为综合国力的最重要基础,其竞争之激烈已趋于白热化。这种竞争,集中体现在经济战上。

经济战的主要内容之一,是一个国家在动员、发展本国经济的同时,采用各种方法阻碍其他国家的经济发展。经济战理论的鼻祖,应是我国古代著名的政治家管仲(? —前 645 年,字夷吾)。在记述他言论、活动的著作《管子》一书中,不但阐述了管仲许多治国安民的政治主张,而且首次反映出经济战的思想。管仲对别国实行经济战的主要手法是高价购粮与高价购物。

高价购粮,目的在于破坏别国农产品的屯积,就是充分利用有利于诸侯国的关税制度,以贸易形式高价收屯别国的农产品。高价购物,目的在于破坏别国的农业生产,就是利用齐国盛产金属的优势,大铸货币,然后设法投放到其他国家,高价收购别国稀少的非农业产品,使别国放弃农业生产而从事外销品生产,如此一来,齐国就能以购买或拒购来操纵别国的经济。

当时,鲁国以绨之精美华丽闻名天下,莱、莒国多山而富有柴薪。管仲劝齐桓公带头使用鲁、梁、莱、莒国之物,齐民都仿效桓公的爱好,齐国上下形成了一个极为广大的消费市场。管仲同时采用高价购物和高价购粮的方法,致使鲁、梁、莱、莒国之民放弃本业,都去做易赚钱的生意,国家的一点农业积蓄也尽入齐国仓库。当这种"国际"贸易进行到一定程度时,管仲又劝齐桓公领头不用鲁、梁、莱、莒国的商品,自上而下地打破这些国家在齐国的贸易市场。于是,这些国家的外销品严重积压,本业又流失殆尽,人民饥馁。"鲁梁之人籴十百(谷物一斗千钱),齐籴十钱","莱莒之人籴三百七十,齐籴十钱"。鲁、梁、莱、莒国内外交困,不得不向齐国请服。

管仲首创的经济战思想迄今已有两千五百多年的历史,但其思想的核心在当今的国际经济活动中,仍不失可鉴之处。

——节选自:储磊.管仲的经济战思想[J].军事经济研究,1991(9).

## 第五节　维护经济安全的主要任务

在剖析维护经济安全主要任务之前,需要明确我国经济安全深刻内涵的几个核心组成部分。首先,《国家安全法》第十九条所规定的内容是维护我国经济安全的根本法律依据,即"要坚持中国特色社会主义基本经济制度不动摇,不断完善社会主义市场经济体制,建设现代化经济体系。"其次,依靠经济发展更好地满足人民对美好生活的需求,是维护国家经济安全的目的宗旨,没有经济安全,文化、教育、社会等领域安全也就无从谈起。再次,严防严控金融体系中的潜在系统性风险,防范化解重大风险是维护国家经济安全攻坚战的基本底线。最后,发展实体经济,解决核心技术对外依赖的问题,突破外源性"卡脖子"困境,增强产业供应链体系的安全保障状况与能力,是维护国家经济安全的重要抓手。

安全与发展是经济领域议题的一体两面,它既是全局性的问题,同时也于其他各领域的安全形势相互交织。因此,在引领经济发展新常态,完善构建以国内大循环为主体、国内国际双循环相互促进的新发展格局的历史使命与时代任务中,维护经济安全要求处理好三个方面的关系。

## 一、处理好发展与安全的关系

安全与发展是一个国家的两项最基本的利益。从根本上来讲,其最根本的目标是要实现经济社会的繁荣与发展。从这个角度看,处理好发展与安全的战略排序问题十分关键,涉及战略资源的配置以及战略机遇的把握。一个国家把安全利益放在首位意味着要把资源优先用于增强军事力量,而把发展利益放在首位则需要把资源最大限度地用于和平建设。对于发展与安全的关系,邓小平提出的一个重要思想是:建设现代化的社会主义强国,是最大的政治,是长期的任务。"现在要横下心来,除了爆发大规模战争外,就要始终如一地、贯彻始终地搞这件事,一切围绕着这件事,不受任何干扰。就是爆发大规模战争,打仗以后也要继续干,或者重新干。我们全党全民要把这个雄心壮志牢固地树立起来,扭着不放,'顽固'一点,毫不动摇。"[1] 在之前以经济建设为中心的战略部署的历史时期,处理发展和安全关系的传统路径要求明确不同条件下的主次关系,在面临诸如战争、自然灾害、疾病疫情等威胁国家整体生存安全的情况下,无可选择地要以安全为最优先利益,发展议题必须让位于此;而除此之外,则应始终以发

---

1　邓小平.邓小平文选(第二卷)[M].北京:人民出版,1994:249.

展为主要利益所在。

　　而随着经济产业细分与供应链体系的深化发展与演变,生产、供应、制造、销售活动越来越紧密的彼此关联起来,形成日益强劲的乘数效应和辐射效应,结果是使得经济的发展与安全之间越来越难以简单的在时间、空间和议题上被划分开。最明显的变化是,发展与安全从传统经济的一体两面,转变为当前经济中每一个议题都同时具有发展与安全的双重属性,即发展与安全内化为经济的性质而不仅是两方面的组成部分。这一明显变化体现着是我国经济安全的一场深刻变革。

## 二、处理好预防为主和底线思维的关系

　　对经济安全造成破坏与威胁的经济危机,其发生必然都经历了一个从量变到质变的积累过程,从初期的经济隐患到中期的经济风险,因此,要维护经济安全就要将管控防范的注意力和识别机制向经济发展的前期、前段转移,首先要将防范风险的关口前移,加强监测预警,完善经济安全法律法规,建立健全外商投资安全审查、出口管制等经济安全管控、审查机制,强化关键生产资料的供应保障,力争做到早感知、早识别、早应对,从而避免危险的无控制积累,确保经济长期平稳健康发展。

　　同时,又要抓住重点风险隐患的"牛鼻子"。对于已经发展到后期的可能引发系统性危机的重大结构性问题与风险,必须从应对最困难的情况着想,制定相关应急、防范预案,预备相关应对措施。在重大险情的第一时间就要及时、果断采取处置措施,严防严控体系性风险,阻遏其蔓延,坚守经济安全基本底线。当前和今后一个时期,要在以国内大循环为主,国内国外双循环的战略规划指引下,依靠系统性思维来认识和理解维护经济安全的重大任务,完善经济市场供需结构平衡,优化产业结构配比,培育与强化供应链生态,利用体系韧性来培育经济安全的灵活性、健全性和反脆弱能力。

## 三、处理好维护国内发展安全和国际合作竞争博弈的关系

　　随着 21 世纪初成功加入世界贸易组织,我国经济深度融入全球市场,积极广泛参与并融入全球价值链体系。在拉动国内增长、拓展外交关系,以及改善外部安全环境

的同时,我国经济稳定在与全球市场的深度相互依赖与相互嵌入的状态下,也更容易受到国际经济波动和政治博弈的影响、冲击与挑战。基于此,将维护经济安全与加强国际合作有机结合,就显得日益重要。这意味着既要及时警惕并有效防范外部冲击,特别是外部金融动荡对国内金融市场的冲击,同时在国际合作中更要充分把握机会、积极创造机遇,通过加强国际合作,实现开放、发展与安全的多赢局面。

在构建人类命运共同体的伟大进程中,必须对内深化改革议题,对外提高开放水平,把握"一带一路"建设战略机遇期,构建新型国际关系格局:一是完善对外开放战略布局,推进双向开放,促进国内国际要素有序流动、资源高效配置、市场深度融合;二是形成对外开放新体制,完善法治化、国际化、便利化的营商环境,建立便利跨境电子商务等新型贸易方式的体制,提高自由贸易试验区建设质量;三是推进"一带一路"建设,坚持共商共建共享原则,完善双边和多边合作机制,以企业为主体,实行市场化运作,推进同有关国家和地区多领域互利共赢的务实合作,打造陆海内外联动、东西双向开放的全面开放新格局;四是深化内地和港澳、大陆和台湾地区合作发展,发挥港澳独特优势,提升港澳在国家经济发展和对外开放中的地位和功能,支持港澳发展经济、改善民生、推进民主、促进和谐;五是积极参与全球经济治理,推动国际经济治理体系改革完善,加强宏观经济政策国际协调,积极参与网络、深海、极地、空天等新领域国际规则制定;六是积极承担国际责任和义务,参与应对全球气候变化谈判,完善对外援助方式,维护国际公共安全。[1]

### 材料拓展:国际经济安全的阴谋——加拿大引渡孟晚舟案

根据路透社报道,这份最新举证文件显示,华为律师团指责特朗普政府试图利用孟晚舟案作为中美贸易争端的"谈判筹码"。

2013年8月,孟晚舟与汇丰一高管在香港某餐厅见面,就华为在伊朗的业务和合规性做了说明。这一会面,后来成为美国司法部指控孟晚舟向汇丰作"虚假陈述"、未如实披露华为与香港星通(Skycom)公司的关系的关键证据。2017年汇丰将孟晚舟提

---

1 参见《中共中央关于制定国民经济和社会发展第十三个五年规划的建议》,《人民日报》2015年11月4日。

供的 PPT 文件交给了美方,后者以此作为关键证据要求引渡孟晚舟。对此,中国人民大学国际法教授朱文奇分析,汇丰银行和美国之间可能存在"辩诉交易"。它之所以向美方提供证据,很有可能是在行动之前做了一定评估,向美方提供证据以寻求在其他方面(比如洗钱等非法活动)美方能够对其网开一面。这在英美法系中叫"辩诉交易",它是可以的,但是很不光彩,也是非常不道德的。

——是谁在说谎?孟晚舟与汇丰高管会面细节曝光[EB/OL].央视中文国际-CCTV4,2020 - 07 - 27.

美国向加拿大提供的"案件记录"中,把起诉孟晚舟的唯一关键证据——孟晚舟向汇丰银行提交的 PPT 文件中的关键信息故意"遗漏"。这个被"遗漏"的关键信息就是,孟晚舟在这个文件中,如实向汇丰银行解释了华为在伊朗的业务。

汇丰配合美国构陷华为,其中隐藏着巨大的利益交换:汇丰充当受害人举证孟晚舟,以此换取美国的赦免,逃脱美国司法部对汇丰洗钱重罪的刑事指控。

汇丰充当"马前卒",帮助美国一手炮制了孟晚舟事件。美国挥舞大棒,在全世界疯狂打压华为,目的就是维护其在全球科技领域的霸权地位。正如美国司法部长巴尔所言:"中国已经抢滩,在 5G 领域处于领先地位,中国领先会让美国失去制裁的权力。"

——严木.孟晚舟案证据公开!汇丰银行构陷,美国一手炮制[N].人民日报,2020 - 07 - 24.

## 第六节　金融安全与风险防范

### 一、金融安全的概念

与西方资本主义国家相比,我国的金融市场起步较晚,对于金融安全的关注主要是从 20 世纪 90 年代末的东南亚金融危机之后开始的。金融安全概念的内涵包括两个方面:一方面,金融安全在本质上就是资金与货币融通的安全,这一性质决定了金融安全范畴具有巨大的广泛性,所有涉及货币信用流通的经济活动都囊括其中。另一方面,在国家层面上,资本的跨境流动性使得要实现金融安全的国家必须能够运用抵御内外金融风险、监管潜在金融危机的能力,更重要的是在全局层面保障金融体系机制的稳定、正常运行,同时确保在承受金融危机的情况下,阻遏流动性风险向实体经济部门的外溢。

## 二、金融安全的影响因素

金融安全的影响因素主要有:第一,金融体系自身发展规律中蕴含的脆弱性和不稳定性,体现为金融危机的周期性;第二,外汇市场风险,体现为不同国家货币币值的升降对银行金融机构决策的影响,进而影响其盈利能力;第三,国际资本流动风险,体现为国际社会缺乏统一的金融监管制度框架以及国家对外资的过度依赖;第四,财政、货币政策的影响,体现为金融机构对资本的商业逐利性与政府监管、干预政策之间的内在矛盾;第五,个体投资者的集聚效应,体现为信心不对称情况下的挤兑现象;第六,金融的全球化与自由化,体现为国家融入全球化需要对本国金融进行自由化改革的程度与国内金融系统可控性、稳定性之间的矛盾;第七,金融危机的扩散影响,体现为金融危机发生后,其影响从金融机构之间向不同行业间扩散,从一国内部市场向国际市场扩散的效应。

## 三、金融危机的类别

国际货币基金组织(IMF)于 1998 年发布的《世界经济展望》报告按照表现形式,将金融危机分为货币危机、银行危机、主权债务危机和系统性金融危机四个主要类别。其中,货币危机是指主权货币汇率在短期内出现大幅度波动,对于大多数国际而言,主要变现为高烈度的货币贬值;银行危机是指系统性的银行挤兑和资本流动障碍而导致的以银行为主的金融机构大规模倒闭;主权债务危机是指政府无法在偿债期限内按约偿还外债或内债时,造成的主权政府违约和主权信用受损情况;系统性金融危机是指一段时期内同时或先后肇发的金融危机事件所造成的冲击,通过金融体制机制向不同部门、不同领域、不同环节、不同层级蔓延,造成全局性、结构性的金融功能与职能崩溃,金融系统无法正常有序运行,乃至国内外金融活动被迫中断。

## 四、我国面临的金融风险挑战及其监管防范

金融是国家重要的核心竞争力。金融安全是国家经济安全的重要组成部分,也是实体经济平稳运行与健康发展的重要保障,金融制度是经济社会发展中重要的基础性制度。维护金融安全关系到我国的国家经济与社会发展全局的战略性规划与部署。金融活则经济活,金融稳则经济稳。

2016 年中央经济工作会议上,习近平总书记指出:"金融风险有的是长期潜伏的病灶,隐藏得很深,但可能爆发在一瞬之间。美国次贷危机爆发就是一夜之间的事情。"金融危机广泛地波及房地产、银行、股市、能源与大宗商品价格等各个经济领域,因此必须守好防范化解金融风险这一重大关口。

根据中国人民银行金融稳定局的研究,我国面临的金融风险存在于五个方面[1]:首先,经济和金融结构性失衡导致的系统性风险。供需关系的结构性失衡将引发产能过剩,推高劳动力成本,随之抬升企业经营成本,进而导致企业营收效益下调,最终通过企业资产负债情况传递到宏观市场与金融系统之中。这一传导链条机制使得银行不良贷款率占比升高,同时更容易引发债券市场的信用违约风险。

第二,经济金融周期的波动中存在着较大的宏观调控逆周期阻力。在经济上行阶段,经济运行各部门以正向预期为主,同时对货币环境诉求偏向于宽松,策略选择积极甚至偏向激进。在这种态势下存在着积累一定程度泡沫的必然性。而在经济下行阶段,金融泡沫随着大环境的缩进出现收敛,经济运行各部门以及市场主体对金融风险的耐受力遭到承压考验,对货币环境诉求和策略选择则转向保守。

第三,监管体制中蕴藏导致风险的潜在因素。在行业细分的架构下,监管体系中可能存在这协调不畅的境况。一些灰色地带,事实上,任何监管机制与措施都难以做到全面覆盖,因此,在遗留的灰色地带中就会存在以各种名义所开展的金融活动积累

---

1 央行官长:中国面临 5 大类金融风险需有效防控[EB/OL]. 易读财经, https://www. sohu. com/a/ 192334256_453791.

金融风险;同时,很多创新性较强的金融活动在探索与试错过程中更难免遗留潜在的隐患和症结。

第四,金融机构市场化运作不健全。表面看来,金融机构是国家经济体系中市场化程度最高的部门,但实际上金融机构的内部治理与其他部门的市场主体相比并没有太大的本质差异或者普遍的监管先进性,而是同样存在股东缺位、越位,乃至内部控制等严重问题。存在上述情况的金融机构在追求效益的过程中因为监管机制不到位而采取的投机策略与行为,会在较大程度上忽略风险,导致内部风控机制无法发挥有效的干预与防控作用。

第五,对外开放水平的制约。我国现阶段仍属于发展中国家梯队,虽然改革开放40年来取得的重大经济成就使我国增长态势表现亮眼,位列新兴经济体行列,然而对外开放的战略规划中仍然存在着诸多领域的阻力,某些特定领域的保护主义仍然是阻碍进一步深化改革开放进程的桎梏所在。

系统性防范与化解金融风险,维护国家经济金融安全是国民经济发展的关键必要条件。为此,必须确保决策的正确性,建立国家金融风险管理和预警机制,将国家外债结构调控在合理范围内,加强资本的市场监控,稳定人民币汇率,完善金融法律监管框架并强化执行力度,积极开展国际金融治理协作,谋求建立国际金融新秩序。[1]

除此之外,相较于单一环节的金融风险(如单一的金融领域、机构、产品等)来说,系统性金融风险是具有全局性、体系性、谐振性、外溢性的金融风险,其对整体金融系统的冲击破坏力远比单一环节的金融风险更大,影响也更深远。我国当前正处于防范化解重大金融风险攻坚战的关键时期,既要果断处置当前显现的单体金融风险,更要重视防范潜在的系统性金融风险;既要认真总结和吸取国内外在防范化解系统性金融风险事件中的经验教训,更要建立和完善确保我国金融体系安全稳定的长效机制。[2]

········································································································

**材料拓展:《习近平关于总体国家安全观论述摘编》中的金融安全**

(一)要推动变革全球治理体制中不公正不合理的安排,推动国际货币基金组织、

---

1　刘跃进.国家安全学[M].北京:中国政法大学出版社,2004:86.

2　王兆星.防范化解系统性金融风险的时间与反思[J].金融监管研究,2020(6).

世界银行等国际经济金融组织切实反映国际格局的变化,特别是要增加新兴市场国家和发展中国家的代表性和发言权,推动各国在国际经济合作中权利平等、机会平等、规则平等,推进全球治理规则民主化、法治化,努力使全球治理体制更加平衡地反映大多数国家意愿和利益。要推动建设国际经济金融领域、新兴领域、周边区域合作等方面的新机制新规则,推动建设和完善区域合作机制,加强周边区域合作,加强国际社会应对资源能源安全、粮食安全、网络信息安全、应对气候变化、打击恐怖主义、防范重大传染性疾病等全球性挑战的能力。

——习近平.在第十八届中共中央政治局第二十七次集体学习时的讲话(2015 年 10 月 12 日)[N].人民日报,2015 - 10 - 14.

(二)全球安全问题的内涵和外延正在不断拓展,传统犯罪在互联网和新媒体的作用下翻陈出新,电信诈骗、金融诈骗等新型犯罪大量滋生,跨国有组织犯罪日趋升级,难民危机愈演愈烈,网络攻击、网络窃密已经成为危害各国安全的突出问题。各种安全问题相互交织、相互作用,解决起来难度更大。

——习近平.坚持合作创新法治共赢,携手开展全球安全治理(2017 年 9 月 26 日)[N].人民日报,2017 - 9 - 27.

### ■ 思考题

如何在总体国家安全观的视角下认识维护国家经济安全中所面临的机遇与挑战?

参考答案:

当前和今后一段时期,我国经济发展的显著特征就是进入新常态。适应新常态、引领新常态,这是贯穿发展全局和全过程的大逻辑。

从国内发展条件看,经过改革开放以来的高速发展,我国物质基础雄厚、人力资本丰富、市场空间广阔、发展潜力巨大,经济发展方式加快转变,新的增长动力正在孕育形成,经济长期向好基本面没有改变。经济总量稳居世界第二位,2019 年我国国内生产总值 990 865 亿元,人均国内生产总值增至 70 892 元。当前,经济运行总体平稳,稳中有进,稳中有好,经济保持中高速增长,经济结构优化,改革开放向纵深迈进,民生持续改善,社会大局总体稳定。

从外部环境看,随着经济实力、国际地位大幅攀升,我国在国际治理中面临提升话语权的机遇。世界经济不景气为我国加大对外投资,获取优质能源资源、技术、品牌、营销网络,开展产能合作,吸引海外高层次人才等创造了机遇。在国际货币体系改革呼声中,人民币在国际贸易阶段和投资中的作用日益突出,提升我国在国际金融体系中竞争力的机遇出现。这些都有利于我们充分利用两个市场、两种资源保障经济安全。

同时也要看到,随着我国经济发展进入新常态,产能过剩化解、产业结构优化升级、创新驱动发展实现都需要一定的时间和空间,经济下行压力明显,保持较高增长速度难度不小。由于多方面因素影响和国内外条件变化,我国经济发展仍然面临一些突出矛盾和问题,需要引起高度重视。

### ■ 本章参考文献

[1]《总体国家安全观干部读本》编委会. 总体国家安全观干部读本[M]. 北京:人民出版社,2016.

[2] 全国干部培训教材编审指导委员会. 全面践行总体国家安全观[M]. 北京:人民出版社,2019.

[3]《国家安全知识百问》编写组. 总体国家安全观普及读本:国家安全知识百问[M]. 北京:人民出版社,2020.

[4] 刘跃进. 国家安全学[M]. 北京:中国政法大学出版社,2004.

[5] 尚伟. 总体国家安全观[M]. 北京:人民日报出版社,2019.

### ■ 拓展学习资料

#### (一) 国内经济安全

[1] 中国现代国际关系研究院经济安全研究中心. 国家经济安全[M]. 北京:时事出版社,2005.

[2] 雷家骕. 中国经济安全问题[M]. 北京:机械工业出版社,2012.

[3] 徐龙炳. 国民经济安全研究[M]. 上海:复旦大学出版社,2007.

[4] 陈晓和. 中国国防经济安全研究[M]. 上海:上海财经大学出版社,2009.

[5] 年志远. 经济安全与经济发展研究[M]. 北京:中国社会科学出版社,2017.

[6] 中国政策科学研究会,国家安全政策委员会.中国的经济安全与发展[M].北京:
时事出版社,2004.

[7] 李伟.新常态下,中国如何保障经济安全[M].北京:中国发展出版社,2015.

[8] 周绍朋,张孝德.经济安全预警与风险化解[M].北京:国家行政学院出版社,2005.


**(二)国际经济安全**

[9] 龙文懋.全球化与经济安全[M].长沙:湖南人民出版社,2003.

[10] 广东省经济安全研究院,广东国际经济协会课题组."一带一路"经济安全研究
[M].广州:广州出版社,2017.

[11] 广东省经济安全研究院,广东国际经济协会课题组.世界大国经济安全研究
[M].广州:中山大学出版社,2016.

[12] 彭文平.经济安全与东盟区域经济合作:以东盟自由贸易区为个案[M].北京:世
界知识出版社,2014.

[13] 赵宏瑞,孙冬鹤."一带一路"经济安全与 WTO 法治创新论[M].北京:知识产权
出版社,2017.

[14] 王新奎.世界贸易组织与我国国家经济安全[M].上海:上海人民出版社,2003.


**(三)非传统经济安全**

[15] 陈玉京,冯海霞.网络时代的经济安全[M].郑州:中原农民出版社,2000.

[16] 张伟.明火与隐患——中国经济安全的 49 个威胁[M].北京:经济管理出版
社,2019.

[17] 张金杰.外资在华并购与中国经济安全[M].北京:经济管理出版社,2012.

[18] 朱楠.基于转型风险的中国经济安全机制研究[M].北京:中国经济出版
社,2014.

[19] 史丹.经济发展方式转变与中国经济安全[M].北京:经济管理出版社,2017.


**(四)金融安全**

[20] 万解秋,徐涛.论 FDI 与国家经济安全[M].上海:复旦大学出版社,2006.

［21］何秉孟.金融改革与经济安全［M］.北京:中国社会科学出版社,2007.

［22］北京大学中国保险与社会保障研究中心.风险管理与经济安全:金融保险业的视角［M］.北京:北京大学出版社,2006.

［23］朱丽.外资流入与发展中国家经济安全影响与实证［M］.北京:中国财富出版社,2014.

［24］聂富强,等.中国金融安全状态研究:检测与预警［M］.北京:中国金融出版社,2011.

［25］李光荣.中国金融风险与经济安全论纲［M］.北京:中国社会科学出版社,2010.

［26］全国干部培训教材编审指导委员会.金融发展与风险防范［M］.北京:人民出版社,2011.

［27］上海财经大学财经研究所中国经济研究中心.国民经济安全研究——金融安全与金融监管［M］.上海:上海财经大学出版社,2010.

# 第七章　科技与网络安全问题

## ■ 本章导言

　　党的十八大以来,以习近平同志为核心的党中央高度重视科技安全工作。新时代,科技安全作为总体国家安全观的重要组成,其战略地位日益凸显。习近平于2014年4月在中央国家安全委员会第一次会议提出:"当前我国国家安全的内涵和外延比历史上任何时候都要丰富,时空领域比历史上任何时候都要宽广,内外因素比历史上任何时候都要复杂",要构建集"政治安全、国土安全、军事安全、经济安全、文化安全、社会安全、科技安全、信息安全、生态安全、资源安全、核安全于一体的国家安全体系"。[1] 可见,科技安全并非是单独存在的,而是嵌入上述多个安全领域之中。因此,科技安全,一方面是支撑国家安全的重要物质技术基础与关键力量,另一方面是其他领域安全的重要保障。当前,科技安全问题日益成为国际竞争中的重要考虑因素,在科技发展日新月异的情况下,我国在基础通信硬件设施等方面,以及重点产业领域核心技术仍有较大的提升空间。

　　网络科学涵盖了多门学科,特别是信息工程以及基础理学与科技安全存在重要关联,具有相当的现实重要性。如果在网络安全领域得不到充分的保障,就没有完全的政治、经济、军事、科技安全,更不能谈及真正意义上的国家安全,因此,网络安全与国家的安危紧密相连。具体而言,在涉及制造业、信息技术、金融服务以及资源能源领域,科技已经在上述领域系统中形成了相互依赖的关系。另一方面,网络安全的威胁本质上存在于技术系统之中,这些威胁包括技术缺陷以及黑客技术对系统的攻击等。随着技术的发展,这些威胁必然在技术代差加剧的基础上,不断地被加深与强化,因此需要看到网络安全存在的脆弱性。随着新一轮产业与科技革命的深入推进,技术的迭代速率日益加大,牢牢抓住科技安全与网络安全建设的大方向至关重要,也对于整体

---

1　习近平. 习近平谈治国理政[M]. 北京:外文出版社,2014.

国家安全体系的建设具有重要作用,更有助于在实现国家安全的基础上,让中国保持世界大国地位以及实现中华民族伟大复兴的"中国梦"。

### ■ 本章大纲

第一节　科技安全

第二节　网络安全

### ■ 本章知识要点

1. 科技安全

2. 网络安全

---

## 第一节　科技安全

《中国制造 2025》重点领域技术创新路线图(2017 年版)[1]确定了十大重点领域及 23 个优先发展方向,并依据实际情况在原有基础上补充了关键材料和专用制造装备等内容。新版的技术路线图将继续发挥引领和指导的作用,指导科教专业机构与广大企业等探索未来的发展方向和发展重点,并将市场和社会资源进行引导而向国家战略重点有效聚集(见表 7-1)。在 2018 年 5 月召开的两院院士大会上,习近平强调,"关键核心技术是要不来、买不来、讨不来的。只有把关键核心技术掌握在自己手中,才能从根本上保障国家经济安全、国防安全和其他安全。"[2] 2019 年 1 月,在省部级主要领导干部坚持底线思维着力防范化解重大风险专题研讨班上,习近平再次指出"科技领

---

1　《中国制造 2025》重点领域技术创新路线图(2017 年版),由国家制造强国建设战略咨询委员会和中国工程院战略咨询中心编著,于 2018 年 1 月正式发布。

2　人民日报海外版,2019 年 06 月 06 日报道,习近平在中国科学院第十九次院士大会、中国工程院第十四次院士大会上的讲话。

域安全是国家安全的重要组成部分"[1],从把如何防范化解科技领域的重大风险作为八个重大领域中足以看出,科技安全,即科学技术安全,已成为国家安全的重要因素。[2] 习近平总书记从科技安全发展的角度出发,就我国科技发展的关键问题发表了重要的讲话,继承和发展了马克思、恩格斯及中国共产党人的科技思想,结合中国实际国情,充分考虑了国际形势的变化,对国家科技建设提出了至关重要的新构想,为我国科技强国的战略目标提供了重要的理论指导。

表 7-1　《中国制造 2025》将通过"三步走"实现制造强国的战略目标

| 步骤 | 时间 | 任务 |
| --- | --- | --- |
| 第一步 | 2015 年—2020 年 | 基本实现工业化,制造业大国地位进一步巩固,制造业信息化水平大幅提升。掌握一批重点领域关键核心技术,优势领域竞争力进一步增强,产品质量有较大提高。制造业数字化、网络化、智能化取得明显进展。重点行业单位工业增加值能耗、物耗及污染物排放明显下降。 |
|  | 2020 年—2025 年 | 制造业整体素质大幅提升,创新能力显著增强,全员劳动生产率明显提高,两化(工业化和信息化)融合迈上新台阶。重点行业单位工业增加值能耗、物耗及污染物排放达到世界先进水平。形成一批具有较强国际竞争力的跨国公司和产业集群,在全球产业分工和价值链中的地位明显提升。 |
| 第二步 | 2025 年—2035 年 | 我国制造业整体达到世界制造强国阵营中等水平。创新能力大幅提升,重点领域发展取得重大突破,整体竞争力明显增强,优势行业形成全球创新引领能力,全面实现工业化。 |
| 第三步 | 2035 年—2050 年 | 新中国成立一百年时,制造业大国地位更加巩固,综合实力进入世界制造强国前列。制造业主要领域具有创新引领能力和明显竞争优势,建成全球领先的技术体系和产业体系。 |
| "中国制造 2025"十大领域:(1)新一代信息通信技术产业;(2)高档数控机床和机器人;(3)航空航天装备;(4)海洋工程装备及高技术船舶;(5)先进轨道交通装备;(6)节能与新能源汽车;(7)电力装备;(8)农业装备;(9)新材料;(10)生物医药及高性能医疗器械。 | | |

资料来源:政府公告[3]。

---

1　新华社,2019 年 1 月 21 日报道,省部级主要领导干部坚持底线思维着力防范化解重大风险专题研讨班在中央党校开班,中共中央总书记、国家主席、中央军委主席习近平在开班式上发表重要讲话。
2　周国辉。坚持"底线论"切实保障科技领域安全[N].科技日报,2019 - 02 - 25(1).
3　国务院印发《中国制造 2025》的通知,国发[2015]28 号,发布日期 2015 年 05 月 19 日。

## 一、科技安全的提出

国家安全交织于发展与竞争之中。关乎国家发展的重要战略资源、驱动性力量以及核心技术,是国家或政治军事集团间竞争的重要因素,由此带来了显著的安全问题。纵观世界历史上的多次大变局,对涵盖存量与增量竞争的人口、领土、领海和技术的争夺贯穿始终。此次人工智能掀起的科技和产业革命新浪潮,使传统的产业布局与国际分工发生巨大变化,生产力的演变对于国际格局必将带来新一轮的塑造,科技将再一次位居国际竞争的核心位置。国家安全的建设,离不开科技创新生产力的驱动,更离不开对本国科技安全的保障,并基于此充分把握时代发展的规律,更加全面且深刻的释放科技的竞争力。

### (一)科技安全的提出依据:时代背景

20世纪后半叶,探讨安全问题的切入点是核武器与冷战问题,而焦点更是在于美苏战略竞争,研究重点是战争的升级与扩大、以及应对核打击、防止核战争爆发为基础的"相互确保摧毁"战略。在后冷战时期的国际格局演变中,安全研究与以往相比在范围上有了显著扩大,研究的内容更加关注于技术核心视角下对长期战略的影响,以及在现实层面的各种新型冲突问题,研究对象更加关注于新兴发展中国家以及诸多非国家行为体。上述变化表征了冷战后国际竞争格局的多样化,竞争主体的多元化等特征。

第三次"工业革命"以后,科学技术作为生产力被人类认可。随着科学技术在国家经济建设、国防建设和社会发展中的作用愈益增强,科学技术也更加呈现出"双刃剑"的特性:一方面,科学技术已经作为国际竞争中的核心因素,在军事竞争中的地位更是重中之重;另一方面,"中性"的技术其工具价值日益凸显,即本身没有阶级性的科学技术被一些破坏势力与不法分子用于攻击国家安全系统的工具,给国家安全和国家发展带来了一定程度的威胁。从国际关系博弈角度看,科技竞争在非零和博弈的基础上,具有较为难以观测的长期演化特征,但却能产生颠覆性的结果,是撬动军事、金融和外交领域的杠杆。当前,核均势降低了战争的威胁性;同时经济依存度的增加提高了各国合作的潜力,降低了以政治为目的的经济讹诈的效用。基于上述原因,科技在大国博弈领域将发挥更加凸出的作用。

　　进入 21 世纪,科技活动的活跃程度不断提高,经济活动在与科技活动相比的对比下呈现要素相对过剩的特征;无形要素在国家安全中的重要性不断上升,国家间的竞争不断从传统的经济和军事领域向科技领域的尖端上游迈进,科技活动成为大国博弈的新领域和新战场。早在 21 世纪初,美国传统基金会的报告便指出了科技安全在一国的重要性占比大幅提高,在这一基础上,通过创新形成竞争优势并促成不断超越对手的力量是国家的持续行为;[1]“第三次抵消战略”[2]主要以颠覆性科技研发为重点,形成绝对领先性的军事威胁;美国国防部高级研究计划局涉及军事的关键技术以及国家的安全视角,积极支持与鼓励未来三十年预期的关键战略科技研发,以期实现在大国博弈中的军事领先地位[3]。整体观之,拥有较强科技实力的依然是发达国家,科技领先国家仍在加紧布局科技前沿,夺取国家发展与维护安全战略主动权。[4] 发展中国家正努力通过技术创新,发挥后发优势以实现赶超。

　　改革开放后,特别是党的十八大以来,我国的科技实力有了大幅提高,从投入规模、基础设施以及关键技术突破上均有了极大程度的进步,同时政策法规也伴随科技实力的发展而不断完善。根据世界知识产权组织(WIPO)在 2019 年发布的《全球创新指数报告》表明,中国的创新指数不断提高,排名为 14 名,比上一年度提高了 3 位。[5] 但从国际竞争的视角出发,中国在部分领域与国际发达水平存在明显差距,在西方创新型国家集团的规模与深度优势面前,我国需要积极加大科技创新与自主研发的投入,提高整体科技创新的战略发展水平并加速科技与产业的进一步深度融合。

1　Carafano J J, Gudgel A, Kochems A. Competitive technologies for national security[R]. Washington D. C. : Heritage Foundation, 2008.

2　2014 年 11 月 15 日,时任美国国防部长查克·哈格尔在里根国防论坛发表演讲时,明确提出以第三次“抵消战略”为内涵的“国防创新倡议”。这一计划旨在通过发展新的军事技术和作战概念“改变未来战局”,在与主要对手的新一轮军事竞争中,占据绝对优势地位。

3　Ellman J, Samp L, Coll G. Assessing the third offset strategy [R]. Washington D. C. : CSIS, 2017.

4　张斌,张守明,武宇. 现代国家安全与科技评估[J]. 科技导报,2019,37(04):6—11.

5　数据参考自世界知识产权组织(WIPO)发布的《2019 年全球创新指数》。

**延伸阅读:新型基础设施建设和大循环**

2020 年以来,面对国际新冠疫情新变化和错综复杂的国际形势,"新型基础设施建设"和"大循环"开始成为新的热词。2020 年 3 月,中共中央政治局常务委员会召开会议,强调要加快 5G 基建、特高压、城际高速铁路和城市轨道交通、新能源汽车充电桩、大数据中心、人工智能、工业互联网等"新型基础设施建设"的建设进度,重点是通过数字技术的投入、积累与发展,激发传统行业通过数字化改造升级实现价值的跃升(见图 7-1)。[1] 2020 年 7 月 30 日的中央政治局会议指出,我国遇到的很多问题是中长期的,必须从持久战的角度加以认识,加快形成以国内大循环为主体、国内国际双循环相互促进的新发展格局,建立疫情防控和经济社会发展工作中长期协调机制,坚持结构调整的战略方向,更多依靠科技创新,完善宏观调控跨周期设计和调节,实现稳增

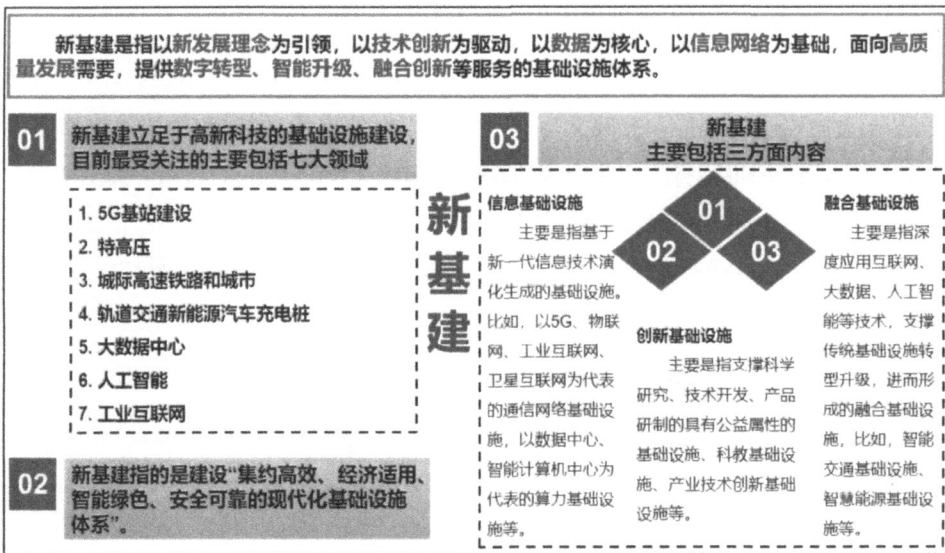

图 7-1 "新基建"的概念与内涵

资料来源:中国电子信息产业发展研究院。

---

1 中央广播电视总台中国之声《新闻和报纸摘要》,2020 年 3 月 5 日报道,中共中央政治局常务委员会 3 月 4 日召开会议,研究当前新冠肺炎疫情防控和稳定经济社会运行重点工作。

长和防风险长期均衡(见图7-2)。[1] 无论是新型基础设施建设还是"大循环",都是我国立足当前、着眼未来的重大战略部署,上述部署需要科技创新与科技安全的有力支撑,因此科技安全将进一步促进产业结构升级、带动企业转型并提高全要素生产率的关键因素。

图7-2 "以国内大循环为主体、国内国际双循环相互促进"的新发展格局

资料来源:新华网。

### (二) 科技安全的提出依据:理论基础

首先,科学技术作为生产力的作用是马克思和恩格斯以辩证的视角,经过历史唯物的考察所得出的,且科学技术必须要通过社会主义和共产主义的形式实现其有服务于人类社会全面且自由发展的真正内在价值。

其次,自然科学在科技嵌入到社会生产的实际应用中实现了革新与发展。科学技术变革是生产力和生产关系发生变化的根本动力,最终将促成人的解放和自由发展。

---

1 新华社,2020年7月30日报道,中共中央政治局7月30日召开会议,分析研究当前经济形势,部署下半年经济工作。中共中央总书记习近平主持会议。

马克思和恩格斯在看到了科学技术与生态环境之间存在的矛盾关系。他们认为科学技术在社会生产的应用达到一定程度以后会造成人的物化和异化,因为科学技术并没有从根本上解决资本主义社会的基本矛盾,只是将矛盾暂时缓和。在资本主义社会,劳动者被无情地剥削,其个人价值无法得到实现,科学技术的"工具"本质导致了人与劳动、人与产品、人与人本质的异化。

科技由人类的劳动中不断革新自身,但科技的塑造存在人自身强大的目的性,这一目的性在不合理的科技利用面前将反过来危害人类社会,带来"技术异化"的负面影响[1]。伴随着人口总量的增长以及自然生态环境问题在世界范围内的日益加剧,技术的异化所表现出来的危害已俨然成为全球治理的一大问题。若无法有效控制技术并规范其合理发展的基本路径,技术将带来极大的安全风险。它对人的主体地位、对人与自然的和谐发展、对人与人之间的关系等,都造成了极大的冲击。[2]

科技的历史伴随着国家实力的不断转移。日本科学史学家汤浅光朝认为一国科技成果达到世界科学成果的总量的 1/4 时,就可以称之为世界科学中心,此现象被称为"汤浅现象"。从蒸汽动力为代表的第一次工业革命到内燃机与电力系统为创新点的第二次工业革命,再到上世纪至今的信息技术革命,抓住技术革命先机的国家最终都实现了关键崛起,成为世界的权力中心(见图 7-3)。从农业社会到如今的数字经济时代,全新的生产要素数据与前沿的数字技术已经成为重要的生产力提升机遇。而美国显然重视这一权力重塑期的威胁,自"中兴""华为"等制裁事件而逐步愈演愈烈的"中美科技战"对我国的科技安全造成巨大的负面影响,实质便是美国对我国关键数字技术创新的遏制与打压,我国对此必须坚决维护科技安全,积极应对美国的威胁与挑战。

---

1　李霞玲,王贵友. 劳动的异化与技术的异化——马克思与海德格尔异化理论之比较[J]. 理论月刊,2010 (共同 01).

2　孙雪,艾志强. 习近平科技安全论述探析[J]. 辽宁工业大学学报(社会科学版),2018,20(05):4—6.

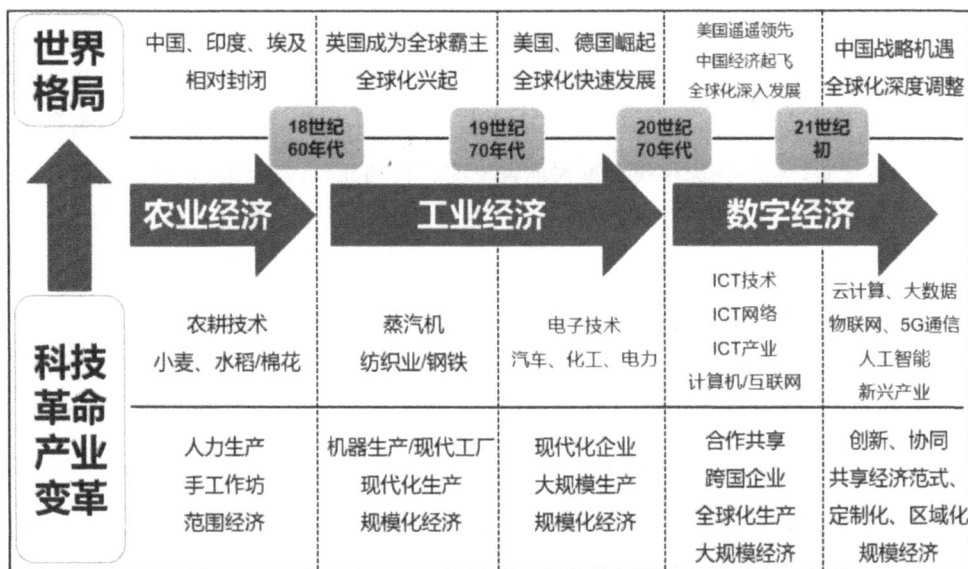

图 7‑3　科技革命、工业革命与科技强国崛起的历史进程

资料来源：太和智库。

## 二、科技安全的内涵

### （一）科技安全的定义

早在上世纪末我国对于科技安全的研究便已启动，国务院发展研究中心国际技术经济研究所研究员马维野提出科技安全的概念，认为国家科技安全是国家安全的重要组成部分，并从狭义和广义两个角度界定了科技安全[1]。

从狭义的角度看，科技安全建立于科技系统及其相应的配套措施。因此，狭义的科技安全概念可表述为：科技安全表现为长期持续性的国家安全特征，特别是在全球层面上，国家科技系统通过系统内部运行与国际竞争相适应的模式，保证系统不受国际环境的威胁。在这个意义上，考察科技安全状态应当重点关注科技实力的发展水平、科技法规的完善程度、科技工作运行机制的有效性和国家对科技系统的保护力度

---

1　连燕华,马维野.科技安全:国家安全的新概念[J].科学学与科学技术管理,1998(11):20—22.

与能力[1]。

上升到国家利益层面,需要探讨广义的科技安全。在这一高度下定义的广义的科技安全则不仅限于关注科技系统,至少应考虑三个方面:首先,本国是否有能力抵御外国的科技威胁;其次,国家科技在重大危害下能否得到充分保护;最后,科技是否充分保障了国家安全。由此出发,科技安全的广义概念为:在一定的社会环境条件下,科学技术本身以及科学技术为国家安全提供保障的能力的长期状态,该状态阐述国家整体的科技竞争内在实力[2]。上述两层维度充分阐释了科技视角下的国家安全建设的现实必要性与长远意义。

### (二) 影响科技安全的主要因素

在复杂的国际竞争环境下,要抢占战略高地抓住科技发展的重要机遇,需要对科技发展的多种影响因素进行深入剖析并发现其内在发展机制,为科技发展注入动力以及持续增长的活力。下述因素是影响科技发展的重要因素。

安全能力因素。随着电子通信技术的普及与建设,科技机密与信息安全作为国际竞争的重要角度。维护科技安全的能力决定了这一因素必然是基础性因素。科技活动的有效展开只有在保障和巩固科技安全能力的基础上进行。国家安全法充分考虑了安全能力因素,提出要"加快发展自主可控的战略高新技术和重要领域核心关键技术,加强知识产权的运用、保护和科技保密能力建设"[3]。

法律法规的完善需求。法律法规的目的是对现行的事物进行更好的规范,但瞬息万变的科技必然要对法律法规的完善提出更为迫切与全面的需要。科技活动的进行需要法规提供必要的政策参考,因此法规需要紧跟科技发展的战略前沿并不断发展和完善自身,充分为维护国家科技安全提供保障。2020 年 4 月出台的《网络安全审查办法》,有利于及早发现科技安全存在的潜在隐患并进行及时的纠正,充分保护了国家科技安全建设[4]。

---

1　马维野. 知识经济对中国科技发展战略调整的启示[J]. 中外科技信息,1998(4):40—45.
2　马维野. 科技安全:定义、内涵和外延[J]. 国际技术经济研究,1999(02):14—18.
3　摘自 2015 年 7 月 1 日颁布和施行的《中华人民共和国国家安全法》。
4　摘自国家互联网信息办公室官方网站《网络安全审查办法》。

科技人才建设因素。掌握高精尖技术的科技型人才是维护科技安全的关键性因素。人是维护科技安全的主体,人的能动性意味着科技革命的重要转型期以及全球权力调整的关键机遇期可以由科技人才进行深度把握,科技人才成为各国争夺的战略性核心资源。2019 年中央经济工作会议明确部署"健全鼓励支持基础研究、原始创新的体制机制,完善科技人才发现、培养、激励机制"。[1] 这一部署是加强科技人才的创新能力以及安全意识,培育新时代科技人才队伍并推动社会发展的重要举措。

外部环境的威胁与挑战。在科技竞争日益激烈的今天,我国科技领域取得的成就必然导致一些西方国家产生科技发展的焦虑。部分国家以贸易封锁等方式试图阻碍我国科技进步;我国需要严加防范外部环境的威胁与挑战,努力提高自主创新能力,实现关键技术领域的自给自足,完善全产业链的同时提高自身的抗风险能力[2]。

### (三) 科技安全的评价指标体系

中国人民解放军军事科学院评估论证研究中心在《国家科技安全:概念、特征、形成机理与评估框架初探》中提出了国家科技安全评估指标体系框架,该评估指标体系既考虑了科技安全的客观措施,又考虑了科技安全的主观要求[3]。从科技安全自身建设出发,以 A1、A2 指标衡量自身科技实力,并在科技运用的领域确保我国发展的全面且多领域的安全,应用层面的多领域用 A3、A4 衡量。再通过逐层加权平均、专家评分以及归一化数据处理的基础上,用实证方法评价科技发展水平。同时,结合上文所述的科技发展综合性影响因素,在国家科技安全评估过程中,还要考虑外部国际环境的影响因素。合理且有利于本国发展的国际制度可以对本国科技安全的建设提供相对的稳定性,降低安全困境的影响程度(见表 7-2)[4]。

---

1　人民网科技频道,2020 年 5 月 18 日报道,标题为《中共中央、国务院:全面完善科技创新制度和组织体系》。

2　熊玉祥. 占领科技安全制高点[N]. 解放军报,2020-05-19(007).

3　游光荣,张斌,张守明,闫州杰. 国家科技安全:概念、特征、形成机理与评估框架初探[J]. 军事运筹与系统工程,2019,33(02):5—10.

4　资料来源同上。

表 7-2 国家科技安全评估指标体系框架

| 一级指标（A） | 二级指标（B） | 三级指标（C） |
|---|---|---|
| A1：国家科技体系的完整有效性 | 基础研究水平 | 学科布局的完整性 |
| | | 学术论文数量和质量 |
| | | 国际学术组织影响力 |
| | 应用研究水平 | 技术体系完整性 |
| | | 重点领域实验室水平 |
| | | 专利数量和质量 |
| | 试验发展水平 | 中间试验能力 |
| | 产业化水平 | 风险投资水平 |
| | | 成果转化能力 |
| | | 成果转化效益 |
| A2：重点领域核心技术自主可控程度 | 软硬件自主可控程度 | 核心器件对外依存度 |
| | | 高端通用芯片对外依存度 |
| | | 基础软件对外依存度 |
| | 先进材料和制造技术自主可控程度 | 战略基础材料对外依存度 |
| | | 关键核心材料对外依存度 |
| | | 前沿新材料对外依存度 |
| | | 精密制造对外依存度 |
| | | 增材制造对外依存度 |
| | | 智能制造对外依存度 |
| | 网络技术和产品依存程度 | 网络技术标准对外依存度 |
| | | 网络基础设施对外依存度 |
| | | 防火墙产品对外依存度 |
| A3：国家安全免受外部科技优势危害的状态 | 科技支撑传统安全领域免受外部科技优势危害的状态 | 科技满足政治安全需求的程度 |
| | | 科技满足国土安全需求的程度 |
| | | 科技满足军事安全需求的程度 |
| | | 科技满足经济安全需求的程度 |
| | | 科技满足社会安全需求的程度 |

续　表

| 一级指标(A) | 二级指标(B) | 三级指标(C) |
|---|---|---|
| | 科技支撑非传统安全领域免受外部科技优势危害的状态 | 科技满足文化安全需求的程度 |
| | | 科技满足信息安全需求的程度 |
| | | 科技满足生态安全需求的程度 |
| | | 科技满足资源安全需求的程度 |
| | | 科技满足核生化安全需求的程度 |
| | | 科技满足海外利益安全需求的程度 |
| A4：国家发展利益的安全状态 | 创新生态环境 | 政策引导能力 |
| | | 经费投入规模和结构 |
| | | 人才建设水平 |
| | 国际合作水平 | 国际技术转移能力 |
| | | 跨国智力资源利用程度 |
| | | 产品链与产业链安全性 |
| | 军民融合程度 | 军地协同创新能力 |
| | | 标准融合程度 |
| | | 成果转化效益 |

资料来源：中国人民解放军军事科学院评估论证研究中心。

## 三、我国科技安全面临的新问题和新挑战

### （一）重点基础领域核心关键技术受制于人

在 21 世纪的今天,诸多新兴科技正日益丰富和改善着我们的生活,国家的发展同样与科技的进步密切相关。外太空以及深海等空间将成为各国拓展战略空间的新领域,我国的科技发展在上述领域攻坚克难同样取得了长足进步,但是却面临西方严峻的挑战,我国现阶段需要正视西方国家的遏制并积极应对。近年来我国通过自主创新在发明专利上取得了长足进步,但与美国相比仍存在一定差距,我国的基础科学研发能力仍有待提高,并且在院校一级的科研力量需要进行深度发展。具体而言,科研论文的发表数量虽然高于美国,但是质量上存在一定差距。而在研究队伍上,每百万人

口拥有的研发人员仅为美国的1/4。中国科研投入占GDP比重逐步增加,达到2.1%,低于美国的2.7%;总投入为美国的1/2;中国侧重于试验发展,但基础研究和应用研究阶段占比低于美国20个百分点,基础研究投入额仅相当于美国的1/4。而在关键制造业的发展水平上,我国在通信设备、先进轨道交通以及输变电、纺织和家电产业处于世界领先地位,由此可见我国数字科技战略具有充分的发展能力以及强有力的竞争力,但与此同时也对产业升级提出了要求。同时,航天设备类、数控机床等高精尖控制类设备与世界顶尖水平存在一定差距,智能制造领域需要注入更多的研发力量。

对于“卡脖子”技术的研发投入更是迫在眉睫,《科技日报》整理了我国现阶段所面临的近40项“卡脖子”技术以及与此相关的产业链短板。具体而言,包括集成电路产业的光刻机、通信装备产业的高端芯片、轨道交通装备产业的轴承和运行控制系统、电力装备产业的燃气轮机热部件,以及飞机、汽车等行业的设计和仿真软件等,这些产业基础能力弱,部分领域核心关键技术受制于人,而其中大部分的技术如光刻机、航空发动机、激光雷达、医学影像设备元器件等仍掌握在美国手中(见表7-3)[1]。这充分表明我国前沿基础研究依然薄弱,科技基础依然不牢,原始创新能力依然不足,对事关长远和战略全局的重点领域部署不够,技术创新缺少源头供给。如果不能准确把握世界科技发展趋势和重大动向,我国就有可能在世界新一轮科技革命中发生严重战略误判,错失良机。

表7-3 中国被“卡脖子”技术清单

| 序号 | 技术名称 | 序号 | 技术名称 |
|---|---|---|---|
| 1 | 光刻机(荷兰ASML) | 6 | 真空蒸镀机(日本) |
| 2 | 芯片(美国) | 7 | 手机射频器件(美国) |
| 3 | 操作系统(美国) | 8 | iCLIP制药技术(美国) |
| 4 | 航空发动机短舱(美国) | 9 | 重型燃气轮机(美国、日本、德国、意大利) |
| 5 | 触觉传感器(日本) | 10 | 激光雷达(美国) |

[1] 21世纪经济报,10月16日报道,2019国家制造强国建设专家论坛在浙江宁波举行,原标题“重磅! 中国产业链安全评估:中国制造业产业链60%安全可控,光刻机、设计仿真软件存‘卡脖子’短板”。

| 序号 | 技术名称 | 序号 | 技术名称 |
|---|---|---|---|
| 11 | 适航标准(美国、欧盟) | 24 | 掘进机主轴承(德国、瑞典) |
| 12 | 高端电容电阻(日本) | 25 | 微球(日本) |
| 13 | EDA芯片设计软件(美国) | 26 | 水下连接器(英国、美国、日本) |
| 14 | ITO靶材(日本) | 27 | 燃料电池关键材料(日本) |
| 15 | 核心算法(日本、德国、瑞士) | 28 | 高端焊接电源(美国、芬兰) |
| 16 | 航空钢材(美国、日本) | 29 | 锂电池隔膜(美国、日本、韩国) |
| 17 | 铣刀(德国) | 30 | 医学影像设备元器件(美国) |
| 18 | 高端轴承钢(瑞典、美国) | 31 | 超精密抛光工艺(美国、日本) |
| 19 | 高压柱塞泵(德国) | 32 | 环氧树脂碳纤维(日本) |
| 20 | 航空设计软件(美国、法国) | 33 | 高强度不锈钢(日本) |
| 21 | 光刻胶(日本) | 34 | 数据库管理系统(美国) |
| 22 | 高压共轨系统(德国、美国、日本) | 35 | 扫描电镜(美国、日本、德国) |
| 23 | 透电式电镜(日本) | | |

资料来源:《科技日报》报道的35项"卡脖子"技术 & 中国尚未掌控的60余项核心技术清单,https://www.fdx-fund.com/cn/case-detail-1553.html。

### (二) 我国科技人才现况尚不能适应国际化竞争需要

国家竞争力构成的重要活力来源便是人才,各国正努力通过各种方式进行人力资本投资并吸纳人才。而在日益激烈的人才竞争面前,我国同样面临着人才流失的挑战。西方由于科技发展时间较长,基础设施较为完善,对于人才存在较大的吸引力,而在美国建立全球霸权至今,已有世界各国的人才纷纷流向美国,其中将近三分之一的华裔优秀人才选择在美国从事科技研发。美籍华人最钟情的职业是综合管理、专业技术及相关行业,占从业人口的53.4%,低于美籍印度裔的62.2%,但高于美国平均水平的34%[1]。其次,跨国公司的在我国的人才招募也带来了一定程度的人才流失。诸多跨国公司采取更高竞争力的薪酬待遇以及近年来,国外跨国公司纷纷在我国实施人

---

1　顾建平. 全球化背景下我国人才安全管理体系的构建[J]. 生产力研究,2007(03):74—75,120.

才本土化战略,采取有竞争力的薪酬待遇以及在本地设立服务于跨国公司的研究机构等方式吸引人才入驻,造成了更加新型且隐蔽的人才流失。

中国开展科技攻坚需要大量的科技人才,但与美国模式不同的是,中国不仅仅要努力吸引外国科技人才开展科技研发与合作,同时更应该利用好本土的人力和人才资源为我国服务。我国人口众多,高校数量大,从事科学研究拥有较为优秀的人才输送,因此中国本身也能大量培养科学家和工程师。因此,不断完善我国的高校建设、企业建设,并把大量海外人才吸引回流本国,才是当前的首要任务。目前,在 STEM 领域[1],我国的本土教育体系联合海外的留学研究生教育,已经培养了大量优秀的研发精英,且当中有许多人已经选择回国从事研发。但现阶段仍有较多的中国研发人才在海外,如何吸引人才并为其提供良好的环境,是我们必须解决且不断完善的长期工作。

### (三) 国家科技体制和科研环境亟待进一步改革与改善

改革开放后,我国的科研管理模式不断完善,同时努力克服了在当时经济发展水平相对落后的国情影响下的科研发展水平、科研核心力量薄弱等诸多现实问题,不断攻坚克难,取得了长足进步。经过多年的发展,我国已经建立健全了科学研发的基本体制以及各领域的人才力量,但现阶段在国际竞争形势日益向科技高精尖上游发展的情况下,科技环境的改革已经到了相对的深水区,需要以更加坚定的姿态克服难关,发挥改革的优秀精神不断完善科技体制。

一方面,科学研发应该更加坚持市场化竞争的思想。在过去计划经济体制下的科研管理思路带来的低效率,至今仍在科技领域存在一定的负面影响,过去计划经济体下的管理模式在一定程度上限制了科研工作者的主动的、创造性的发挥,导致科研工作的进展速度较为缓慢。与此同时,人才队伍建设应该更加引入市场竞争,让更多的青年学者投入到科学研发之上,不断优化人才队伍结构,提高整体队伍质量。

---

1  STEM 是科学(Science),技术(Technology),工程(Engineering),数学(Mathematics)四门学科英文首字母的缩写。

另一方面,优化经费的布局以及资源建设,让科学研发拥有更好地资源基础。将科研经费重点集中于实体经济研发与创新领域,在当前国际安全竞争日益加剧的环境下有助于优先解决"卡脖子"技术难关,并为周边科学研发扫清障碍。而加大经费投入于关键领域并建立健全基础设施也是吸引人才的重要手段,良好的研究环境能创造更为强大的研发成果,为我国的科技安全建设注入源源不断的动力[1]。

最后,宽松的研究环境有利于提高科研人员的研究自主性,促使其在研究过程中保持良好的状态。这意味着良好的科研体制和政策可以允许科研的多次反复尝试,即使是研发的失败,也有可能偶发性的产生新的科研成果。同时,在严格的学术评估以及成果转化体系下,一个切实可行的学术研究方法能让许多项目目标转化为真正的科研成果并服务于产业生产力的进步[2]。

## 第二节 网络安全

### 一、网络安全已成为重要的关注方向

互联网的全面普及以及信息技术的长足发展,对国际互动交流产生了深远持久的影响,也在人们生活的各个方面发挥着它积极的作用,然而,同样不能忽视网络普及带来的安全风险。早在 2019 年,世界经济论坛(WEF)便在其出版的《全球风险报告》中提出,非法的网络攻击与入侵已成为全球的一大重要风险[3]。具体表现为用户信息的泄露与不法利用,以及网络基础设备遭受破坏的风险。显然,网络安全问题关乎各家各户的日常生活发展的方方面面,更关系到国家战略竞争的重大前沿方向。习近平总书记在中央网络安全和信息化领导小组第一次会议上强调:"要努力把中国建设成为

---

1 龚江宏. 对当前科研管理体制的几点看法[EB/OL]. (2020 - 3 - 11) https://www. sohu. com/a/379118151_782639.
2 刘海英. 践行科学精神,自身修养与外部环境缺一不可[EB/OL]. (2018 - 6 - 27) http://digitalpaper. stdaily. com/http_www. kjrb. com/kjrb/html/2018-06/27/content_397862. htm? div=-1.
3 摘自世界经济论坛《2019 年全球风险报告》,2019 年 1 月 15 日发布。

网络强国。"[1]因此需要牢牢维护网络安全,掌握网络发展的自主权,增强本国自身的网络安全性与稳定性、提高网络竞争力,这是全球各国共同的认识。

**(一) 网络安全的发展阶段**

1. 通信安全(20 世纪 40—70 年代)

1946 年,为了满足计算弹道需要,由美国奥伯丁武器试验场成功在宾夕法尼亚大学研制成功了世界第一台电子计算机 ENIAC。进入全面冷战时代,美国为了保障自身的国家安全,在本国北部和加拿大境内建设了第一个半自动化的地面防空系统 SAGE。这一防空系统代表世界上首次计算机与通信设备战略结合,成为了计算机网络的雏形。这一时期的网络安全由于主要为了实现军事通信上的安全,因此主要关注传输过程中的数据保护,主要为了防止搭线窃听和密码学分析等的安全威胁,其关键在于通过密码技术有效保护通信过程,保证数据的保密性和完整性。

2. 计算机安全(20 世纪 70—90 年代)

计算机的深入发展离不开高校系统的中流砥柱作用,美国高校为计算机安全的建设作出了重要贡献。1969 年 12 月,分布在加州大学洛杉矶分校及圣巴巴拉分校、斯坦福大学和犹他大学,涵盖了四台主计算机网络的 ARPA 成功建立。阿帕网(ARPANET)作为全球第一个成型的计算机网络,正是当今互联网巨头因特网(INTER NET)的前身。在 ARPA 建立的 20 年后,互联网已经在美国诸多家庭得到了普及,人们对于网络的依赖性不断增强。用户使用数的提高带来了个体层面的网络安全问题,具体而言,网络安全问题主要集中于数据处理和存储时的数据保护,面临的安全威胁主要包括非法访问、恶意代码、脆弱口令等,这一阶段网络安全是为了预防、检测和尽可能减少计算机系统用户在执行未授权活动所造成的不良后果。

3. 信息系统安全(20 世纪 90 年代后)

1993 年 9 月,美国政府正式宣布实施"国家信息基础设施"计划,并设定了长达 10 至 15 年周期的"信息高速公路"的全国网络建设规划,自此信息通信网络打破了地域、时间

---

1 《努力把我国建设成为网络强国》(2014 年 2 月 27 日)[A].《习近平谈治国理政》第一卷[M]. 北京:外文出版社 2018:197.

的限制,地球村正式迈向互联网社会,信息化浪潮全面来袭,但仍有许多不法网络攻击者,通过入侵计算机和散播木马病毒等恶性软件程序来威胁电脑设备的安全。因此,计算机系统的整体安全备受重视,不仅让数据得到有效保护,更要保护数据内在的信息。

4. 网络空间安全(2009 年至今)

进入 21 世纪后,特别是在移动互联技术得到广泛普及后,网络架构布局于国家整体和个人节点的方方面面,每一个处于互联网的终端个体(机)都有可能成为潜在的网络安全隐患。这给我国网络安全发展带来了新的机遇和挑战。互联网构建了虚拟世界与现实物质世界串联的桥梁,形成网络空间,"云大物智移""工业互联网"等心技术新领域融合带来的网络安全风险,网络空间安全的核心重点开始强调"威慑"。

**(二) 中国网络安全发展历程**

1. 萌芽阶段(1986—1998 年)

我国的网络安全工作创始于 1986 年,由缪道期先生带头组建的中国计算机学会和计算机安全专业委员会执行必要的网络安全工作。在第二年,我国的网络安全专门机构——国家信息安全处正式成立,从侧面反映出中国计算机安全事业的起步。伴随着网络安全建设的不断深入,在 1994 年,中华人民共和国公安部颁布了《中华人民共和国计算机信息系统安全保护条例》[1],作为全国首个计算机与网络信息安全方面的法律条文,具有前瞻性且非常全面地阐述了计算机安全的方方面面。但总体而言,上世纪末存在诸多具有较大安全威胁的病毒,如"Taiwan No. 1"和 CIH,上述病毒程序可以通过磁盘转接和邮件传输的方式传输。但总体而言,这阶段的病毒程序架构简单,破坏性相对较小,且无法进行广泛的跨终端流动,但我国的诸多行业与地区都对防范网络威胁高度重视,并与许多安全防护公司开展长期合作以保证网络安全的有效维护。

2. 高速发展阶段(1999—2014 年)

在软硬件设施得到广泛的升级和普及后,特别是 CPU、GPU 的生产技术得到极大进步的情况下,网络在娱乐、商业以及社交领域的推动下进入到了真正高速发展阶

---

1　1994 年 2 月 18 日中华人民共和国国务院令第 147 号发布《中华人民共和国计算机信息系统安全保护条例》,引自国务院公报。

段。高速的生产力提升与用户普及也意味着计算机所受到的安全威胁频率与强度将大大提高。如"熊猫烧香"病毒等恶性事件更是对网络安全带来了极大破坏。对此,我国迅速设立了专门的负责网络与信息安全相关的小组,并发布了《国家信息化领导小组关于加强信息安全保障工作的意见》发布,对于网络基础设施升级完善过程中的安全应对日益彰显。而安全系统市场需求的扩大也带动了安全产业的发展,涌现出一批大型网络安全企业,企业间竞争不断加剧,360、金山等网络安全公司的产品成为各家各户的必备安全软件,360 的免费杀毒模式更是改变了传统盈利模式,让许多安全厂商被动淘汰出市场,但也间接保留了许多优秀的安全软件厂商。总体来看,中国自主研发和生产的安全设备对我国的网络安全建设提供了强有力的保障。

3. 全面发展阶段(2014 年至今)

在我国接入互联网的二十多年以来,随着智能终端井喷式的技术进步和需求扩大,网络安全的范围已经逐渐上升至网络战形态。美国所曝出的"棱镜门"事件意味着现阶段全球电子信息与网络安全已经出现了一定程度的数字鸿沟,各国都面临技术领先的美国带来的不确定威胁。而美国国防部在 2015 年发布的《网络战略报告》,更是凸显了美国企图加强网络威慑力以及随时准备应对网络战争的想法。

如此可见,网络安全已经成为国际战略竞争中相当重要的一环,我国在新时期加强网络安全建设工作势在必行。这也使我国对网络安全的重视也日益加强:2014 年 2 月 27 日,中央网络安全和信息化领导小组成立,国家主席习近平亲自担任小组组长[1]。该小组将研究制定网络安全和信息化发展战略、宏观规划和重大政策,推动国家网络安全和信息化法治建设,不断增强安全保障能力[2]。2014 年 11 月 19 日,中国举办了规模最大、层次最高的互联网大会——第一届世界互联网大会。

在立法方面,《中华人民共和国网络安全法》于 2015 年 7 月 6 日正式出台,并向社会公开征求意见。我国网络空间的治理,正式做到有法可依[3]。在这基础上,针对不同场景、不同时间段以及结合国家战略考量的诸多网络安全法规陆续得到发布与实施

---

1　新华网,2014 年 2 月 27 日报道,中央网络安全和信息化领导小组成立,国家主席习近平亲自担任小组组长。

2　国务院新闻办公室,2016 年 7 月 28 日报道,《国家信息化发展战略纲要》政策解读。

3　《中华人民共和国网络安全法》于 2016 年 11 月 7 日第十二届全国人民代表大会常务委员会第二十四次会议通过。

（见表7-4）。涉及应用领域的密码管理的《中华人民共和国密码法》以及按不同级别进行信息安全保护的《信息安全技术网络安全等级保护基本要求》等许多法规日益完善着我国的网络安全法制建设。由网信办与公安部等多部门共同联合开展的网络安全治理活动也在行动上保障了我国网络安全的管理和防护水平的实质性提高。

表7-4　网络安全相关政策法规

| 政策名称 | 发布时间 | 发布部门 | 相关内容 |
|---|---|---|---|
| 《国务院关于大力推进信息化发展和切实保障信息安全的若干意见》 | 2012年6月 | 国务院 | 提出健全安全防护和管理,保障重点领域信息安全举措:(1)确保重要信息系统和基础信息网络安全;(2)加强政府和涉密信息系统安全管理;(3)保障工业控制系统安全;(4)强化信息资源和个人信息保护。 |
| 《国务院关于积极推进"互联网＋"行动的指导意见》 | 2015年7月 | 国务院 | 提出"完善互联网融合法律规范和标准规范,增强安全意识,强化安全管理防护,保障网络安全"。 |
| 《关于加强国家网络安全标准化工作的若干意见》 | 2016年8月 | 国家质监总局、国家标准化管理委员会 | (1)建立网络安全统筹协调、分工协作的工作机制;(2)加强网络安全标准体系建设,提升标准质量和基础能力;(3)强化网络安全标准宣传实施;(4)加强国际网络安全标准化工作;(5)抓好标准化人才队伍建设,并做好资金保障。 |
| 《"十三五"国家信息化规划》 | 2016年12月 | 国务院 | 提出"组织实施信息安全专项,建立关键信息基础设施安全防护平台,支持关键基础设施和重要信息系统,整体提升安全防御能力"。 |
| 《国家网络空间安全战略》 | 2016年12月 | 国家互联网信息办公室 | 提出:(1)加强网络安全工作,推广使用安全可控产品;(2)把有关个人信息保护的法律责任、法律要求落实到企业、机构;(3)采取一切必要措施保护关键信息基础设施及其重要数据不受攻击破坏。 |
| 《软件和信息技术服务业发展规划(2016—2020年)》 | 2017年2月 | 工信部 | 提出:(1)发展信息安全产业,支持面向"云管端"环境下的基础类、网络与边界安全类、终端与数字内容安全类、安全管理类等信息安全产品研发和产业化;(2)到"十三五"末信息安全产业规模达到2000亿元,年均增长20%以上。 |

续　表

| 政策名称 | 发布时间 | 发布部门 | 相关内容 |
|---|---|---|---|
| 《中华人民共和国网络安全法》 | 2017 年 6 月 | 全国人大常务委员会 | 提出:(1)国家直属部门及政府推动网络安全工作的职责;(2)网络运营者及关键信息基础设施的运行安全规定;(3)个人信息的保护规定;(4)国家网络安全监测预警及汇报机制;(5)相关处罚规定。 |
| 《网络安全等级保护测评机构管理办法》 | 2018 年 3 月 | 公安部 | 旨在加强网络安全等级保护测评机构管理,提高等级测评能力和服务水平。 |
| 《关于推动资本市场服务网络强国建设的指导意见》 | 2018 年 4 月 | 网信办、证监会 | 提出充分发挥资本市场在资源配置中的重要作用,规范和促进网信企业创新发展,推进网络强国、数字中国建设。 |
| 《网络安全等级保护条例(征求意见稿)》 | 2018 年 6 月 | 公安部 | 对网络安全等级保护的适用范围、各监管部门的职责、网络运营者的安全保护义务以及网络安全等级保护建设提出了更加具体、操作性的要求,为开展等级保护工作提供了重要的法律支撑。 |
| 《公安机关互联网安全监督检查规定》 | 2018 年 9 月 | 公安部 | 定义检查主体单位、检查对象、检查内容,检查方式及处罚办法,旨在加强和规范公安机关互联网安全监督检查工作,防范网络违法犯罪,维护网络安全。 |
| 《互联网个人信息安全保护指引》(征求意见稿) | 2018 年 11 月 | 公安部 | 规定了个人信息安全保护的安全管理机制、安全技术措施和业务流程的安全。 |
| 网络安全等级保护制度 2.0 标准 | 2019 年 5 月 | 国家标准化管理委员会 | 包括了定级指南、基本要求、安全设计要求及测评要求等内容,横向扩展了对云计算、移动互联网、物联网、工业控制系统、大数据的安全要求,纵向扩展了对等保测评机构的规范管理。 |
| 《国家网络安全产业发展规划》 | 2019 年 6 月 | 工信部 | 2020 年,依托产业园带动北京市网络安全产业规模超过 1000 亿元,拉动 GDP 增长超过 3300 亿元,打造不少于 3 家年收入超 100 亿元的骨干企业,其次到 2025 年,依托产业园建成我国网络安全产业"五个基地"。 |
| 《中华人民共和国密码法》 | 2019 年 10 月 | 全国人大常务委员会 | 旨在规范密码应用和管理,促进密码事业发展,保障网络与信息安全,提升密码管理科学化、规范化、法治化水平,是我国密码领域的综合性、基础性法律。 |

资料来源:政府网站。

## 二、网络安全的内涵

### (一) 网络安全的定义

《中华人民共和国网络安全法》对网络安全的定义是："通过采取必要措施,防范对网络的攻击、侵入干扰、破坏和非法使用以及意外事故,使网络处于稳定可靠的运行状态,以及保障网络数据的完整性、保密性、可用性的能力。"[1]根据《网络安全法》的精神,网络世界所产生的安全问题集中反映于以下两个维度:网络信息安全以及网络信息系统安全。上述两个维度共同关系到社会与国家的整体安全,特别是在数字经济日益深化发展的情况下,该领域在数据要素跨境流动过程中逐渐成为全球共同的问题。

在法律定义的基础上,网络安全同时还具有更宽泛的共同通用定义。网络安全代表了关乎网络系统运行的软硬件设施以及其中存储的数据不遭受窃取或破坏,并在这一基础上能够稳定、连续的运行网络系统并提供相应的服务。更具体的而言,伴随着网络空间的跨界延伸和使用深度的不断扩展,我国也形成了战略性的网络安全定义,其中,《国家网络空间安全战略》提出网络空间是由互联网、通信网、计算机系统、自动化控制系统、数字设备及其承载的应用、服务和数据等组成[2]。

网络安全威胁表现为存在缺陷的网络系统被不法利用,在信息存储日益依赖于网络的时代,网络系统已成为信息收集、处理、传输、交换必不可少的途径,社会变得越来越依赖于网络及其存储的信息。然而,计算机网络开放的结构方式也使国家、单位和个人都面临许多潜在的安全威胁,网络的安全性受到越来越多的关注。网络安全在空间范围存在多样的威胁,尤其是随着当今云计算继续改变组织使用、存储和共享数据、应用程序和工作负载的方式,非传统的网络漏洞带来的风险日益加剧。随着海量的数据进入云端,特别是进入公共云服务,这些资源成为网络攻击者的主要目标。如果进行进一步的细分,网络安全威胁可以划分为硬件层面的网络部件的不安全因素、软件的不安全因素、网络人员的不安全因素和网络环境的不安全因素,共四个方面:

---

1　全文参见中国人大网,《中华人民共和国网络安全法》。
2　中华人民共和国国家互联网信息办公室.《国家网络空间安全战略》全文[EB/OL]. [2016 - 12 - 27]. https://www.cac.gov.cn/2016 - 12/27/c_1120195926.htm.

1. 网络部件的不安全因素

① 电磁泄漏。用先进的电子设备在远距离可以接收这些泄漏的电磁信号。

② 搭线窃听。不法分子通过电子技术设备的手段进行非法监听并进行信息的接收和采集。

③ 非法入侵。网络漏洞成为不法分子的侵入途径,并通过接入网络对网络系统内部的数据资源进行窃取和破坏。

④ 设备故障等意外原因。

2. 软件方面的不安全因素

① 软件的安全防护功能存在漏洞,对于身份的鉴别和访问的限制技术相对落后。

② 病毒入侵。泛指非法的病毒和木马通过网络植入至计算机中,并破坏系统中的软件。

③ 系统漏洞。系统漏洞是系统中可利用的漏洞不法分子可以直接通过控制系统或者对系统服务采取中断的方式进行破坏和窃取。

④ 共享的技术漏洞。云技术带来了"即服务"概念,而没有对现有的硬件和软件进行实质性改动——有时是以牺牲安全性为代价的。组成支持云服务部署的基础组件,其设计目的可能不是为了多用户架构或多用户应用程序提供强大的隔离功能。

3. 人员引起的不安全因素

① 数据泄露和数据丢失。数据泄露可能是因为有针对性的攻击,也可能只是人为错误、应用程序漏洞或糟糕的安全措施导致的。数据泄露可能涉及任何不打算公开的信息,包括个人健康信息、财务信息、个人身份信息、商业秘密和知识产权信息。

② 数据丢失。云存储器同样不可避免地容易遭受自然性因素以及意外删失导致数据丧失,除非供应商或云消费者进行了数据备份,遵循了业务连续性和灾难恢复方面的最佳实践。

③ 网络系统的人为滥用和故意破坏。不法分子会利用对云系统的访问权限进而攻击用户乃至系统本身。具体而言,这一行为常见于发起分布式拒绝服务攻击、进行钓鱼攻击和发送垃圾邮件。

4. 环境的不安全因素

环境的不安全因素来源于变化多样的自然环境以及伴随着时间累积造成的传统

设备磨损与折旧,并由此引发的设备受损、故障等问题。

此外,网络的安全威胁同样包括突发性的安全威胁以及恶意的人为破坏。简单来看,突发性安全威胁强调威胁来自自然性因素突发性的故障,比如天灾和无意的错误操作;而恶意的人为破坏在上文有详细的论述,显然,恶意破坏是精心设计了窃取性或者破坏性软件对系统进行专门的、点对点的攻击,下文将进一步阐述网络攻击的具体形式。

### (二) 网络攻击

攻击代表了一种非授权行为。从攻击的硬件设施范围看,其一般能使服务器丧失其正常的服务能力并一步一步破坏,最终被彻底损毁或者被不法分子完全掌控。但是安全防护软硬件能有效地防范网络攻击,因此安全防护措施的强度极大程度的影响了攻击的实际破坏性。另一方面,在法律维度上,攻击往往代表入侵或者破坏服务器的行为已经发生且攻击主体已经出现在网络可侦测目标内。总体来看,计算机硬件研发水平的提升和软件的日益复杂化,在一定程度上提高了计算机的防护水平,但是网络攻击的手段却与此同时不断提高,具体细分来看,攻击方式大致有以下几种。[1]

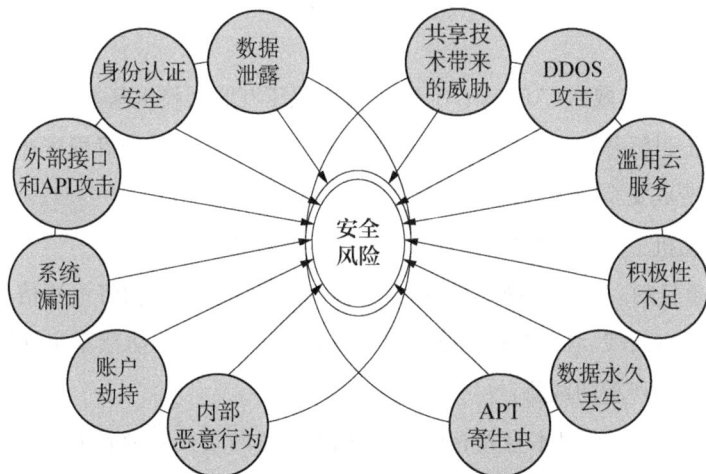

**图 7 - 4　云时代网络安全方面的主要威胁**

资料来源:云安全联盟。

---

1　CSA. Top Threats to Cloud Computing Plus: Industry Insights[EB/OL]. (2017 - 10 - 20). https://cloudsecurityalliance. org/artifacts/top-threats-cloud-computing-plus-industry-insights/.

（1）拒绝提供服务，DoS通过大幅度的占用系统资源，导致系统无法提供正常服务，进而使正常的服务和访问受限。旨在阻止使用服务的用户访问他们的数据或应用程序。

（2）对信息传输进行监听并对通信的主体进行有效识别，实现对信息的捕获与窃取。

（3）通过对信息通讯的容量、矢量等非语言信息进行分析并掌握关键的内部信息。

（4）对信息通讯信息进行反复发送或者故意延迟发送，使遭受袭击者的正常信息接收出现混乱。

（5）直接对网络设备如路由器进行攻击，并以此错误发送网络信息的地址。

（6）直接对信息文本进行删改或再组合，导致被袭击者无法识别正确的信息。

（7）通过将大量垃圾信息持续性输入网络，导致关键有效信息被遮蔽。

（8）通过获取用户访问权限，直接对用户信息进行伪造和窃取，并以此方式对用户系统进行非法访问乃至破坏。

（9）直接对系统程序进行修改，并以病毒的形式对各种系统软件进行破坏和攻击。

（10）高级持续威胁（APTs）：APTs通过寄生于互联网技术基本架构中，并不断跟踪自己的攻击目标并适应攻击目标对应的防御程序，最终绕过防御程序并深入到网络流量中持续造成安全隐患和被攻击威胁。

如果从动机上分析，网络入侵通常有以下几种原因：

（1）军事目的。通过对网络传输信息的截获，军事情报机构将上述信息用于情报工作的收集。现阶段，各国对信息战关注度不断加深，要严加防范军事性网络入侵对网络系统造成的严重的威胁。

（2）经济利益。信息本身具有价值，而私人商业网络接入量的不断加大也使信息的价值不断提高。一方面，不法分子将攻击的重点集中在银行，用于窃取银行卡账号以便盗取资金。另一方面，不法分子也可以在商业领域窃取公司的私人文件，偷取商业情报获得经济利益，并进行非法的商业竞争甚至是诈骗活动。攻击者的首要目标是银行，已经有罪犯通过网络从银行盗取资金的案例，而且他们还常常在网络上窃取别人的信用卡账号。他们的目标还集中在敌对公司的网络中,进行商业竞争或诈骗活动。工业间谍已引起了人们的广泛关注。所谓工业间谍,是指为了获取工业秘密,渗透进入某公司内部的私人文件,偷取商业情报以获得经济利益的人。

(3) 报复或引人注意。不法分子出于报复或者宣泄情绪的目的也可能使他们对网络进行不法攻击。入侵者一方面对网络系统造成破坏,扰乱社会活动,严重的情况下甚至威胁国家安全。

(4) 恶作剧。具备一定计算机知识的入侵者,可能仅仅出于恶作剧目的,对其感兴趣的站点进行访问或故意破坏。

**延伸阅读:近年典型网络安全事件**

表 7-5　近年来典型的网络安全事件

| 时间 | 事件名称 | 事件影响 |
|---|---|---|
| 2018 年 1 月 | Intel CPU 存在严重漏洞 | 自 1995 年起发布的 x86 处理器几乎全受该底层漏洞影响,攻击者可利用该漏洞直接访问核心内存中的敏感内容,包括用户账号、密码及文件等。 |
| 2018 年 3 月 | 美英澳等国多所大学遭遇网络攻击 | 通过钓鱼邮件,黑客盗取了美国 144 所大学及其他国家 176 所大学的 31TB 资料,价值高达 34 亿美元。 |
| 2018 年 7 月 | 顺丰速运用户信息泄露 | 约 3 亿用户的个人信息(包含寄收件人姓名、地址和电话等)在暗网被兜售。 |
| 2018 年 8 月 | 华住旗下酒店用户信息泄露 | 泄露的数据共计 140 G,约 5 亿条信息,内容包括华住官网注册资料、酒店入住登记身份信息和酒店入住记录等。 |
| 2018 年 8 月 | 台积电遭遇勒索病毒入侵 | 由于操作系统未及时安装补丁,导致感染勒索病毒后迅速扩散,预计损失超过 17 亿元人民币。 |
| 2018 年 11 月 | 万豪集团用户数据外泄 | 客房预订数据库自 2014 年起就已遭遇入侵,或导致 5 亿用户信息外泄,这些外泄数据包括用户姓名、电话号码、电子邮件、护照号码、SPG 俱乐部账号、支付卡号和支付卡有效期等敏感信息。 |
| 2019 年 3 月 | 俄罗斯 50 多家大型企业遭到未知攻击者勒索 | 攻击使用物联网设备,尤其是路由器,伪装成欧尚、马格尼特、斯拉夫尼奥夫等 50 多家知名公司发送钓鱼电子邮件,对公司人员进行勒索攻击。 |
| 2019 年 10 月 | 社交媒体资料数据泄漏 40 亿条记录 | 在 ElasticSearch 服务器上泄露的数据共计约 40 亿条记录,包含姓名,电子邮件地址,电话号码,LinkedIN 和 Facebook 个人资料信息。 |

### (三) 网络安全等级保护框架体系和关键网络安全技术

整体来看,在关键的操作系统、以及许多通信协议和重要的应用软件可能存在客观漏洞或者主管因素,一些数据在存储和传输过程中无意中泄露、窃取和篡改,这样一看,网络信息安全的威胁潜伏于各处,无处不在。由此观之,网络安全技术用以对抗这种威胁显然是必要的,其根本目的是为了保护信息安全。而除了相应的技术手段之外,还应当将防范网络威胁的工程进行系统化,由此形成保护框架体系。

随着网络技术的不断革新,以及在我国电子通信关键技术日益取得的突破,在当前的国际竞争环境下,为了充分适应时代的发展与生产力的进步,我国也充分完善了网络安全的管理方法。在 2018 年,公安部发布了《网络安全等级保护条例(征求意见稿)》,标志着我国在信息技术于网络安全领域有了更加有效且全面的保护措施。

随着互联网技术的发展以及硬件基础设备的日渐革新,云计算、物联网等领域的应用技术不断普及且深入到各行各业,很显然,在此阶段需要对安全防护的空间范围进行进一步的扩大。而在网络安全保护的 2.0 时代,需要对包含软硬件领域的网络基础设施、数据信息的存储与传输系统、网站、数据中心、、各类电商、社交的云平台、物联网络系统、工程控制系统、以及公众性的服务平台都列为重要的保护对象,同时将定级备案、安全建设、等级测评、安全整改与监督检查配套以完善的流程机制,充分涵盖风险的评估与监测预警、涉及风险案件的调查、对于数据的防护以及必要的备份、并在应急处置与自主可控等方面共同作为等级保护制度的考量标准。同时,根据国家网络安全登记保护的标准与相应政策,在组织管理与建设、安全规划监测等多领域开展工作,详情可参考下图(见图 7-5)。

关键网络安全技术包括以下几类:

(1) 加密技术

加密技术是信息安全的关键良好的加密技术可以充分保证数据在产生、传输以及存储等过程中的隐私和安全。在具体的用途上,信息的加密广泛运用于数字签名以及文件防护等领域。

(2) 认证

在定义上,认证指的是用户在访问系统,特别是具有不同安全级别的系统时的身份确认过程。认证技术对信息安全具有重要意义,涉及对关键数据访问的大前提,如

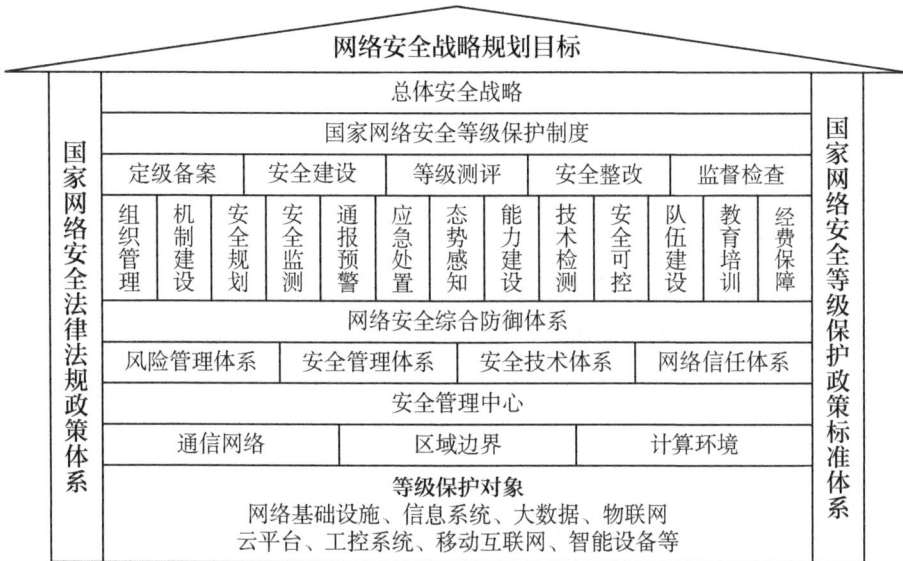

图 7-5 网络安全等级保护框架

资料来源:国家市场监督管理总局,国家标准化管理委员会。

电子令牌、生物信息识别技术都是其具体的用途。

（3）防火墙

防火墙系统作为网络安全的重要组成部分,其可以对进出被保护网络的数据流进行有效的接收,同时根据防火墙用户配置的访问方式,保护用户的网络免受外部不法分子的入侵,同时能有效防止信息的泄露。

（4）访问控制

访问控制能有效根据访问者的身份信息识别访问者是否有权限访问系统,可以根据用户的身份信息以分析其在资源领域的使用权限。但如前文所述,显然访问控制需要基于认证技术,它与认证技术一同保证了数据的机密与完整性。

（5）入侵检测技术

入侵检测技术能有效发现黑客对于计算机的攻击行为,一旦危害性软件入侵系统关键的内部资源,该检测技术便可以通过对计算机系统关键位置的扫描及时识别入侵的信息,及早发现入侵行为的同时,还能即时生成检测报告让用户尽早发现问题,减少损失。

（6）安全审计

安全审计能有效地识别与安全活动相关的信息，记录安全活动的相对应的负责用户。与此同时，安全审计系统处在入侵检测系统之后，可以检测出某些入侵检测系统无法检测到的入侵行为并进行记录，以便于帮助发现非法行为并保留证据。

（7）数字签名与证书

签名的用途在于识别签名人身份并对文件内容授予必要的许可。在电商、以及许多服务领域电子签名技术已经逐渐发展为了数字签名技术。从概念上看，数字签名技术通过图像背后的计算及代码验证文档的安全性，以及检测其是否存在恶意篡改。与数字签名相关的还有数字证书，数字证书的作用可比做数字身份证，用以在网络世界中证明自己身份的合法性。数字证书的发行来自证书授权中心，从简化的角度看，其内部包含前文所述的数字签名，公开性的密钥以及其所有者的身份信息。

## 三、我国网络安全面临的问题和挑战

### （一）重视颠覆性技术给网络安全的技术创新产生的新挑战

在算法算力日渐革新，分析和处理能力日渐增强的情况下，辅之以信息通信技术带来的数据传输量的大幅提高，并由此带来在大数据云计算等领域的突破性发展，网络安全必然将产生新的关键内涵，这给我国网络安全建设工作带来了诸多发展机遇，也带来了许多挑战发展带来了新的机遇和挑战。这一技术革命带来的变化是全方位的，如制造业领域的革新重点体现在工业互联网上。作为将信息化嵌入到制造业的成果，该技术实现了对制造业生产、流通的大幅度创新与改造，并由此从消费端，通过对消费者数据获取和算法训练的方式打造更加个性化定制的产品。然而，这一新兴技术对于网络安全存在新的不确定因素，具体而言，其在边缘计算以及分布式系统以及智能合约等维度存在安全威胁。而且，工业互联技术带来的数据产量的大幅提高也使数据泄露的可能性与危害日益加大[1]，因此进行必要的安全防护势在必行。

---

1　李大光.颠覆性技术与科技安全[J].中国军转民,2020(04):15—20.

**（二）我国网络威胁监测技术仍待加强**

网络的普及与发展，其内核在于算法算力水平的提升，然而这一核心技术存在较为明显的代差，具体而言，掌握核心算力生产力的美国可以实现其全球的技术霸权。我国的算力核心技术与美国存在一定差距，当外国不法分子企图攻击我国时，我国需要以日渐提升的防护技术去应对。但是现阶段，我国在信息技术产业的主要进口的产品主要以标准性考察与合规性质量测控为主，但是在核心技术领域的评估、规模化生产以及应用协作能力较为缺乏，需要提高这一技术以防范安全漏洞。另一方面，需要加强对网络攻击的追踪能力，需要通过准确的监测定位，如发展 APT 技术的方式，迅速且高效地找到技术攻击的来源。

**（三）我国网络可信身份生态建设尚需强化**

安全可信的身份生态至关重要，在法律层面上，《网络安全法》早已明确提出，"国家实施网络可信身份战略，支持研究安全和方便的电子身份认证技术，推动不同电子身份认证之间的互认"[1]。但从现阶段看，这一领域的生态建设仍有待提高。具体而言，一方面身份体系的建设需要更为完善的纲要性布局，以从顶层设计方面制定完善的规章制度，并将其纳入国际战略竞争的重要考量之中。再者，我国的数据通信基础设施建设需要进一步优化其布局，由于存在一定的基础设施布局不合理性，需要让信息基础设施与可信身份数据资源有机结合，提高数据核查的效率与普及度。最后，需要进一步提高认证技术水平，让其更加适应加速创新的新兴技术，让认证技术的发展与基础技术研发创新的水平有机结合且充分匹配，充分体现战略重要性。

**（四）我国关键信息基础设施的网络安全保障体系仍不完善**

各种各样的信息通信、传输的基础在于基础设施建设，而关键信息的基础设施关乎国家安全的重要维度，是相当重要的资产，如果遭受恶意破坏或者损毁，则将造成从个体层面的经济损失到威胁社会层面平稳运行的重大风险。特别地，在应用领域，信

---

1　详见《中华人民共和国网络安全法》全文。

息基础设施日渐与能源、制造、金融等领域联通，上述领域对信息基础设施的依赖性不言而喻，但这些领域是国家安全建设的重要方面，必然要防范不法分子的攻击，因此提高信息通信基础设施建设具有重要的现实必要性。对此需要进一步建立健全定期的安全评估与核查机制，及时发现漏洞并修补，防范于未然。并且在规章层面上要加强对基础设施安保的标准完善，健全更为完善的安全评估体系，以应对日益严峻的安全挑战。

### ■ 思考题

1. 中国如何才能摆脱以跟踪模仿为主的科技创新模式？

参考答案：（从以下三个方面进行回答，分别是人才队伍建设、自主创新战略以及国家的宏观规划）

第一点，在人才队伍建设上，要深刻认识人才成长规律，建设结构合理、充满活力的宏大创新队伍。第二点，在自主创新战略上，要立足在更加开放的条件下走中国特色的自主创新之路，必须清醒认识重大战略高技术是引不进、买不来的，切实做到以我为主，对事关我国经济社会发展全局和国家安全的重大战略高技术做出国家层面的战略安排，掌握核心关键技术，部署前瞻先导技术，大幅降低技术对外依存度，逐步取得战略主动权。第三点，在国家宏观规划上，需要探索有效发挥国家科技规划宏观指导功能的新思路新办法，按照科学发展观的要求，突出重点，面向未来，使国家战略需求、区域经济社会发展需求与世界科学技术前沿有机结合。

2. 中国和美国之间的科技创新体制有何差异？

参考答案：从差异上看，中国的科技创新体制由中央深改组领导、科技部牵头，财政部、发改委、工信部、教育部等部门参与形成科技计划管理部际联席会议制度，并将资助项目合并成国家自然科学基金、国家科技重大专项等5大类科技计划，由不同部门代表组成的部际会议来共同讨论决定资助项目的优先级和资金分配。

而分析美国国家创新体制要从以下四个部分切入：联邦、政府、企业，大学和非营利组织。它们相互作用的环境是用户和市场，并力求为各自的目标创造最大的利益。总体上美国形成了一套行政与立法部门共同承担科技政策制定责任、联邦部门以使命为导向进行分散的项目资助、多元化的科研主体通过竞争申请项目、产学研一体化生态的科技体系,尤其注重培养鼓励创业创新、科研项目转化等方面的法律和制度环境。在这一视角下,中国科技体制具有更高的效率,但在立法、专利制度、预算分配、项目管理评估、产学研合作等方面的工作都仍有较大的改善空间 1 。

3. 如何防范木马和病毒攻击,如何防范 QQ、微博等账号被盗,网络游戏账号异常,钓鱼(假冒)网站,社交网站信息泄露,网银、网购安全这些日常生活中的网络安全风险?

参考答案:关键在于密码的防护,需要设置安全可靠的密码;确保核心安全。与此同时,在离开电脑的情况下,确保无线路由器或连接到无线网络上正在使用的笔记本电脑上运行了有效的防火墙;在知识学习层面,需要认真了解有关法律法规知识和网络安全知识,全方位提升依法上网、文明上网、安全上网的思想意识,掌握安全防护的技能;谨慎进行电子交易、网上支付等涉及经济利益的操作,保证账号安全,防范个人信息泄露和财产损失。

4. 教学实践

与所在地高科技企业、大学科学学科院系、科学实验室以及科技馆、创业园等社会场所进行沟通联系,规划建立科技教育的实践平台,并组织相应的参观学习与实践活动;学校组织科技教育节,展示科技教育最新成果和学生科技小发明,成立专利申报与研究团队。

### ■ 拓展学习资料

**1. 推荐书目**

[1] 吴军. 全球科技通史[M]. 北京:中信出版社,2019.

[2] [日]田中道昭. 中美科技巨头:从 BATH×GAFA 看中美高科技竞争[M]. 李竺楠,蒋奇武,译. 杭州:浙江人民出版社,2019.

[3] [美]温德尔·瓦拉赫. 科技失控:用科技思维重新看透未来[M]. 萧黎黎,译. 南京:江苏凤凰文艺出版社,2017.

[4] 赵刚. 地缘科学学与国家科技安全[M]. 北京:时事出版社,2007.

---

1 恒大研究院.《中美科技实力对比:体制视角》[EB/OL]. (2018 - 10 - 31)http://finance. sina. com. cn/stock/stockzmt/2018-10-31/doc-ihnfikvc9836510. shtml.

［5］余来文,林晓伟,刘梦菲,刘修财. 智能时代:人工智能、超级计算与网络安全［M］.
北京:化学工业出版社,2018.

［6］彭诚信. 人工智能与法律的对话［M］. 上海:上海人民出版社,2018.

［7］马里克. 网络安全原理与实践［M］. 王宝生,朱培栋,白建军,译. 北京:人民邮电
出版社,2013.

［8］杜嘉薇,周颖,郭荣华,索国伟. 网络安全态势感知［M］. 北京:机械工业出版
社,2018.

［9］左晓栋,等. 美国网络安全战略与政策二十年［M］. 北京:电子工业出版社,2017.

［10］贾铁军,蒋建军. 网络安全技术及应用实践教程［M］. 北京:机械工业出版
社,2018.

**2. 推荐影视资料**

［1］电影:《黑客帝国》三部曲。

［2］电影:《头号玩家》。

［3］电影:《人工智能》。

［4］美剧:《西部世界》。

［5］美剧:《切尔诺贝利》。

［6］网易公开课:西安交通大学公开课——网络安全与管理。

［7］纪录片:《操作系统革命》(*Revolution OS*)。

［8］纪录片:《我们窃取秘密:维基解密的故事》(*We Steal Secrets*:*The Story of WikiLeaks*)。

［9］纪录片:《杀伤链:关于美国大选的网络战争》(*Kill Chain*:*The Cyber War On Amercia's Elections*)。

［10］纪录片:《改变世界的微小矿物》(芯片的生产过程)(*The humble mineral that transformed the world*)。

■ **本章参考文献**

［1］习近平. 习近平论治国理政［M］. 北京:外文出版社,2014.

[2] 周国辉.坚持"底线论"切实保障科技领域安全[N].科技日报,2019-02-25(1).

[3] Carafano J. J., Gudgel A., Kochems A.. Competitive technologies for national security[R]. Washington D. C.：Heritage Foundation，2008.

[4] Ellman J., Samp L., Coll G.. Assessing the third offset strategy［R］. Washington D. C.：CSIS，2017.

[5] 张斌,张守明,武宇.现代国家安全与科技评估[J].科技导报,2019,37(4):6—11.

[6] 孙雪,艾志强.习近平科技安全论述探析[J].辽宁工业大学学报(社会科学版),2018,20(5):4—6.

[7] 连燕华,马维野.科技安全:国家安全的新概念[J].科学学与科学技术管理,1998(11):20—22.

[8] 马维野.知识经济对中国科技发展战略调整的启示,中外科技信息,1998(4):40—45.

[9] 马维野.科技安全:定义、内涵和外延[J].国际技术经济研究,1999(2):14—18.

[10] 熊玉祥.占领科技安全制高点[N].解放军报,2020-05-19(007).

[11] 游光荣,张斌,张守明,闫州杰.国家科技安全:概念、特征、形成机理与评估框架初探[J].军事运筹与系统工程,2019,33(2):5—10.

[12] 顾建平.全球化背景下我国人才安全管理体系的构建[J].生产力研究,2007(3):74—75,120.

[13]《总体国家安全观干部读本》编委会.总体国家安全观干部读本[M].北京:人民出版社,2016.

[14] 李大光.国家安全[M].北京:中国言实出版社,2016.

[15] 唐建军,吴燕,涂传清主编.大学信息技术基础[M].北京:北京理工大学出版社,2018.

[16] 胡建伟著.网络安全与保密(第2版)[M].西安:西安电子科技大学出版社,2018.

[17] 姚俊萍,黄美益,艾克拜尔江·买买提.计算机信息安全与网络技术应用[M].长春:吉林美术出版社,2018.

# 第八章　生物与生态安全问题

## 第一节　生物安全与生态安全

### 一、生物安全的概念

生物因素带来的安全危害一直是人类面临的巨大挑战。自农耕社会以来,瘟疫与灾荒一直就是人类社会发展的梦魇。进入 21 世纪,环境变化、科技发展与社会经济全球化加速,不断刺激各类生物因子的自身扩张与传播,逐步推动生物安全潜在危机的凸显与激化,使危害来源更为广泛,形式更为多样,引发的生物安全问题日益严峻。

20 世纪 70 年代,现代生物技术出现并迅速发展,逐渐形成微生物工程、细胞工程、蛋白质工程、基因工程、酶工程、生化工程、合成生物学等应用领域。现代生物技术被广泛应用于医学、工业、农业、环境等领域,并成为许多国家重点发展的领域,现代生物技术的水平甚至被作为综合国力的重要参考。

现代生物技术的发展和普及,导致技术门槛越来越低。不仅科研机构能够利用生物技术,恐怖组织也能利用生物技术制造生物武器。进入 21 世纪以后,生物恐怖活动开始出现。"9·11事件"发生一周后,美国遭受了生物恐怖袭击。自此,生物恐怖活动作为生物安全的重要内容开始受到重视。生物安全开始包含消除生物技术滥用的负面作用、生物实验室的安全隐患等方面的内容,生物安全的概念得到扩充并受到广泛关注。

目前,生物安全的概念有狭义和广义之分。狭义生物安全是指防范由现代生物技术的开发和应用(主要指转基因技术)所产生的负面影响,即对生物多样性、生态环境及人体健康可能构成的危险或潜在风险。专指对人类、动植物传染病的防疫、实验室生物危险品外泄处理以及对转基因生物的管制,常用"Biosecurity"表述。

广义生物安全不止针对现代生物技术的开发和应用,在涵盖了狭义生物安全概念的同时,包括了更广泛的内容,大致可以分为三个方面:一是指人类的健康安全;二是指人类赖以生存的农业生物安全;三是指与人类生存有关的环境生物安全。凡是由人类以外的生物所产生和构成的安全事件,都有可能潜在地威胁、影响人类社会和地球自然生态,因此都属于生物安全范畴。严格地讲,它主要是指人类从事的活动可能造成的生物安全问题,包括应用生物技术安全、实验室生物安全、生物资源和人类遗传资源安全、防范外来物种入侵与保护生物多样性、生物恐怖袭击、防御生物武器威胁等,常用"Biosafety"表述。因此广义生物安全涉及多个学科和领域,包括预防医学、环境保护、植物保护、野生动物保护、生态、农药、林业等,而管理工作分属各个不同的行政管理部门。

目前,对生物安全的认识很大程度上还局限于狭义的概念,但是包括中国在内的很多国家在实际管理中已经开始应用生物安全的广义内涵,并且将检疫作为其保障国家生物安全的重要组成部分。2020年4月全国人大环境与资源保护委员会提交的《关于〈中华人民共和国生物安全法(草案)〉的说明》中对"生物安全"的表述,可以归纳为:国家等行为体有效防范由各类生物因子、生物技术误用、滥用及相关活动引起的生物性危害,确保自身安全与利益相对处于没有危险和不受内外威胁状态以及保持持续安全的能力与行为。

与生物安全相对应的是生物安全防控或防范(Biodefense)。生物安全防范即指有效防范由各类生物因子、生物技术误用、滥用及相关活动引起的生物性危害(指对人类、其他生物及其生存环境所造成的威胁及伤害)。生物安全问题所引发的危害既可能是意外的,也可能是人为的;既可能是不确定的,也可能是已经证明确实存在的。因此,构成生物安全科学内涵的理论范畴包括引起生物危害的内部因素、外部条件、危害表现形式,以及相应的防控手段等。

## (一) 内部内素

内部包括自然因素,如各种自然存在的病原微生物(包括真菌、细菌、放线菌、病毒、朊病毒、立克次氏体、支原体、衣原体及螺旋体等)、有害动植物(蚊、蚁、蝉、蠕虫、螨类、蝗等害虫以及入侵生物等)、毒素(藻毒素、剧毒生物碱等)、太空生物样品等；人为因素,如人工合成的各类生物物质(如 XNA、酶类等)、基因编辑技术产物及转基因生物等,有助于各类生物繁殖、传播、扩散等技术的开发、滥用与误用,生物安全实验室危险物品外泄等。

### (二) 外部条件

各类生物危害事件的发生,都是在一定外部适宜条件下,某种或数种生物因子通过各自独特的途径和方式,集中暴发,达到对人、动植物及环境危害的程度。外部条件具体包括两个方面:一是非人为因素,如气候变化、自然环境灾害等;二是人为因素,如生物技术有效管控的缺失、高等级生物安全实验室危险材料外泄、暴恐事件等。

### (三) 表现形式

生物安全问题的表现形式包括人为、非人为条件下引起的传染病及疫情;对社会安定造成直接威胁(如恐怖活动、生物武器使用等);对产业(如禽流感对畜牧业的破坏)、环境(如外来物种入侵、转基因生物无序释放等)的威胁;以及未知及颠覆性威胁(如来自外太空的生物危害,极端生物事件及新技术滥用)等。

### (四) 防控手段

主要生物安全防控手段可以概括为侦、检、消、防、治。面对一种新出现的生物安全问题,通过迅速确定有害生物因子及其相关的生活史、繁殖(复制)条件、传播规律及危害发生场所等因素,采取有效的防治措施,有效防范生物性危害的发生。目前,生物安全问题已成为全球性问题,其防控需要有国际社会的共同努力。《禁止生物武器公约》《禁止化学武器公约》《生物多样性公约》《禁用改变环境技术公约》《联合国安全理事会第 1540 号决议》等国际框架公约也重新成为国际关注的热点。

## 二、生态安全的概念

1989 年国际应用系统分析研究所(IASA)提出了广义和狭义两种生态安全的概

念,广义上的生态安全是指在人的生活、健康、安乐、基本权利、生活保障来源、必要资源、社会秩序和人类适应环境变化的能力等方面不受威胁的状态,包括自然生态安全,经济生态安全和社会生态安全,组成一个复合人工生态安全系统。狭义的生态安全是指自然和半自然生态系统的安全,即生态系统完整性和健康的整体水平的反映(施晓清,2005)。

2014年4月15日,习近平总书记在主持召开中央国家安全委员会第一次会议时,首次提出了总体国家安全观,并将生态安全作为国家安全的重要支撑。国家生态安全主要是指一国具有支撑国家生存发展的较为完整、不受威胁的生态系统,以及应对内外重大生态问题的能力。

区域生态安全是指在一定时空范围内,在自然及人类活动的干扰下,区域内生态环境条件以及所面临生态环境问题不对人类生存和持续发展造成威胁,并且系统生态脆弱性能够不断得到改善的状态。

城市生态安全是指在城市发展过程中,城市生态系统及其组分能够维持自身的结构和功能,支撑城市的健康与可持续发展,同时避免人类不期望的生态环境事件的发生。

生态安全概念是为应对日益严重的生态环境危机而提出的,在国家安全体系中居于十分重要的基础地位。生态安全具有以下五方面的特征:(1)生态安全的核心是以人为本。(2)良好的生态环境是生态安全的物质基础。(3)生态安全是经济社会可持续发展的支撑。(4)生态安全的区域性相互影响和依赖。生态安全的区域关联性通常体现在相互影响和相互依赖两个方面。(5)生态安全是相对的和动态的。[1]

生态安全在国家安全体系中居于十分重要的基础地位,维护国家生态安全具有以下意义。

第一,生态安全提供了人类生存发展的基本条件。自然生态系统是人类社会的母体,提供了水、空气、土壤和食物等人类生存的必要条件,维护生态安全就是维护人类生命支撑系统的安全。

第二,生态安全是经济发展的基本保障。人类历史上因生态退化、环境恶化和自

---

[1]　欧阳志云,崔书红,郑华. 我国生态安全面临的挑战与对策[J]. 科学与社会,2015,5(1):20—30.

然资源减少导致经济衰退、文明消亡的现象屡见不鲜,要实现经济可持续发展,必须守护好生态环境底线,转变以无节制消耗资源、破坏环境为代价的发展方式。

第三,生态安全是社会稳定的坚固基石。随着我国经济社会的快速发展,生态环境问题已成为最重要的公众话题之一,因相关问题导致社会关系紧张的情况屡有发生。高度重视并妥善处理人民群众身边的生态环境问题,已成为当前保障社会安定的重要工作之一。

第四,生态安全是资源安全的重要组成部分。自然生态系统既是人类的生存空间,又直接或间接提供了各类基本生产资料。对国家来说,要获得充分的发展资源,就必须保障国内的生态安全,甚至周边区域和全球的生态安全。

第五,生态安全还是全球治理的重要内容。随着全球生态环境问题的日趋严峻,气候变化、环境污染防治、生物多样性保护等跨国界和全球性生态环境问题日益成为政治、经济、科技、外交角力的焦点。积极参与区域和全球环境治理,影响与设置相关议程,有助于维护发展权益和国家利益,树立负责任的大国形象。

## 第二节　生物安全评价与生态安全问题

### 一、生物安全评价方法

生物安全的评价方法目前尚不成熟,主要借用生物科学、生态学等相关学科的理论及方法开展,常用的方法有综合指数法、层次分析法、景观生态学方法等。

#### (一) 综合指数法

其使用过程为:分析研究评价生物安全因子的影响与变化规律;建立表征各安全因子特性的指标体系;确定评价标准,建立评价函数曲线,将安全因子的现状值和预测值转换为无量纲的生物安全性指标,用0—1表示,0表示安全性最差,1表示安全性最高;根据各个评价因子的相对重要性赋予其权重;将各因子的变化值综合,得出综合的影响评价值。

### (二) 层次分析法

又称为多层次权重分析决策法。具体过程如下：确定评价范围、对象和评价因子；建立层次结构，一般分为目标层、指标层和策略层三个层次；构建判断矩阵，在每个层次上，按照上一层次的对应准则要求，对该层次的指标进行逐对比较，依照规定的标度定量化后，写成矩阵形式，即为判断矩阵；对判断矩阵还要进行一致性检验；通过上述步骤确定区域生物安全综合评价体系层次结构和各层次之间的比重，对生物安全的状态进行分级评价，Ⅰ级为理想状态，Ⅱ级为良好状态，Ⅲ级为一般状态，Ⅳ级为较差状态，Ⅴ级为恶化状态。

### (三) 景观生态学方法

主要用于土地、生态系统安全的评价，借助空间结构分析及功能与稳定性分析来进行。空间结构分析认为景观由斑块、基质和廊道组成，基质是区域景观的背景，斑块特征一般采用多样性指数、优势度指数等指标表征。景观的功能和稳定性分析包括组成因子的生态适宜性分析、生物的恢复能力分析、系统的抗干扰或抗退化能力分析，种群源的持久性和可达性分析（能量流动和物质循环是否畅通无阻）等。

## 二、生物安全评价内容

目前，生物安全评价关注、开展相对较多的有转基因生物安全评价、外来物种入侵生物安全评价等。

### (一) 转基因生物安全评价

转基因生物安全评价的主要目的是从技术上分析转基因生物技术及其产品的潜在危险，确定安全等级，制定防范措施，防止潜在危害。也就是对生物技术研究、开发、商品化生产和应用的各个环节的安全性进行科学、公正的评价，以期为有关安全管理提供决策依据，使其在保障人类健康和生态环境安全的同时，也有助于促进生物技术的有序和可持续发展,达到趋利避害的目的。

转基因生物安全评价的主要内容包括:(1)受体/亲本/宿主生物体的生物、生理、遗传和环境特性。如确定受体生物的安全等级,确定基因操作对安全性的影响,确定转基因生物及其产品的安全等级,确定接收环境对安全性的影响,确定监控措施的有效性,提出综合评价的结论和建议等;(2)与拟使用方式有关的指标,包括实验室研究和中间试验的指标与环境释放指标;(3)潜在受体环境的特性,包括释放地点的地理位置、潜在受体环境接受释放生物基因的可能性等。

**(二) 外来物种入侵生物安全评价**

外来物种入侵生物安全评价的目的是对外来入侵生物进行有效防控,保障人体健康和生态环境安全。其评价的内容包括监测与抽样调查、风险评估、建立预警系统、决策实施等几部分。监测与抽样调查是指对当前的生物安全状态进行调查;风险评估是指根据现状和人类活动对生物安全的影响,预测未来的生物安全风险;建立预警系统是建立在现状评价和风险评估基础上的保护生物安全的不可缺少的重要手段;有关部门根据预警系统提供的信息进行决策,采取相应的措施,保障生物安全。

生物入侵安全性评价的指标可以从对物种多样性、生态系统稳定性、人类健康和社会经济的影响等方面来确定。物种多样性包括珍稀度、生态价值、种群稳定度及阈值、威胁程度、保护措施、基因影响等;生态系统稳定性包括面积适应性及阈值、系统自身稳定性、对其他生物的威胁程度以及对生境和景观的影响等;对人类健康和社会经济的影响包括伤害、毒性、人畜共患病、其他疾病发病率、直接经济损失、生态系统恢复和保护措施的成本、行业影响以及社会负担系数等。

**三、生态保护红线与生态安全的关系**

生态空间是指具有自然属性、以提供生态服务或生态产品为主体功能的国土空间,包括森林、草原、湿地、河流、湖泊、滩涂、岸线、海洋、荒地、荒漠、戈壁、冰川、高山冻原、无居民海岛等。生态保护红线是指在生态空间范围内具有特殊重要生态功能、必须强制性严格保护的区域,是保障和维护国家生态安全的底线和生命线,通常包括具有重要水源涵养、生物多样性维护、水土保持、防风固沙、海岸生态稳定等功能的生态功能重要区域,以及水土流失、土地沙化、石漠化、盐渍化等生态环境敏感脆弱区域。"底线"是最少的数量要求,"生命线"是最低的质量要求。只有划好红线,坚持"底线",守住"生命线",才能最大限度保护重要生态空间,遏制生态系统退化,改善生态环境质量,维护生态安全。划定并严守生态保护红线,是维护国家生态安全的客观需求,对维护国家生态安全与推动绿色发展具有十分重要的意义。

| 《国务院关于加强环境保护重点工作的意见》 | 《国家生态保护红线——生态功能红线划定技术指南》 | 《中华人民共和国环境保护法》 | 《生态保护红线划定技术指南》 | 《关于加强资源环境生态红线管控的指导意见》 | 《关于划定并严守生态保护红线的若干意见》 |
|---|---|---|---|---|---|
| 2011年10月首次正式提出生态红线 | 2014年1月提出生态功能红线、环境质量红线、自然资源红线 | 2014年4月确立了生态保护红线的法律地位 | 2015年5月依法在重点生态功能区、生态环境敏感区和脆弱区等区域划定的严格管控边界 | 2016年5月提出资源环境生态红线 | 2017年2月明确了生态保护红线的概念 |

图 8-1　生态保护红线发展过程

## 四、我国当前面临的生态安全问题

根据生态环境部统计,我国生态空间广阔但生态脆弱性高,资源总量大但人均占有量少,资源利用不合理且浪费严重,生态环境形势不容乐观。生态安全问题日益成为经济社会发展中的焦点问题。

### (一)生态空间被过度挤占,生态系统受损严重

一是大量生态空间被挤占。生活在城镇的人口由 1980 年的 19%,增加至 2018 年的 60%。经济增长的同时,局部农田、森林、草地等生态空间被大量挤占,自然岸线和滨海湿地减少,生态退化等问题严重。二是生态系统受损严重。我国中度以上生态脆弱区域占全国陆地国土面积的 55%,单位面积森林蓄积量只有全球平均水平的 69%。全国水土流失面积达 295 万 km²,占国土面积的 30.7%;年均土壤侵蚀总量 45 亿吨,约占全球土壤侵蚀总量的 1/5。三是生物多样性受到严重威胁,濒危物种增多。例如我国特有物种之一的白鳍豚,部分水生生物学家认为其已经属于"功能性灭绝"。四是

自然保护区遭受人为活动的影响剧烈。2013—2015 年,我国 446 个国家级自然保护区均存在不同程度的人类活动,总面积达 28546 $km^2$。

### (二) 污染物排放超出环境承载能力,环境质量改善难度大

2018 年,我国仍有 64.2% 的城市环境空气质量超标;6.7% 的地表水考核断面为劣 V 类水质;耕地土壤环境质量堪忧,工矿业废弃地土壤环境问题突出;垃圾围城等"城市病"依然严重;重金属污染、持久性有机物污染等潜在环境问题不断显现,不仅影响土壤环境质量,而且还通过食物链影响人类和生物健康。要实现环境质量彻底好转,二氧化硫、氮氧化物等污染物排放量至少要下降到百万吨级水平,这在短时间内较难以完成。

### (三) 结构性布局性风险突出,生态环境风险防控压力大

我国化工企业数量大、门类多,但是产业结构和布局不合理,主要以基础化工为主,落后产能仍占较大比重,72% 分布在长江、黄河、珠江、太湖等重点流域沿岸,12% 的危险化学品企业距离饮用水水源保护区、重要生态功能区等环境敏感区域不足 1 km。气候变化导致的生态风险不容忽视。根据 2017 年《中国海平面公报》中的数据显示,1980—2017 年,我国沿海海平面平均上升速率为 3.3 mm/a,高于同期全球平均水平。

### (四) 体制机制不完善,生态环境监管能力薄弱

2018 年国务院机构改革后,自然资源和生态环境保护的体制机制问题在一定程度上得到了解决,但是目前的生态安全管理仍以要素管理为主,并以要素为基础逐级设立管理部门,需要跨体系进行部门协调,并且管理越深入,协调的难度就越大。经济社会发展、城乡建设、土地利用、生态环境保护等各类规划的"多规合一"难度大,难以在同一空间内统一管控要求,不利于发挥多部门管制国土空间的合力作用。

## 五、维护国家生态安全的措施

生态保护与修复是一项系统工程,必须充分认识到维护生态安全的长期性、复杂

性、艰巨性,逐步建立健全维护生态安全的制度体系,着力解决突出生态环境问题,加强生态环境危机管控,切实维护我国生态系统的稳定和国家民族的根本利益。

### (一)强化国土空间和资源开发管制

坚定不移实施主体功能区制度,健全相关配套政策。强化土地用途管制,划定并严守生态保护红线。严守水资源开发利用、用水效率、水功能区限制纳污三条红线,加强地下水开采总量控制。积极发展循环经济,强化节能节地节水准入,提高全社会资源产出率。实施工业绿色发展战略,加强产业上下游间衔接与耦合,推进工业集约化发展。严格实施矿产资源规划,强化准入管理,严控采矿活动对生态环境的影响。

### (二)完善相关法律法规和财税制度

加快推进生态安全重点领域立法修法工作,强化环境保护监督工作。将生态环境保护纳入领导干部政绩考核体系,探索编制自然资源资产负债表,建立领导干部自然资源资产离任审计制度,出台生态环境损害责任追究办法,对失职渎职、滥用职权的相关部分和人员予以严肃追责。落实并完善促进节能减排、保护生态环境的税收政策,加快推进环境保护和资源税费改革,深化自然资源及其产品价格改革,探索建立资源有偿使用制度,建立健全生态保护补偿机制。

### (三)加强自然生态系统保护与修复

加强林草植被保护与建设,提升森林和草原质量。强化天然湿地保护,有计划推进退耕还湿。调整农业结构,推进农业清洁生产,保护与提升耕地质量。强化自然海岸线保护,控制海岸带环境污染和生态破坏,推进受损典型海洋生态系统修复。强化自然保护区建设和管理,探索建立有中国特色的国家公园体制。加强极小种群、重要野生动植物及栖息地保护和恢复,严格重要种质资源、珍稀濒危野生生物资源进出口管理,加强外来物种监测预警及风险管理。积极推进重点地区水土流失和沙化、石漠化土地治理。

### （四）推进重点环境问题治理

强化水环境保护与治理,推进入河、入海排污口科学布局,着力整治城市黑臭水体,开展地下水超采和污染综合治理,实施河湖内源污染治理。科学划定和严格保护饮用水水源保护区,促进农村饮水提质增效。实施大气污染综合防治,推进清洁生产和节能减排,严控多种大气污染物排放量,切实改善大气环境质量。完善国家土壤环境监测网络,加大土壤重金属污染治理修复力度,强化农产品产地安全和污染场地开发利用监管,实施矿山生态环境保护与恢复治理方案。

### （五）加强生态安全监测与研判

探索建立生态安全监测预警体系,建立完善生态安全动态监测网络。定期对生态风险开展全面、科学的调查评估,加强对苗头性、倾向性、潜在性生态问题的预研预判。建立突发环境事件应急预案编制和管理体系,建立完善多级联动的突发环境事件应急网络,有效管控生态环境问题引发的社会事件和公共危机。加强资源环境国情宣传,及时准确披露各类生态环境信息,提高全民生态环境保护意识。

## 第三节　生态安全实例

### 一、长江三角洲自然地理条件概况

长江三角洲(以下简称"长三角")地区位于东经 115°46′—123°25′、北纬 32°34′—29°20′之间,东临东海与黄海,位于长江下游地区。区域内河网密织,是我国河网密度最高的地区;山、湖、林、田及湿地等生态要素广泛分布,构成了复杂多样的生态系统;地形以平原、丘陵和山地为主,海拔多在 10 米以下;气候上主要属于亚热带季风气候,多数年份的阳光、热量和雨泽适时适度。作为我国最大的三角洲,长三角地区自然条件优越,物产丰富,自古就是鱼米之乡。

## 二、长三角地区生态安全面临的问题与挑战

　　相较于其他区域,长三角地区地貌组成多样、水系交汇流通复杂、资源利用程度较高,加之经济产业集聚,人口密度较高,区域内容易出现生态承载力不足、生态供给与生态服务需求失衡等生态安全问题;此外,由于长三角地区涉及江苏省、浙江省、安徽省与上海市四个省市级行政区,在生态安全方面还存在诸多挑战。

　　一是区域一体化生态格局尚未形成,生态空间管控有待加强。在经济和人口快速扩张的同时,建设用地的增加导致长三角地区生态用地呈现减少趋势,生态破碎化程度也进一步加剧,蓝绿空间比例与绿色生态发展的理念不相匹配;生态红线划定、生态空间管控、环保准入体系等在各省市之间相互独立,尚未在区域内形成统一、协调的管理体系。此外,长三角地区水生态风险问题仍较为凸出。近年来在各项生态环境治理政策的推动下,区域内水生态环境虽持续改善,但由于工业企业分布较多、船舶航运繁忙、农业种植及养殖面积较大,危化品泄漏和强降雨冲刷所导致的水源污染风险仍然存在;众多湖泊水库氮磷含量较高,富营养化及水华问题仍待解决;河道水系贯通及生态廊道建设有待进一步加强。

　　二是区域间生态环境准入及监管标准不一。长三角地区尚未形成统一的生态环境监管体系,不同省份间污染物监测指标选取、浓度排放限值及检测分析方法都存在差异,导致生态环境违法行为定责程度不一;此外由于区域间监管标准不同,长三角地区内部分产业的转移只能降低转出区域的污染负荷,却并不能降低长三角地区的总污染负荷,甚至可能因转入地污染物排放标准限值较转出地高而导致总污染负荷的增加,从而加剧长三角地区生态环境风险。

　　三是区域生态环境监测监控体系不健全,跨区域数据互联共享机制尚未形成。各地生态环境信息数据均主要集中在各省级行政区内,整个长三角地区尚未形成统一的生态环境信息平台。生态环境信息作为生态安全构建的基石,在实现区域内生态环境风险预测预警、联动防控及社会经济发展政策制定方面起着至关重要的作用。

### 三、长三角地区生态安全保护与建设

近年来,长三角地区区域内各省市在推进生态安全进程中推出了多项保护政策,并实施了一系列的规划与建设项目。江苏省 2016 年发布了《江苏省生态环境保护制度综合改革方案》、2018 年发布了《江苏省国家级生态保护红线划定方案》;浙江省 2011 年发布了《浙江省生态建设规划纲要》、2020 年发布了《全省国土空间生态修复规划(2021—2035 年)编制工作方案》;安徽省 2018 年发布了《安徽省生态保护红线》;上海市 2020 年发布了《上海市生态空间专项规划(2018—2035 年)》。

为统筹长三角地区的生态安全保护建设及一体化发展,2019 年中共中央、国务院印发了《长江三角洲区域一体化发展规划纲要》,明确了坚持生态保护优先这一要点,到 2035 年生态环境质量根本好转,绿色发展达到世界先进水平,长三角生态绿色一体化示范区成为我国展示生态文明建设的重要窗口。

在区域内生态安全保护工作中,所属长三角地区的太浦河流域生态安全建设成效具有典型的一体化示范作用。太浦河流域内江苏吴江、浙江嘉善等地产业结构复杂,存在较多的纺织印染企业和污水处理厂排放口,突发污染事件时有发生,如 2013 年"太浦河二氯甲烷超标事件"、2014—2015 年"太浦河水源地锑污染事件"等;两岸加油站码头数量众多,存在油品泄漏和船舶运输品泄漏等风险。在此背景下,针对太浦河流域下游金泽水库库容调蓄时间短、取水水质受流域影响大、存在突发环境风险隐患等安全保障需求,"十三五"期间多家研究机构合作开展了"太浦河金泽水源地水质安全保障综合示范"项目。

项目建成了跨区域、跨部门的金泽水源水质水量监测与预警业务化平台,整合了太浦河流域上下游水文水环境监测资源,形成数据共享中心和水量、水质的多级联动响应,实现了对太浦河流域突然水污染风险的有效预警与防控。遇突发性水污染事件时,通过平台可以及时识别风险事件发生地点、污染浓度,并采取有效的水量响应调度方案,如增大太浦闸下泄量,对太浦河干流污染物浓度进行稀释,且增大下泄量增加了太浦河干流水动力并抬升了干流上游水位,能抑制两翼支流高浓度污染物的汇入,显著降低水库取水口污染物的浓度,有效应对金泽取水口污染物超标的风险项目还实现

了对太浦河流域氨氮、耗氧量、锑等特征污染物及库内藻细胞总数监测预警,对太浦河太浦闸—金泽水库—松浦大桥取水口水量、水质的多级联动响应,对金泽水库蓝藻暴发和水质监测预警与防控。

## ■ 本章参考文献

[1] 刘杰,任小波,姚远,褚鑫,易轩,苏荣辉. 我国生物安全问题的现状分析及对策[J]. 中国科学院院刊,2016,31(4):387—393.

[2] 王子灿. Biosafety与Biosecurity:同一理论框架下的两个不同概念[J]. 武汉大学学报(哲学社会科学版),2006(2):254—258.

[3] 聂呈荣,骆世明,王建武,冯远娇. GMO生物安全评价研究进展[J]. 生态学杂志,2003,22(2):43—48.

[4] 余玺. 为基因食品打嘴仗[J]. 上海科学生活,2001(6):66—73.

[5] 张田勘. 国家安全体系中的生物安全[J]. 科学大众(中学生),2020(5):4—7.

[6] 朱钰. 生物安全下病原生物学实验的改革和实践[J]. 青年时代,2020(1):200—201.

[7] 陈巍,谢忠平,李文忠. 实验室感染与我国生物安全防护实验室的建设要求[J]. 中国自然医学杂志,2006(1):72—74.

[8] 贺福初. 生物安全:国防战略制高点[J]. 求是,2014(1):53—54.

[9] 胡隐昌,肖俊芳,李勇,罗建仁,谭细畅,汪学杰. 生物安全及其评价[J]. 华中农业大学学报(社会科学版),2005(1):29—36.

[10] 黄卓,马丽娜,高雅静. 重大疫情与国家生物安全[J]. 科技中国,2020(3):36—41.

[11] 刘妍,张小燕,林爱芬,胡迅. 生物样本库建设过程中生物安全和生物危害指导文件——了解生物安全等级,满足生物样本库安全要求[J]. 中国医药生物技术,2020,15(2):139—143.

[12] 罗亚文. 总体国家安全观视域下生物安全概念及思考[J]. 重庆社会科学,2020(7):63—72.

[13] 王小军. 生物安全与我国的生物安全法[J]. 宁波大学学报(人文科学版),2006

(4)：118—124.

[14] 王小理. 生物安全时代：新生物科技变革与国家安全治理[J]. 国际安全研究，2020,38(4)：109—135.

[15] 叶增民,谭迎新. 生物安全评价方法及其生物安全控制措施[J]. 食品工业科技，2008(3)：44—46.

[16] 张从. 外来物种入侵与生物安全性评价[J]. 环境保护,2003(6)：29—30.

[17] 章欣. 生物安全4级实验室建设关键问题及发展策略研究[D]. 北京：中国人民解放军军事医学科学院,2016.

[18] 钟福生. 论生物安全与我国生物安全的措施[J]. 湖南环境生物职业技术学院学报,2005(2)：123—124.

[19] 周涛,张帆. 生物安全与核安全比较探究[J]. 湖北电力,2020,44(1)：1—10.

[20] 周媛媛. 非传统安全视角下的生物安全[J]. 现代国际关系,2004(4)：17—22.

[21] 陆军.强化国家生态安全是我国实现可持续发展的需要[J].环境保护,2019,47(8):9—12.

[22] 陈利顶,景永才,孙然好. 城市生态安全格局构建：目标、原则和基本框架[J]. 生态学报,2018,38(12)：4101—4108.

[23] 黄润秋.划定生态保护红线　守住国家生态安全的底线和生命线[J].时事报告(党委中心组学习),2017(5):50—65.

[24] 国家发展改革委有关负责同志就维护国家生态安全答记者问[J].中国经贸导刊,2017(13):24—26.

[25] 王小丹,程根伟,赵涛,张宪洲,朱立平,黄麟. 西藏生态安全屏障保护与建设成效评估[J].中国科学院院刊,2017,32(1):29—34.

[26] 欧阳志云,徐卫华,肖燚,郑华,张路.新世纪我国生态安全面临的新态势与对策[J].智库理论与实践,2016,1(6):33—41.

[27] 欧阳志云,崔书红,郑华.我国生态安全面临的挑战与对策[J].科学与社会,2015,5(1):20—30.

[28] 孙鸿烈,郑度,姚檀栋,张镱锂.青藏高原国家生态安全屏障保护与建设[J].地理学报,2012,67(1):3—12.

［29］高长波,陈新庚,韦朝海,彭晓春.区域生态安全:概念及评价理论基础[J].生态环境,2006(1):169—174.

［30］施晓清,赵景柱,欧阳志云.城市生态安全及其动态评价方法[J].生态学报,2005(12):3237—3243.

# 第九章　民族复兴中的文化安全问题

## 本章导言

历史的一般性发展,是先有文化,后有民族,因此文化的生存往往是民族生存的因素之一。文化的生存状态不仅蕴含着一个民族和国家过去绝大数智慧成果和文明结晶,而且还复刻着它未来繁荣的文化基因。这也是我们为什么总是强调,保护并认同本民族的历史文化,就是预防文化侵略带给民族和国家的文化危机和民族危机。

一部 20 世纪的中国史,就是一部中华民族救亡图存的发展史、思想史和灵魂史。从近代鸦片战争以来,中国人民被迫"开眼看世界",从魏源的《海国图志》,到严复的《天演论》,西方文化和思潮的涌入让中国文化遭遇了巨大冲击。附着在中华民族落后生产力上的传统文化,也就不由自主地被中国人民重新审视。马克思主义无产阶级思想,经过历史的、大众的检验,从星星之火到燎原之势,在中华人民共和国成立后正式成为中国的主流文化。伴随着 1978 年的改革开放,西方眼花缭乱的商品市场,裹挟着各色文化思潮一齐进入中国。

几十年过去了,中国外部文化问题和内部文化的问题逐渐明晰,这也推动了 2014 年中国总体国家安全观理论的产生。在总体国家安全观这个大框架下,文化安全成为国家安全的重要保障。习近平总书记提出的总体国家安全观继承和发展了毛泽东、邓小平、江泽民、胡锦涛国家安全思想,而且文化的发展形式,进一步丰富了我国国家文化安全理论。总体来说,党和国家安全的统一性和一体性是中国共产党国家安全理论的根本特征,也是中国共产党文化安全理论和政策的根本特征。

## 本章大纲

第一节　文化与文化安全概述

第二节　中华民族复兴进程中文化安全的演变

第三节　维护国家文化安全的意义

第四节　维护国家文化安全的路径

第五节　维护文化安全的挑战与保障机制

## ■ 本章知识要点

1. 文化安全的概念

2. 中国文化安全内涵的演变

3. 维护国家安全的重要意义

4. 当今中国面临的文化安全威胁

5. 维护国家安全的路径

6. 国家文化安全的保障机制

## 第一节　文化与文化安全概述

### 一、文化的概念与内涵

文化的概念纷繁复杂,有的统计认为有 200 多种,有的认为有 300 多种。总之,对于这种看不见摸不着的对象,要找一个适用于所有学科和角度的统一定义,恐怕是不可能的。

根据对"文化"一词的历史考究,"文化"一词曾经或仍然用来指称:(1)文治(与武功相对);(2)教化(与"质朴"相对);(3)文明(与"野蛮"相对);(4)语文知识;(5)一切知识;(6)指考古掘出的遗迹遗物;(7)精神财富;(8)物质财富;(9)社会制度;(10)耕作、栽培;(11)人工培养;(12)教养、修养。

由此看来,如上所有对象,包括上面还没有列举到的其他对象,都可以称为文化,都在"文化"概念的外延之中,"文化"概念的外延就是所有的社会存在和社会现象。

人们对"文化"外延的认识和划分虽然各不相同,但是被列举出来的这些文化形态,却都是人类社会的结晶,这也是它们可以被划入文化类别而其余事物不能的原因。

由此可见,社会性是文化的本质属性,也可以更简洁地表述为:文化就是社会化。[1]

## 二、文化安全概念的提出

历史的一般性发展,是先有文化,后有民族,因此文化的生存往往是民族生存的因素之一。文化的生存状态不仅蕴含着一个民族和国家过去绝大多数的智慧成果和文明结晶,而且还复刻着它未来繁荣的文化基因。这也是我们为什么总是强调,保护并认同本民族的历史文化,就是预防文化侵略带给民族和国家的文化危机和民族危机。

在综合各式各样的文化概念后,在现阶段我们可以认为,文化安全就是一个国家能够按照本国人民的意愿,独立自主地选择本国的政治制度和意识形态,并且抵制其他国家试图将他国意志强加于本国的措施,防范化解来自内外部文化因素的侵蚀、破坏或颠覆,从而维护国家的文化民族性、保护本国人民的价值偏好、呵护本国的社会制度,提高民族自尊心和自信心,提高文化的国际影响力。[2]

一般来说,文化安全从三个角度着手。第一是文化制度安全。这就意味着一个国家能够按照自己人民的意志,选择适合自己国家发展的意识形态与文化制度,并且按照自己人民的意志,独立调配国内外文化资源,维护国家统一和民族团结。第二是国际话语权的软实力,包括国际舆论高地的占取,国际议题的设置等,这是一个国家的"喉舌",是文化安全的发声来源。第三是文化产业安全,即通过物质载体表现出的文化取向、价值偏好、民族心理和性格等各种精神特质,这些主要通过用艺术表现手法,如电影、小说、音乐、美术等形式在国际上传播、交流而传递出来。

由此看来,文化安全具有三个特征。第一个是相对独立性。相对性,指的是文化安全与国家总体安全息息相关。独立性,指的是文化安全有自己一套独立的学科分析和思维框架。第二个是软硬兼施性。文化的特性使得文化既有软安全又有硬安全,软安全表现为对一个国家精神世界的渗透,往往悄无声息,因此很难采取有形措施去抵制。硬安全是指对国家文化主权构成了直接的威胁,因此可以采取制度性措施予以应

---

1 刘跃进. 国家安全学[M]. 北京:中国政法大学出版社,2004:142.
2 于炳贵,郝良华. 中国国家文化安全研究[M]. 济南:山东人民出版社,2007:20—21.

对。第三个是结构上的层次性。文化安全呈现出由内及外的多层次特点,外层如科技文化、体育文化等表象文化,往往面临着与外国文化的直面交锋,内层文化如传统文化、意识形态等内核往往内敛锋芒。当外层文化在国际交锋中不断更新变化时,内层却可以仍然保持稳定。[1]

## 三、文化安全内涵演变的国内外比较

相比政治安全、经济安全、军事安全等安全显学,"文化安全"这一看不见摸不着的东西实际上直到二战后才正式出现。冷战时期,大国对峙成为推动文化安全研究的重要催化剂,"意识形态""文化冷战"等直接和文化安全有着高度契合度的概念被提了出来,成为国家安全的重要分析对象和工具。尤其是发生在 20 世纪 50 年代初美国的"麦卡锡运动",将"文化"与"安全"之间的联系推向一个极端。"白色恐怖"给了美国学者一个充足的理由去审视"文化"与"国家安全"之间的重要性,"文化安全"这一名词组合才逐渐引起不同学科、不同流派之间学者的重视。随着研究的深入,一些有影响力的著作也相继涌现。20 世纪 80 年代,迈克尔·H·亨特出版的《意识形态与美国外交政策》强调了美国 20 世纪早期三种思想——"伟大国家的使命感""种族等级观念"以及"对海外政治和社会变革的接受程度",为美国领导人提供了一个清晰连贯的对美国在世界位置上的看法,这凸显了国家历史文化对美国外交政策的影响。[2] 塞缪尔·亨廷顿的《文明的冲突和世界秩序的重建》是文化对世界政治格局塑造的扛鼎之作,他将世界分为八大文明形态,这八种文明之间的认同与冲突对世界秩序的形成有着决定性作用。[3] 这种文明的分析框架代替了以往意识形态的分析思维,是对文化安全概念的重要补充。

约瑟夫·奈将世界权力分为"软权力"和"硬权力",文化作为语言、思想和价值观的内化,是软权力的典型代表。作者通过对历史事件的分析,认为软权力将对未来的国际政治格局起着越来越重要的作用,未来美国应该树立典范,为全球贡献更多的文化产品。奈将"文化"与"权力"联系在一起,将文化安全作为国家一个权力来源,为中

1　彭新良.文化外交与中国的软实力:一种全球化的视角[M].北京:外语教学与研究出版社,2008:302.
2　迈克尔·H·亨特.意识形态与美国外交政策[M].褚律元,译.北京:世界知识出版社,1998:20.
3　塞缪尔·亨廷顿.文明的冲突与世界秩序的重建[M].周琦等,译.北京:新华出版社,2010:8.

国未来文化权力的构建提出了很好的思维路径。

关于文化安全,还有很多著名学者的参与,如"哥本哈根学派"重要开创者之一的巴里·布赞、国际关系著名学者阿米塔夫·阿查亚等,他们都通过对国家安全的框架分析深入到文化、思想领域,从而对国家文化安全有着独到的见解。

中国在文化安全领域的研究和西方学者相比姗姗来迟,这也和中国改革发展历史息息相关。1978年之前,中国还未出现文化安全的隐患,而改革开放让中国在还未准备好之时就猛然扎进了西方的文化体系之中。在那之后,西方文化产业对青年思想的影响、国外媒体对中国意识形态的攻击等一系列事件,隐隐地将中国国家文化安全的研究提上了日程。1999年,胡惠林在《文化政策学》一书中首次提出"国家文化安全"概念,但没有展开论述。同年,林宏宇从国家安全的意义上提出了"文化安全"这一论题,这是我国在文化安全领域方面最初的探索。2000年胡惠林在当年第2期《学术月刊》发表《国家文化安全:经济全球化背景下中国文化产业发展策论》一文,首次在学术论文中提出"国家文化安全"这一概念,并对中国国家文化安全进行了"策论"性研究。[1] 中国加入WTO后,面临着西方汹涌而来的文化冲击,"国家文化安全"逐渐成为一个重要的研究对象,也产生了很多研究成果。

如果说西方国家文化安全研究是建立在国际政治和国际关系学科基础上,那么中国国家文化安全的提出则是基于国家文化安全出现的新形式、发展新变化而不断向前发展的。这就导致了我国文化安全更多是现象研究,而非基于理论上的归纳总结,这也是目前我国文化安全领域研究的重要短板。

## 第二节　中华民族复兴进程中文化安全的演变

### 一、鸦片战争后中国文化安全的演变

每个国家的文化安全都有其发生和发展的不同规律,今天中国国家文化安全问

---

[1] 胡惠林,胡霁荣.国家文化安全治理[M].上海:上海人民出版社,2020:9—10.

题是中国历史文化安全问题发展的一个结果。中国近代以来的全部危机史、屈辱史，就是中国国家文化安全的发生史和形成史。在救亡图存和反帝反封建的斗争中不断追求中华民族的伟大复兴，这也构成了近代以来的中国发展的历史脉络和主要议题。[1]

鸦片战争是中国历史上的重要转折点，在中国人的文化思想上更是如此。虽然表面上来看，鸦片战争是一次由鸦片贸易问题而引发的帝国主义侵华战争，但是西方资产阶级的生产生活伴随着蒸汽机的隆隆声响驶进古老的东方大国给中国人民带来的影响，怎么评价都不过分。[2] 无论是魏源的《海国图志》，还是严复的《天演论》，中国人的第一次开眼看世界，彻底改变了中国的文化生存与发展机制。可以说，中国对西学的态度经历了"以夷制夷"，到洋务运动中的"中体西用"，再到新文化运动中"打倒孔家店，欢迎德先生、赛先生"这三个截然不同的阶段，与中国近代以来在政治军事上的失败是分不开的。从某种程度上来说，这一失败给中国民族性格带来的扭曲，到现在还没有缓过来。在东西方文明这两种缺乏了解与沟通的文化价值体系中，附着在古老落后生产力之上的中国文化，自然而然地开始被国人用怀疑的眼光重新审视起来。

20 世纪 20 至 40 年代是中国文化史上的转折点。一方面是巴黎和会上中国外交的失败让中国人意识到国家主权对于民族存亡的重要意义，使得中国人民的自我归属认知从"中原王朝"转向"中华民国"，"爱国"代替了"忠君"，爱国主义成为保卫中国文化安全的一股生生不息的力量；另一方面是以马克思主义为代表的无产阶级学说登上中国的历史舞台，在中国精英们奋力与封建礼教割裂造成的文化市场空白之时，逐渐形成燎原之势，从此改变了中国的历史发展道路。尤其是经过日本侵华战争的洗礼后，中国共产党所代表的全新的、民族的、大众的、科学的无产阶级文化在与资本主义国家的文化斗争中脱颖而出，获得了历史的认可。中国主流文化也在将近一百多年的风雨飘摇后终于确定下来。

---

1　胡惠林. 国家文化安全学[M]. 北京:清华大学出版社,2016:154.
2　胡惠林. 国家文化安全学[M]. 北京:清华大学出版社,2016:155.

## 二、中华人民共和国成立以来的文化安全的变化

中华人民共和国成立后,由于遭到西方的长期封锁,绝大部分的外国文化输入国是苏联,相似的政治话语和较为单一的文化来源让中国的国外文化安全成为一个边缘话题。但是中国的文化安全建设一直没有松懈。从"三反五反"到"四清运动",毛泽东在领导中国社会主义建设中始终高度重视思想文化建设。虽然这也是造成毛泽东后来对国家思想文化领域错误估计的原因,但这不妨碍中国的国家领导人继续对国内思想文化领域的高度重视。邓小平同志在新的历史时期,看到西方错误思潮不断渗透、国内思想战线软弱涣散的不正常现象时,指出一些人"用他们的不健康思想、不健康作品、不健康表演,来污染人们的灵魂",并且"散布对于社会主义、共产主义事业和对于共产党领导的不信任情绪"等一系列事实。在 1989 年西方世界对中国内政横加干涉时,邓小平同志第一次把文化问题和国家安全问题直接联系在一起,这给中国文化安全研究带来很大的学术转变。

苏联解体后,中国的国家文化安全环境发生了巨大改变。其一是马克思主义作为信仰价值引发了共产主义国家的怀疑,这种怀疑直接影响到中国共产党的执政基础。其二是缺少了苏联的遮挡,中国一下子成为社会主义国家的庞然大物,中国威胁论应运而生。其三是我国虽然已经确立了获得社会高度共识的社会主义核心价值观,但与之相契合的利益博弈机制相对滞后,这使得该符号体系并未被全体社会成员所信奉,相对应的利益也并未被全体社会成员所共享。[1] 与此同时,中西方围绕着意识形态和核心价值观的战略博弈随着中国的崛起而呈现出新的态势。面对这一情况,江泽民郑重提出"国家要独立,不仅政治上、经济上要独立,思想文化商业要独立"这样一个事关国家文化主权和国家文化安全的重大课题,指出要"抵制殖民文化侵蚀",不要在思想文化上"变成人家的附庸"。1998 年,江泽民在全国宣传部长会议上就今后中国的文化战略发展方向和战略任务,明确提出了"要维护国家的政治经济文化安全"的战略要

---

1 喻发胜. 文化安全——基于社会核心价值观嬗变与传播的视角[M]. 武汉:华中师范大学出版社,2010:222.

求和方针。这是中国国家领导人第一次明确地提出"国家文化安全"问题,并把这一问题和政治、经济安全问题并列,凸显在新的历史条件下国家文化安全的极端重要性。虽然当代中国的三代领导集体关注国家文化安全的侧重点不一样,但是把国家文化安全问题同国家安全问题紧密地联系在一起来考虑中国的生存、稳定与发展,是他们血脉相连的共同特点。[1]

## 三、当今中国面临的文化安全形势

始于 1978 年的改革开放是中国主动融入全球化进程的战略抉择,也是中国在第三次浪潮后"和平崛起"的起点。但强大了并不等于更安全。亨廷顿预言,以中国为首的新兴国家的崛起将使"西方对世界经济为时 200 年的'垄断'行将结束",但美国白宫的政治家们从来就没有放弃过"美国第一"的想法。更别提中国的成功是对西方政治体制和意识形态的挑战。这就是为什么"遏制中国"成为美国等西方国家的"必然"选择。[2]

"9·11"危机促使美国把战略重心从中国转向反恐,从而留给中国长达十多年的战略机遇期。如今这一机遇期已然过去,早在奥巴马执政后期,"重返亚太""亚太再平衡"等层出不穷的战略名称足以反映出美国政府的焦虑。2016 年特朗普上台,重新把中国定义为战略上的竞争对手。中美两国的冲突在经济、政治、军事领域全面爆发,国家安全也上升到前所未有的高度。在这种情况下,文化安全作为国家安全的一种,其"润物细无声"的基础作用不言自明。

从国家外部文化环境看,发达国家利用商业艺术产业、互联网文化产业上的话语霸权,在青少年中传播拜金主义、享乐主义、极端主义以及消极颓废的消费文化,并不遗余力地宣传西方的"人权、自由、民主"理念。这些都与我国的传统价值观和意识形态等文化"软实力"格格不入。

从国家内部来看,商品经济的超高速发展催生了社会市场上的道德滑坡,新自由

---

1　胡惠林,胡霁荣. 国家文化安全治理[M]. 上海:上海人民出版社,2020:240—241.
2　喻发胜. 文化安全——基于社会核心价值观嬗变与传播的视角[M]. 武汉:华中师范大学出版社,2010:
　　165—166.

主义、历史虚无主义、民粹主义、民族主义、普世价值论、新左派等思潮，给我国社会主义文化建设带来巨大冲击，党内消极腐败行为也给文化安全带来巨大威胁。这些复杂的内外部因素，都是我国现如今文化安全面临着的重大问题。

2014年4月15日，习近平总书记主持召开中央国家安全委员会第一次会议，第一次比较系统地阐述了总体国家安全观理论。在总体国家安全观这个大框架下，文化安全成为国家安全的重要保障。习近平提出的总体国家安全观继承和发展了毛泽东、邓小平、江泽民、胡锦涛国家安全思想，而且根据文化的发展形式，进一步丰富了我国国家文化安全理论。总体说来，党和国家安全的统一性和一体性是中国共产党国家安全理论的根本特征，也是中国共产党文化安全理论和政策的根本特征。

在这种情况下，我们应将文化安全作为一项长期任务，以积极主动的姿态融入民族复兴进程中的文化安全建设中去，为实现中华民族伟大复兴的历史使命而不懈奋斗！

## 第三节　维护国家文化安全的意义

### 一、文化是一个民族生存发展的底层逻辑

文化是由本民族的历史、传统、精神、经济和政治活动进程所促成的，在一个国家的发展中具有长远而持久的作用。同时一旦一个国家或民族形成自身的文化，又会成为本民族政治经济发展的底层逻辑。可以想象，当一个国家的传统文化被外来文化所稀释，甚至改变时，这个国家的发展道路也将随之改变。

相比于文化的宽泛含义，文化认同的概念似乎更加明确。文化认同是一个集体之所以能成为集体的重要因素。作为一个构建身份认知的系统，文化认同的丧失意味着集体存在的合法性的丧失。因此，确保这样一个涉及每个人存在合法性的集体安全免遭威胁和不受侵犯，也就成为新的责任和共同需求。

战争是最大的文化威胁，因此，对于每一次大型战争，侵略方的最终目的都是要摧毁和剥夺对方自身的文化认同，转而灌输自己的文化观念。这样一来，不仅可以将对

方领土据为己有,也可以迫使该领土上的人世代归顺,从而大大缓解被征服者重新崛起的威胁。不过中国的历史是个例外,元清两代是世界上为数不多的外族统治者在实现文化征服后,反而逐渐被"被征服者同化"的王朝。[1]

但在古代,政治家和军事家并没有把文化安全放在一个重要位置上,对于他们来说,无论是罗马帝国对周边地区的征服,还是蒙古铁骑横扫亚欧大陆,当年的征服者和被征服者们在野蛮的文化碰撞中,逐渐融为一体。所以严格说来,国家文化安全问题的真正形成,是在15世纪新航路开辟后,西方对东方的殖民侵略、东西方文明冲突日趋激烈的情况下才逐渐成为现实。[2]

到了近代,国家文化安全最典型的威胁就是"文化殖民",而文化殖民最重要的手段又是"语言殖民",通过剥夺殖民地原居民的语言使用权,从而剥夺他们的民族文化主权。现今很多地区的多种官方语言,就是这一行径留下的遗产。比如非洲21个法语区国家,就是当年法国殖民的结果。对于法国来说,语言是一种强有力的文化统治和心理同化的工具。因此早在19世纪法国对外殖民初期,法国殖民者就大力推动当地初等、中等和成人教育中的法语学习,从而培养懂法语的精英阶层和劳动力。尽管二战后法国前殖民地国家纷纷独立,但是法语区的非洲仍然保留了大量法式的文化、生活习惯,法国也是非洲法语区国家的首要海外移民地。[3]

另一个典型例子是英国对印度的文化殖民政策。英国统一了四分五裂的印度次大陆,并将自己的西方文化制度嫁接到了印度原有的传统文化上,企图在印度上层培养出一个亲英阶层,达到彻底"西化"印度的目的。如今,英语已经成为印度的官方语言之一,一口纯正的英式英语,是印度上流社会的通行证,印度也在构建了完整的西方制度后自诩为"最民主的发展中国家"。可以说,印度整个社会原有轨道都在西方文化的入侵下改变了走向。

不论是非洲的法语区国家还是英国统治下的印度,它们都在二战后为取得自身独立付出了相当大的代价——文化的殖民似乎并没有带来人民的"归顺"。但矛盾的是,

---

1　潘一禾.文化安全[M].杭州:浙江大学出版社,2007:18—19.

2　刘跃进.国家安全学[M].北京:中国政法大学出版社,2004:145.

3　李洪峰.法国19世纪在非洲殖民时期的文化政策[EB/OL].[2020-8-5].腾讯网,https://new.qq.com/omn/20171214/20171214A04H12.html? pc.

它们在独立稳定后，出于对国家利益和国际格局的考虑，反而大多仍然保留着大量前殖民时期的文化特征。这种"文化"的留存，随着时间的推移渗透到了社会的各个方面，不仅推动前殖民地国家和宗主国之间政治上的特殊联系和经济上的亲密贸易，而且改变了前殖民地国家的文化基因和社会发展的逻辑方式，并且还将在未来持续地发挥它的影响。

## 二、意识形态关乎国家政权的合法性问题

冷战之前，文化的力量还未被人们发掘出来，它更多地是作为物质力量的附庸而被人们认识、理解和把握。但是随着第二次世界大战后国际局势的风云突变，文化在现代国际政治斗争中的作用开始被国际战略家们重新评估。

意识形态作为冷战时期文化安全领域的急先锋，在美苏战略竞争中起到了不可忽视的作用。在苏联看来，剥削的资本主义制度最终要被共产主义取代。在美国看来，苏联的崛起是对美国全方位的挑战。对于意识形态完全相反的两国来说，否定对方的意识形态就是否定对方存在的合法性，从而解构对方民众对自己国家的认同。

"冷战"从文化角度定义就是心理战——把"宣传"作为武器来瓦解敌方的立场。通过知识分子、学者、舆论制造者的力量，瓦解敌方的信念和思想。[1] 因此，文化作为"笼络人心"的重要工具，逐渐成为国际政客们手中的指挥棒。美国凭借其强有力的文化工具，通过好莱坞、美国之音、图书、音乐、美术、诺贝尔奖等手段，不断地对苏联境内发起文化冲击。尤其是好莱坞电影，很难说电影中的资本主义世界中的纸醉金迷、豪车靓女，以及对共产主义的抨击到底对苏联境内人民产生了多大的影响，但是1961年肯尼迪政府在给好莱坞的一份备忘录中，明确要求美国电影要进一步配合美国的全球战略，这足以显示电影的威力。[2]

美苏两国为防止对方的精神文化渗透都作出了相当大的努力，如美国麦卡锡运动时期对共产党人的迫害，以及苏联境内严格的文化审查制度。但是美国凭借其在文化领域

---

1　弗朗西斯·斯托纳·桑德斯. 文化冷战与中央情报局[M].曹大鹏，译. 北京:国际文化出版公司,2002:
　　13. 转引自胡惠林. 国家文化安全学[M]. 北京:清华大学出版社,2016:125.
2　胡惠林. 国家文化安全学[M]. 北京:清华大学出版社,2016:127.

强大的软实力,在两国心理攻防战中更胜一筹,为最后苏联的解体埋下文化上的伏笔。

## 三、后冷战时期全球文化安全问题日益严峻

冷战留给文化安全领域的遗产是庞大的。一方面是伴随着全球化的进程和传媒技术的发展,美国以胜利者的姿态强势地向世界输出自己的文化和价值观;另一方面冷战思维在冷战结束三十年后余威尚存,而且在 2020 年的国际发展态势下似乎有着强化的趋势。这些都赋予了当今世界文化安全以更丰富、更重要的含义。

首先是弱势民族传统文化安全问题。文明交融的后果之一就是文化的同一化趋向,尤其是弱势文化对强势文化的认同与接纳。但是以美国为代表的西方文化强势输入,不由地推动了弱势国家将本国“现代化”的发展历程等同于“西方化”,自身文化发展的独特性随着“西化”而逐渐消解。这一输入以发达国家文化压制、排斥甚至吞噬弱势文化为特征,是文化主体间不平等的文化交往。而发展落后的民族国家文化处于被“同化”“弱化”的状态,从某种意义上来说,这也是另一种形式的“文化殖民”。

其次是颜色革命。利用网络社交媒体的强大传播力,煽动青年形成对本国政府的不满已经成为西方“民主”国家的惯用伎俩,是以“追求民主、自由、人权”为遮羞布,实质上行颠覆他国政府之实的手段。2010 年的“阿拉伯之春”就是典型例子,通过无孔不入的互联网等社交媒体,西方政府不费一兵一卒就达到了更迭他国政权的目的。

最后是世界范围内话语权的争夺。全球化时代,国家与国家之间的博弈方式已经由军事斗争、经济竞争转变成更为复杂、多层次、全方位的博弈。[1] 可以说,掌握了世界媒体的话语权就相当于掌握了“真理”的喉舌和“正义”的权杖。话语权作为文化软实力的典型象征,是文化安全最深层次的意义。而以美国为首的西方国家,凭借着其在世界信息产业上的强大实力,常常利用国际媒体平台的渗透能力,在世界范围内推行所谓的普世价值。这种至高无上的话语权企图以一种毋庸置疑的姿态,否定非西方政治制度的话语语境。这不仅成为其获得霸权的工具,还成为攻击其他国家的政治筹码之一。

---

1　喻发胜.文化安全——基于社会核心价值观嬗变与传播的视角[M].武汉:华中师范大学出版社,2010:173.

第四节　维护国家文化安全的路径

## 一、维护国家精神文化安全

国家文化安全包含多方面的内容,其中在精神文化安全方面,包括了语言文字安全、风俗习惯安全、价值观念安全等。

### (一) 语言文字安全

语言是人类演进过程中发展出的符号共识,它既是文明的载体、民族的结晶,也是文化中最基本、最稳定组成元素。语言安全也是文化安全中最基本的内容之一,一般是防止本国语言表达受其他强势文化侵害,以维护本国文字的纯洁性和民族性。但是在全球化的过程中,不同外来词语的相互交融已经是一件非常正常的现象,因此语言文字安全主要是针对其负面效应。

### (二) 风俗习惯安全

风俗习惯是一个民族或国家在长期文明发展中所形成的独特而稳定行为特征。每个国家都有自己独特的历史发展轨迹,这些风俗习惯为本民族人民的生产生活提供了物质便利和精神寄托,同时也维系着国家与民族的稳定与团结。

### (三) 价值观念安全

价值观念和语言、风俗习惯相比,是更为稳定持久的精神内核,也是一个国家和民族价值偏好的集合体。中国"集体主义"价值观、"家国一体观"等思维模式已经深刻地浸入中国人的一举一动中,这是任何时候都不能抹去的民族之魂。中华民族共和国成立后,马克思主义意识形态和共产主义的价值观念成为立国之本,是中华人民万众一心、众志成城的精神养料。因此,国家必须要对国民价值观念的变化给予高度关注,以便维系一个国家价值观念的延续。[1]

## 二、维护国家物质文化安全

国家物质文化安全包括文化遗产、文化资源和文化产业等一切无形文化的载体方面的安全。

### （一）文化遗产安全

文化遗产是一个国家、民族身份存在合法性的物理证据。每一个国家和民族都有自己的历史发展轨迹,这个轨迹往往就是由这些经过岁月沉淀的文化遗产组成的。

文化遗产是人、社会与国家认同的基础与纽带。中国在遭受侵略战争的时期,有大量古代文物流失海外,据统计,流失海外的中国文物超千万件。近年来,国家文物局通过官方外交、民间交流等各种各样的方式,推动大量流落在海外的文物"回家"。这些文物是中国文化的记忆与历史情感的沉淀,是中国文化不可分割的物理载体。[2]

并且,许多文化遗产是建立在信仰与崇拜基础上的建筑实体,比如教堂、宗祠、庙宇等。[3] 如今这些建筑实体面临着城市扩展、气候变暖和地区冲突等问题,而这些问题又是一时半会难以解决的难题。这使得文化遗产安全仍然面临严峻的威胁。

### （二）文化资源安全

文化资源包括文化遗产和其他可支配的文化形态。若一个国家和民族拥有强大的文化资源,即意味着它可以及时稳定地获取并且支配它所拥有的任何文化形态。这与一个国家和民族内部和外部的力量息息相关,对内关系到维护国家文化安全和传统

---

1　潘一禾. 文化安全[M]. 杭州:浙江大学出版社,2007:146—149.

2　那些年,这些流失海外的文物回家了![EB/OL].[2020 - 8 - 6].搜狐网,https://www. sohu. com/a/300225425_412753.

3　如 2019 年巴黎圣母院的火灾。巴黎圣母院是法国最著名的教堂之一,也是很多法国人的精神和文化寄托之地。2019 年 4 月巴黎圣母院突发大火,造成巴黎圣母院塔尖倒塌,建筑损毁严重。在巴黎圣母院附近,数百人跪在地上祷告,有人沉痛唱歌,也有人失声痛哭。在这里,巴黎圣母院不仅仅是一个法国的文化遗产,更是法国甚至欧洲的文化象征。

文化的无形力量,对外则是全球交流的国际话语权问题,以及如何利用这个软实力扩大国家和民族的国际影响力。

文化资源的创造能力是实现和维护文化资源安全的核心,而文化人力资源是一切文化创造力的原动力,丧失了这一原动力,也就丧失了对于一个国家文化安全来说最根本的文化战略资源。因此,文化人才的流失,尤其是特殊性、关键性、天才型人才的流失也就自然构成了文化资源安全的重要内容。

### (三) 文化产业安全

文化产业通常指从事文化生产、文化服务等经营性产业,它以营利为目的,往往是一个国家和民族软实力的重要组成部分,也是维护国家文化安全的重要突破口之一。中国虽然有众多文化资源,但是在资源产业化、文化衍生方面远远不如西方等发达国家。不过随着中国国际影响力的提升,一些带有国家传统元素的"国潮"文创产品逐渐在年轻人中站稳了脚跟,一些传统文化 IP,正摆脱土气过时等标签,转而成为时尚的代名词。

国家综合实力的强弱对文化产业有着巨大的影响力,但这两者并非是线性相关关系。比如日韩等国家,其文化在全球的影响力排名要高于他们国家生产总值在全球的排名。又比如以色列,虽然科技实力十分强大,但是文化产业发展对于他们的优先性,要远远小于政治军事发展的优先性。

此外,文化产业在吸纳社会就业、衍生其他社会产业、促进社会经济形势的转变具有重大意义,正如当前"知识经济"兴起一样。而经济的发展反过来又促进文化产业的进一步发展,提高本国文化在国内外的影响力,对国家安全有着重要意义。

---

## 第五节　维护文化安全的挑战与保障机制

### 一、文化制度安全

西方政治思潮的影响扩大与马克思主义文化圈的缩小,是当前我国文化安全发展的主要威胁之一。在经济全球化背景下,西方政治思潮对我国文化有着复杂而又强势的影响,其中主要是新自由主义、新保守主义、新民族主义等政治思潮对我国主流文化影响较大。新自由主义思潮是 20 世纪七八十年代英美国家推行的一套治国策略,通常要求放松市场管制,反对国家干预。在社会领域崇尚个人自由,反对集权。尽管在改革开放后,新自由主义思潮在一定程度上推动我国经济体制改革,但是它与我国公有制占主导地位和我国的集体主义价值观有明显分歧。

新保守主义同样如此,它主张效率,极力提倡私有化和削减社会福利制度。与此相对应,新保守主义强调为了维持现有秩序,国家权威必不可少,因此它也反对一切激进的社会思想,尤其是反对社会主义。对我国来说,新保守主义否定工人运动的先进性,会诱发一种否认工人阶级历史作用的思潮。同时它对社会主义的强烈反对,很容易引诱我国部分理想信念不够坚定的人否认社会主义制度的优越性,这对我国的意识形态将产生极为有害的影响。

新民族主义思潮是一个复杂的概念,由于它注重单质民族国家的建立,并且表现出强烈的民族排他性和狭隘性,往往在国际社会上引发极端行为,如“9·11”事件就是极端民族主义分子所为。我国作为统一的多民族社会主义国家,非常重视处理好民族关系,但是新民族主义思潮迎合了国内少数民族分裂分子,推动一批“藏独”“疆独”分子不断叫嚣,这给我国社会主义国家的统一和主权带来极为不利的影响。

与此同时,马克思主义作为一种意识形态,在过去几十年中其文化圈正不断缩小——原苏东地区进入西方资本主义意识形态文化圈,西方资本主义文化共同体空前扩大。由于文化博弈有着特有的“正反馈”竞争逻辑,因此文化圈越大,它对每个人的价值就越大,进入该文化圈的人就越多。正反馈产生良性循环,反之则是恶性循环。文化竞争的这种残酷性给中国马克思主义意识形态带来了严峻的挑战。更重要的是,在中国本土,马克思主义的中国化仍然处于进行时,主流意识形态方面虽然取得了邓小平理论、三个代表重要思想、科学发展观、习近平新时代中国特色社会主义思想等理论成果,但是文化活动对政治活动的依赖性仍然较强。因此,意识形态只体现其“政治规律”而没有体现其“文化规律”,意识形态与政权的相关性完全转变为依附性。这种依附性使得意识形态的创新十分脆弱,而非一个稳定的状态。[1] 不过最近几年这种情

---

1　彭新良.文化外交与中国的软实力:一种全球化的视角[M].北京:外语教学与研究出版社,2008:360.

况已经有所好转,中国主流媒体充分扎根中国互联网新媒体的沃土,不断拥抱新一代青年人的思想,不论是在微信公众号,还是 B 站、微博,都活跃着主流党媒的身影,其内容吸引力和粉丝互动能力也很强。这大大扭转了我国马克思主义文化安全发展的颓势。

## 二、国际话语权:境外媒体笔下的中国文化安全

传播理论认为,大众传媒对社会现实的报道解说,影响着人们对客观事实的看法。所以很多媒体会通过选择特定新闻事实提炼出某些事实,尽管这些"事实"并不一定是真实的。中国崛起极大地影响了原有的世界格局,也在某种程度上冲击了国际利益既得者的惯性思维。这使得某些西方国家媒体通过设计特殊议题,片面宣传或者歪曲中国形象。世界上 95% 的互联网内容都是由英语创造的,这就意味着,英美媒体掌控了世界最有影响力的媒体平台,如英国广播公司、美国福克斯广播公司、纽约时报等。这些英美主流媒体利用图片、文字和视频等文化载体传播特定的价值偏好和意识形态倾向,几十年如一日形成潜移默化的效果。几十年的全球化发展和中西方人民的交往没有让这种鸿沟缩小,反而加深了偏见。为了迎合公众偏见以及追求"抓人眼球"的商业利益,他们往往优先报道中国的负面新闻,如腐败、贫富差距、中国体制政策的问题等,谎言说了一千遍就是真理,当占据世界舆论流量中心的西方媒体日复一日地以负面态度看待中国的时候,很难让世界上其他国家的人民以积极的态度对待中国崛起。

可惜的是,尽管中国已经发现了国际舆论阵地的缺失并为之做出努力的时候,在与境外媒体争夺话语权的问题上,中国官媒的表现往往不尽如人意,这也和中国官媒的身份息息相关。国外新闻报道讲究报道人背景的"客观"和"中立",而官方背景的媒体本身就有先验立场,所以官媒的发声从一开始就不会被西方主流媒体看作"有价值"的报道来源。2020 年美国要求中国驻美媒体登记国外代理人的身份,就是这一情况的典型例证。如果中国让私人媒体进入国际市场,缺乏资金和国际人才的私人公司又如何能与国际大鳄竞争呢? 这种进退维谷的现状是中国取得国际主流媒体话语权的最大障碍,也是中国媒体出海的悖论之一。

对于国际上国家形象的维护,国内文化安全的反渗透来说,这又是一个必须解决

的难点问题。从这几年国内媒体的出海经验来看,主动设置议题,是抢占舆论先机的必要方式之一。只有将主动权掌握在自己手中,才能避免中国政府因其他境外媒体恶意中伤而陷入被动之地。同时,运用国际媒体的传播技巧,转换舆论引导方式也是中国获得国外舆论高地的重要因素。[1]

这也是中国媒体正在努力的事情。中国"澎湃新闻"和"观察者网"都已经在脸书、推特上注册了自己的账号——利用对方的媒体传达中国声音,站在巨人的肩膀上发声,而不是成为一个国际独立媒体,这种思路的转换也是中国为维护文化安全的努力之一。

## 三、文化产业:中国民族文化创新的砥砺前行

中华文化历史悠久、源远流长,但是如何充分利用传统文化,融合现代文化进行创新,仍然是一个任重而道远的任务。

文化创新不足的痛点直观地表现在文化产业上。国内丰富的文化资源IP被好莱坞买走并进行二次创作已经屡见不鲜,不论是《功夫熊猫》还是《花木兰》,都是披着中国元素的外衣,以美国梦为内核。换句话说,无论进行哪种异域文化的包装,好莱坞都很难放弃美国的"个人英雄主义""美国梦""美国拯救世界"的价值内核。未来好莱坞还有更多的翻拍中国故事的计划——美国著名电影制片人彼得·罗伊曾经公开透露,他将筹拍《成吉思汗》《杨家将》《西游记》《天仙配》等中国传说题材大片。[2] 诚然,中国已经有《流浪地球》《哪吒之魔童降世》《大圣归来》等优秀的影视作品的出现,但无论是从表现水准还是国际票房的号召力来看,都只能拘囿于中华文化圈,很难"出海"。

这种中西方文化产业话语权的严重不对等隐藏着极大的文化安全隐患,因为文化产业具有商业和意识形态的双重属性,即文化产业不仅创造经济价值,同时"文化产品

---

1　如"两面提示"的技巧是在提示己方观点的同时,也提示对立一方的观点,该传播技巧因给对方表明观点的机会,给受众一种"公平感",在一定程度上可以消除受众的反感心理。同时"暗示结论"即"寓观点于材料之中",虽然增加了受众的理解困难,但能够让受众在潜移默化中接受传播者的观点,增强传播的客观真实性。这些都是塑造国家形象的重要手段。

2　张漫子.好莱坞式"拿来主义"被指"戴着面具的文化侵略"[EB/OL].[2020-8-8].国际先驱导报,http://ihl.cankaoxiaoxi.com/2016/1101/1390563.shtml? open_source=weibo_search.

和文化服务传播并建构着文化价值,并再生产着文化身份,对社会凝聚力有着重要的作用"。所以,我们必须要警惕"以美国为首的西方国家正在利用各种各样的办法向中国进行文化渗透,推进中国的西方化与和平演变"。[1]

目前我国的文化产业虽然发展迅速,但由于创新能力和参与国际市场竞争的经验不足,"走出去"仍有一定难度。[2] 不过我们决不能就此否认中国人民为此做出的努力和至今取得的成就。从近几年的中国文化产业国际发展的道路看,更多的还是要依靠私人创新而非官方发力。比如这几年在国际视频平台 YouTube 上大火的李子柒,就是凭借对中国宁静平和的乡村生活的艺术化表现吸引了大批外国粉丝。这种国际媒体平台上的中国网红,"悄无声息"地展现中国传统文化和优秀的传统工艺,并且获得外国人的认同和喜爱,比官方买下时代广场上的巨型广告播放中国宣传片的效果要好得多。国内文化产业的创新近几年也如雨后春笋,如故宫凭借对故宫 IP 的二次创新,在中国文化市场上赚得盆满钵满。可以看到,中国并非缺乏文化产业的创造能力,中国只是需要更多的时间,需要更为精细的创造体系和商业化渠道,相信依托中国五千年的优秀文化积淀,全球文化产业市场一定能看到更多中国元素的身影。

■ **思考题**

请结合当今中国实际情况,谈一谈中国文化所面临的威胁与挑战。

参考答案:

民族文化是文化资源的重要一环,但是不同的时代特性使得不同时代的民族文化传统积淀成不同属性的资源,不同的资源甚至是存在排他性的。比如美国大片对中国著名历史故事《花木兰》的改编,就是改变了其中国文化资源属性,而注入了美国价值观的内核。如果说这种不同文化生态下的经典再造尚可接受,那么对于历史的"恶搞"与"戏说"就完全违背了我国发展传统文化的初衷。20 世纪 80 年代以来,中国出现了严峻的文化资源的安全问题,最凸出的就是通过否定"文革",从而否定社会主义;通过否定红色经典,进而否定中国共产党的革命史和斗争史。因此维护中国文化资源的安

---

1　张骥.中国文化安全与意识形态战略[M].北京:人民出版社.2010:193.

2　甄文东.文化安全与大国兴衰——俄罗斯文化安全战略对中国的启示[J].亚非纵横,2013(6):44—51,60.

全,对于维护和保障国家文化安全和国家根本文化传统的保护具有莫大的意义。

### ■ 拓展学习资料

[1] 视频资料:《文化安全——国家安全宣传片》《抗疫背景下的教育和国家文化安全》《公安大学微党课之国家文化安全与中国文化形象的建立》

[2] 石中英. 论国家文化安全[J]. 北京师范大学学报(社会科学版),2004(3):5—14.

[3] 韩源. 全球化背景下维护我国文化安全的战略思考[J]. 毛泽东邓小平理论研究,2004(4):9—16.

[4] 刘德定. 当代中国文化软实力研究[D]. 河南大学,2012.

### ■ 本章参考文献

[1] 刘跃进. 国家安全学[M]. 北京:中国政法大学出版社,2004:142,145.

[2] 于炳贵,郝良华. 中国国家文化安全研究[M]. 济南:山东人民出版社,2007:20—21,115—121.

[3] 迈克尔·H·亨特. 意识形态与美国外交政策[M]. 褚律元,译. 北京:世界知识出版社,1998:20.

[4] 塞缪尔·亨廷顿. 文明的冲突与世界秩序的重建[M]. 周琦,等译. 北京:新华出版社,2010:8.

[5] 胡惠林,胡霁荣. 国家文化安全治理[M]. 上海:上海人民出版社,2020:240—241.

[6] 胡惠林. 国家文化安全学[M]. 北京:清华大学出版社,2016:127,154—155,240—241,258—282.

[7] 李洪峰. 法国 19 世纪在非洲殖民时期的文化政策[EB/OL]. [2020 - 8 - 5]. 腾讯网,https://new. qq. com/omn/20171214/20171214A04H12. html? Pc.

[8] 潘一禾. 文化安全[M]. 杭州:浙江大学出版社,2007:18—19,146—149.

[9] 喻发胜. 文化安全——基于社会核心价值观嬗变与传播的视角[M]. 武汉:华中师范大学出版社,2010:165—166,173,222.

[10] 张骥. 中国文化安全与意识形态战略[M]. 北京:人民出版社,2010:65—87,193.

[11] 彭新良. 文化外交与中国的软实力:一种全球化的视角[M]. 北京:外语教学与研

究出版社,2008:302,360.

[12] 张漫子.好莱坞式"拿来主义"被指"戴着面具的文化侵略"[EB/OL].[2020-8-8].国际先驱导报,http://ihl.cankaoxiaoxi.com/2016/1101/1390563.shtml?open_source＝weibo_search.

[13] 王卫明,马晓纯.提升中国国际传播能力对策探析[J].国际传播,2019(1):44—52.

[14] 甄文东.文化安全与大国兴衰——俄罗斯文化安全战略对中国的启示[J].亚非纵横,2013(6):44—51,60.

[15] 张保进.学习邓小平反对精神污染的思想[J].学习论坛,1994(2):11—12.

# 下篇：应用篇

# 第十章　新时代国家安全案例

## 本章导言

　　学习总体国家安全观，自觉维护国家安全，是每个中国公民的义务。本章从政治安全、社会安全、经济安全、金融安全、网络安全、科技安全、生物安全、生态安全和文化安全等九个方面爬梳近年来有关国家安全的案例，并将其归纳整理。学而不思则罔，思而不学则殆。本章以相应的案例供读者在理论学习的基础上，能够加强对国家安全的认知，理解国家安全的范畴、内涵和外延，对于典型危害国家安全的事件能够做到明辨是非。

## 本章大纲

　　第一节　政治安全案例

　　第二节　社会安全案例

　　第三节　经济安全案例

　　第四节　金融安全案例

　　第五节　网络安全案例

　　第六节　科技安全案例

　　第七节　生物安全案例

　　第八节　生态安全案例

　　第九节　文化安全案例

## 本章知识要点

　　1. 国家安全经典案例学习

　　2. 国家安全典型事件学习

## 第一节　政治安全案例

政治安全是国家安全的根本,关乎着我国政权的稳定、政治制度的有效运行与人民的根本利益,当前,我国政治安全形势基本稳定,但是,也要清醒看到,越是接近中华民族伟大复兴的目标,面临的前进阻力和战略压力就越大、风险就越多。2019 年 4 月,国家安全机关公布三起危害政治安全案件,旨在进一步提高全社会的国家安全意识,筑牢政治安全防线。

**案件一：彼得案**

2016 年 1 月,国家安全机关破获一起危害国家安全案件,成功打掉一个以"中国维权紧急援助组"为名、长期接受境外资金支持、在境内培训和资助多名"代理人"、从事危害国家安全犯罪活动的非法组织。彼得·耶斯佩尔·达林(瑞典籍)等犯罪嫌疑人被依法采取刑事强制措施。

经查明,2009 年 8 月,彼得伙同他人,在香港注册成立名为"Joint Development Institute"(简称 JDI)的机构,在境内以"中国维权紧急援助组"的名义活动,未履行任何注册备案程序,资金入境和活动完全脱离正常监管。该组织长期接受某外国非政府组织等 7 家境外机构的巨额资助,在中国建立 10 余个所谓"法律援助站",资助和培训无照"律师"、少数访民,利用他们搜集我国各类负面情况,加以歪曲、扩大甚至凭空捏造,向境外提供所谓"中国人权报告"。同时,该组织通过培训人员,插手社会热点问题和敏感案事件,蓄意激化一些原本并不严重的矛盾纠纷,煽动群众对抗政府。

彼得对上述情况供认不讳。他说:"差不多所有的报告都是通过网上搜索查询等方式做出来的,并不能反映真实全面的情况,具体案例我没有亲眼所见,我不能保证报告中的内容属实。"他还供述,某外国非政府组织提供的项目书明确提出 JDI 每年发起不少于 96 起针对中国政府的诉讼、发起针对"公民律师"的培训等内容。JDI 会每个月支付"公民律师"工资 3000 元人民币,支持他们发起针对政府的诉讼。

该组织成员王某、邢某供述,彼得等人是西方反华势力安插在中国的眼线。他们搜集中国的负面信息,抹黑中国国家形象;以帮助中国发展为名,在中国民间不断培植势力,挑起访民群体、敏感案事件当事人等对党和政府的不满情绪,蒙蔽、利诱更多不知情人员,扰乱国家和社会秩序,妄图以此影响、改变中国的社会制度。

## 案件二:524 案

2017 年 5 月 24 日,中国公民李欣恒、孟丽思在巴基斯坦俾路支省遭绑架杀害。经查,这是一起由 H 国基督教组织 Inter CP 蛊惑中国境内信众赴巴宣教,进而被极端武装分子绑架杀害的恶性事件。

Inter CP 成立于 1983 年,是 H 国一个基督教跨宗派宣教机构,宗旨是联合各国教会向穆斯林宣教。2000 年以来,Inter CP 持续不断对我国进行非法渗透活动,向我国派遣职业传教士数百名,遍布宁夏、青海、新疆、四川、甘肃等 10 余个省份。这些人员多以经商、旅行、留学进修等名义为掩护,重点针对西部少数民族、高校师生进行渗透。2016 年,Inter CP 联合境内 10 余家境内教会组织,走上快速扩张、大规模培育海外宣教士的发展道路,仅当年就开办宣教培训班 180 余期,累计培训人员数千名。

2016 年 10 月,李欣恒、孟丽思等 13 名境内信众由 Inter CP 派往巴基斯坦,以教授中文为名进入 Inter CP 在当地开办的语言培训中心,频繁到卡拉奇、奎达和拉合尔等地区的高校、公园、居民区非法传教,客观上造成"宗教冲突",最终酿成恶性事件。

Inter CP 以传播反华宗教思想、蛊惑境内信徒参与"回宣"为目的,秘密建立多个地下教会据点,煽动国内信徒赴中东国家宣教,引发我国公民被极端分子杀害的惨案,系利用宗教危害国家安全的非法活动。2018 年 1 月,国家安全部依法对 66 名 Inter CP 派遣入境人员进行审查,高某某等 46 人对利用宗教从事违反我国法律法规的行为供认不讳。国家安全部依法对高某某等 46 人作出限期离境的行政处罚。

国家安全机关工作发现,类似 Inter CP 在华渗透同时策动中国籍信徒赴中东国家传教的组织为数不少;他们企图搭借中国"一带一路"倡议开启"福音西进"新纪元。而真实情况是,前期境外一些宗教团体和个人到阿富汗、巴基斯坦等地非法传教,屡次遭遇被绑架和杀害。他们极力煽动不明真相的中国年轻人到一些国家,充当非法传教的"替罪羊"。希望广大群众认清此类活动的违法本质和潜在危害,自觉与境外反华宗教势力划清界限,在法律允许范围内开展宗教活动。

### 案件三:"法轮功"非法入侵个人移动通信设备案

2018年12月,江西省国家安全厅协同公安机关侦破境内"法轮功"分子在江西南昌某汽车客运站内设置"移动真相服务器"WiFi热点实施反宣活动案件。经查,"法轮功"分子罗某某根据境外"法轮功"技术网站"天地行论坛"的指导,利用智能手机和无线路由器,通过"法轮功"定制软件,设置名称为"10086"的免费WiFi,让群众误认为是中国移动的公共热点,群众手机连接该WiFi后,会自动弹出"法轮功"反宣网站,并可把"法轮功"视频、图片、翻墙软件等快速下载到手机中,且不能浏览其他网页。此类非法反宣活动覆盖人员多,且该伪热点能够盗取未加密的个人隐私数据,对公民个人资金安全产生威胁。国家安全机关提醒公众,慎重连接免费WiFi。

## 第二节　社会安全案例

社会安全是国家安全的保障,更是国家政权和政治制度安全的重要前提,社会安全直接关系到人民群众的生命财产安全,与人民群众的切身利益息息相关。而随着我国改革开放逐渐深入,社会不同阶层的利益分化现象也日益严重,由此造成了不可忽视的社会矛盾,这些社会矛盾相互叠加,形成了当前社会安全问题频发的局面。

### 案例一:危害公共安全事件

2020年7月7日12时许,贵州省安顺市一辆车牌号为贵G02086D的2路公交车从安顺火车站驶向客车东站,在途经虹山湖大坝中段时,冲破石护栏坠入湖中。监控画面显示,公交车急转弯横冲到对面车道后,冲撞护栏并坠入水库。17时53分,安顺市公安局发布《警方通报》,披露共搜救出37人,其中21人当场死亡,1人经抢救无效死亡,15 人受伤,1 人未受伤。其中,遇难者包括当天参加高考的考生。

2020 年 7 月 12 日,安顺市公安局通报:公交车司机张某钢常感家庭不幸福,生活不如意,有厌世情绪。7 月 7 日中午,张某钢趁乘客到站上下车时,饮用了饮料瓶中的白酒。12 时 12 分,张某钢驾驶公交车行驶至西秀区虹山水库大坝时,先是降低车速,躲避来往车辆,后突然转向加速,横穿 5 个车道,撞毁护栏,冲入水库。经侦查查明,并听取检察机关意见和建议,根据《中华人民共和国刑法》第一百一十五条之规定,张某钢以"危险方法危害公共安全的行为"涉嫌严重刑事犯罪。张某钢因生活不如意和对拆除其承租公房不满,为制造影响,针对不特定人群实施的危害公共安全个人极端犯罪,造成 20 余人死亡,10 余人受伤,致使公共财产遭受重大损失。

事件发生后的 7 月 8 日,公安部召开全国公安机关视频会议,通报贵州安顺公交车坠湖事件有关情况,对加强公交车安全防范工作进行强调部署。公安部要求,各地公安机关要进一步强化风险预警防控,协调有关部门建立常态机制,及时搜集研判信息,有效预警预防预控。要注重点线面相结合、新技术与传统技术结合,强化客流监测,加强警情分析,严密防控措施。要进一步强化公交企业安全管理,配合有关部门指导督促公交车运营企业健全完善安防制度,加强对司乘人员的日常教育培训和安全运营管理,常态化组织开展抽查演练,及时消除风险隐患。要进一步强化安全防范措施,结合实际持续推进公交车乘务管理人员配备和公交车安全防范新技术建设应用。要持续加强群防群治,全面加强群众安防知识宣传,做强平安志愿者等队伍,切实提升公众规避风险和紧急情况下的自救互救能力。公安部要求,进一步强化应急处突准备,制订细化预案,加强防范处置专业力量和装备建设,确保快速反应;进一步强化安全责任落实,充分发挥职能作用,落实好公交车安全防范工作的监督指导责任,推动落实行业部门主管责任和运营企业主体责任;严格日常监管,对发现的问题及时督促整改,对拒不改正的严格依法予以处罚,确保整改到位;推动组织阶段性督导检查和联合检查,梳理问题隐患,通过约谈、挂牌督办等方式推动各项安全防范措施落到实处、取得实效。

## 案例二:恐怖袭击事件

2014 年 3 月 1 日晚上 9 时 20 分,昆明一伙歹徒持械冲进昆明火车站广场、售票厅,歹徒手持刀具、见人就砍,现场有人伤亡。车站派出所的民警立刻出警处置。随后特警赶到,当场击毙4名暴徒、抓获1人。截至3月2日18时,已造成29人死亡、143人受伤。截至3月3日,有12名伤员仍然处于危重状态,其余伤员病情平稳。3月3日下午该案件告破。官方查明,该案是以阿不都热依木·库尔班为首的暴力恐怖团伙所为。该团伙共有8人(6男2女),现场被公安机关击毙4名、击伤抓获1名(女),其余3名已落网。3月29日,昆明市人民检察院分别以涉嫌组织、领导、参加恐怖组织罪和故意杀人罪,依法批准逮捕昆明"3·01"暴恐案4名犯罪嫌疑人。这是一起由分裂势力一手策划组织的严重暴力恐怖事件。

这一突发事件反映了公安机关及安全部门在应急管理中的不足:车站广场没有执勤民警,没能及时发现异常情况;对"疆独"分子的动向和预谋掌握不够,没能做到事前预警;接警、出警迟缓,临时售票厅、"广场上睡倒了一片",才有警察赶到;准备不足,昆明市公安局北京路派出所民警谢某只有一把手枪,而且很快就打光了所有的子弹,而没有打到一个人;车站派出所副所长张立元,为治安亭里的每个人发了一根木棍,自己拿了一根防爆叉;不难想象,几根木棍、一把防爆叉,对穷凶极恶的暴恐分子是没有任何威慑和制伏作用的;事件中,昆明火车站常备执勤的一线警察和协警仅有8人。可以说,长期安定环境下的疏于防范,未能在第一时间及时反应,是本次昆明恐怖袭击造成重大人员伤亡的主要原因之一。

昆明暴恐事件发生后,全国公安系统、应急管理系统加强了各地的社会安全保证体系:建立健全应急处置机制,提高警察的信息共享、交流、联控能力,建立"110"联动机制,确保迅速、有效地处置一切突发事件;提高单警作战能力,普遍提高一线民警的个人素质,主要是处置突发事件的能力;切实落实公安部的要求,把单警装备发放到位,并给公开执勤的一线民警配发枪支;普遍提高公安民警尤其是一线民警的工作待遇、生活待遇,解除民警执法的后顾之忧;加大宣传力度,开展反恐、防恐教育,逐步提高民众的反恐、防恐意识和能力。

## 案例三:安全生产事故

2019年1月12日16时20分,陕西省榆林市神木市百吉矿业有限责任公司(以下简称"百吉矿业")发生一起重大煤尘爆炸事故,造成21人死亡,直接经济损失达3788

万元。事故发生后,神木市立即启动应急预案,神木市矿山救护队和国家能源集团神东矿山救护队立即赶赴现场进行抢险救援。陕西省各级领导以及国务院相关安全领导部门也采取相应的行动,开展救援和事故调查处置工作。

2019年2月1日,国务院安委会办公室通报了陕西省榆林市神木市百吉矿业有限责任公司李家沟煤矿"1·12"重大煤尘爆炸事故。初步分析,该矿506非正规连采工作面采空区及与之连通的老空区顶板大面积垮落,压缩采空区气体形成强气流,从与采空区连通的巷道冲出,吹扬起巷道内沉积的煤尘,并达到爆炸浓度,非防爆四轮运煤车点燃煤尘,发生煤尘爆炸。本次事故暴露出来的主要问题有:一是违规承包,矿井将从井下综采工作面至地面原煤仓间所有系统的日常生产、运行、维护与管理承包给山东鲁泰控股集团有限公司,将边角煤回采和矿井掘进工程承包给神木市炜源建设工程有限公司,违反了《国务院关于预防煤矿生产安全事故的特别规定》(国务院令第446号)第8条的相关规定;二是违规在综采工作面采空区与老窑采空区之间布置一个连采工作面,开采矿井区域与原老窑之间煤体相连;三是506连采工作面隐蔽导致致灾因素排查不清,掘进时未做到先探后掘,盲目采用探巷掘进,与老窑打透后仍然不停止采掘活动;四是在采煤工作面顺槽向外随意开口掘进巷道,巷道式采煤与短壁工作面混掘混采,以掘代采,探、采交织;五是506连采工作面使用无MA标志设备和非防爆车辆入井;六是506连采工作面未严格执行防尘降尘措施,巷道、工作面及设备、管线煤尘堆积严重;七是不严格执行出入井检查、登记制度,对非防爆四轮车、铲车、皮卡车入井习以为常;八是安全培训流于形式,下井工人缺乏基本的安全常识,存在携带烟火入井、抽烟的现象;九是爆破前未执行"一炮三检"制度,未配备专职瓦检员,由班组长兼任,未配备便携式光学瓦检仪;十是事故发生后,人为篡改监控系统数据。

生产安全是社会安全的主要组成部分,是保护劳动者的安全、健康和国家财产,促进社会生产力发展的基本保证,也是保证社会主义经济发展,进一步实行改革开放的基本条件。因此,做好安全生产工作具有重要的意义。

## 第三节　经济安全案例

### 一、案情简介[1]

英澳力拓集团驻华员工胡士泰等人涉嫌受贿与侵犯商业秘密案于 2010 年 3 月 29 日下午在上海作出一审判决。胡士泰、王勇、葛民强和刘才魁分别被判囚 7 年至 14 年。

上海市第一中级人民法院分别以非国家工作人员受贿罪、侵犯商业秘密罪等罪名数罪并罚判处被告人胡士泰有期徒刑 10 年,并处没收财产和罚金人民币 100 万元;王勇有期徒刑 14 年,并处没收财产和罚金人民币 520 万元;葛民强有期徒刑 8 年,并处没收财产和罚金人民币 80 万元;刘才魁有期徒刑 7 年,并处没收财产和罚金人民币 70 万元。

新华社报道,澳大利亚力拓有限公司驻上海代表处首席代表胡士泰及中方雇员王勇、葛民强、刘才魁,于 2003 年至 2009 年,利用职务上的便利,在对华铁矿石贸易中多次索取或收受钱款,为他人谋取利益。其中,胡士泰收受人民币 646 万余元,王勇收受人民币 7 514 万余元,葛民强收受人民币 694 万余元,刘才魁收受人民币 378 万余元。胡士泰、王勇、葛民强和刘才魁还采取利诱等不正当手段,获取中国钢铁企业商业秘密,严重影响和损害中国钢铁企业的利益,给中国有关钢铁企业造成巨大经济损失。

对于此案被告人胡士泰等被控犯非国家工作人员受贿罪部分,法院进行了公开开庭审理;对于胡士泰等被控犯侵犯商业秘密罪部分,因案件涉及商业秘密且受害单位提出不公开审理的申请,法院进行了不公开开庭审理。因胡士泰系澳大利亚籍,按照有关规定,上海市高级人民法院在开庭七日前将开庭时间、地点等事项通知了澳大利

---

1　力拓案一审宣判　胡士泰被判十年[EB/OL].[2011 - 03 - 15].清远市国家保密局官网,http://bmj.gdqy.gov.cn/qybm/fazh/201807/0201d3a05790433c92777be4e54de08c.shtml.

亚驻沪总领事馆。

2009 年 7 月 5 日,力拓集团 4 名驻华员工胡士泰、刘才魁、葛民强和王勇被上海市国家安全局刑事拘留。8 月 11 日,上海市检察机关以涉嫌侵犯商业秘密罪、非国家工作人员受贿罪,对胡士泰等 4 人作出批准逮捕决定。因力拓案中被告人胡士泰为澳大利亚籍,该案一度造成中澳两国关系紧张。

## 二、法院判决[1]

人民法院严格按照刑法、刑事诉讼法的有关规定审理此案,各被告人委托了律师担任辩护人。庭审中,各被告人除自行行使辩护权外,辩护律师亦充分发表了辩护意见。法院充分保障了各被告人的诉讼权利。

公开开庭审理和审判过程中,被告人近亲属、部分人大代表、政协委员、澳大利亚驻沪总领事馆工作人员及部分媒体记者参加了旁听。

法院认为,被告人胡士泰、王勇、葛民强、刘才魁利用职务便利为他人谋取利益,收受贿赂数额巨大,采取利诱等不正当手段获取商业秘密,造成特别严重后果,均构成非国家工作人员受贿罪、侵犯商业秘密罪,遂依法作出上述判决。

---

### 第四节　金融安全案例

---

## 一、案情简介

### (一) 司度是谁? 2015 年曾做空 A 股

2015 年,是中国证券史上迄今最浓墨重彩的一年。这一年,牛市和大跌行情齐

---

1　力拓案一审审判　胡士泰等被判 14 年到 7 年[EB/OL]. [2010 - 03 - 29]. 中国法院网, https://www. chinacourt. org/article/detail/2010/03/id/401376. shtml.

飞,"史无前例的大救市"随后便紧急启动,但一些境外势力却趁机做空 A 股,上海司度正是其中之一。

当时,它是沪深交易所公布的 24 个异常交易账户之一,其利用多家机构违规开展两融业务。据《财新》报道,截至 2015 年 7 月 31 日账户被限制交易时,上海司度账面余额为 10 亿元。

工商信息显示,上海司度为外国法人独资,唯一一家股东为 CITADEL GLOBAL TRADING S. AR. L。说起鼎鼎有名的 Citadel,该公司总部位于美国芝加哥,由 Kenneth Griffin 创建,是全球最大的对冲基金之一。据其官网介绍,公司旗下管理资产 310 亿美元。该公司获得了美国机构投资者杂志评选的 2015 年度最佳股票型对冲基金管理者和年度最佳机构对冲基金管理者。前美联储主席伯南克于 2015 年 4 月宣布出任该对冲基金高级顾问,任职至今,为 Citadel 的投资委员会分析全球经济和金融问题。而在 2014 年 11 月投资人变更前,司度其实有两位股东,还有一位是深圳市中信联合创业投资有限公司。资料显示,深圳市中信联合创业投资有限公司成立于 2001 年 9 月,注册资本为 7000 万元,金石投资有限公司是其法人股东之一;而金石投资有限公司其实又是中信证券的专业直接投资子公司。

**(二) 三家机构被罚后又"平反"**

2015 年,中信证券等曾公告收到中国证监会调查通知书,这次调查的范围是公司在融资融券业务开展过程中,存在违反《证券公司监督管理条例》第 84 条"未按照规定与客户签订业务合同"规定之嫌。

经过近 2 年的调查,2017 年 5 月,中信证券、海通证券、国信证券集体公告称,因此前违规向上海司度提供融资融券业务,证监会拟作出行政处罚,对中信证券、海通证券、国信证券、国信期货分别罚款 3.08 亿元、254 万元、1.04 亿元,没收违法所得,并对相关责任人给予警告及罚款。国信证券子公司国信期货也因与上海司度相关原因被罚 54.08 万元。

具体来看,三家券商被罚原因均是客户开户时间过短;同时被罚的国信期货,则是因为客户高频交易系统直接接入国信证券柜台系统下单,国信期货作为资产管理人既不参与账户操作,也不进行实时监控,未能有效履行资产管理人的职责。

转折是,2018年11月5日晚间,以上三家机构公告称,收到中国证监会结案通知书,认为公司与上海司度的融资融券相关业务涉案违法事实不成立,决定该案结案。

## 二、证监会与司度(上海)贸易有限公司等五家机构及其有关工作人员达成行政和解[1]

司度(上海)贸易有限公司以及富安达基金管理有限公司、中信期货有限公司、北京千石创富资本管理有限公司、国信期货有限责任公司等五家机构及其相关工作人员,就其涉嫌违反账户管理有关规定以及资产管理业务有关规定的案件,向证监会申请行政和解。证监会按照《行政和解试点实施办法》(证监会令第114号)与上述申请人达成行政和解。根据申请人在其涉嫌违法行为中所得金额等不同情况,五家申请人分别交纳行政和解金人民币6.7亿元、180万元、1000万元、235万元、100万元,并按协议要求采取了必要措施加强公司的内控管理;证监会依照规定终止对申请人有关行为的调查、审理程序。

经国务院批准,证监会于2015年2月正式发布《行政和解试点实施办法》,在证券期货领域试点实施行政和解制度。行政和解制度是适应资本市场快速发展需要,切实化解有限行政资源与行政效率之间矛盾,保护投资者合法权益的重要制度安排。证监会将严格按照实施办法等相关规定,依法有序推进行政和解试点工作,不断总结经验,探索执法方式创新,充分发挥行政和解在恢复市场秩序、保护投资者合法权益等方面的积极作用,促进证券期货市场健康稳定发展。

## 三、中国证券监督管理委员会公告〔2020〕1号[2]

2015年1月1日至2015年7月31日期间,司度(上海)贸易有限公司(以下简称

---

1 中国证券监督管理委员会. 证监会与司度(上海)贸易有限公司等五家机构及其有关工作人员达成行政和解[EB/OL](2020-01-20). http://www.csrc.gov.cn/csrc/c/00028/c1000844/content.shtml.

2 中国证券监督管理委员会. 中国证券监督管理委员会公告〔2020〕1号[EB/OL]. (2020-01-02). http://www.csrc.gov.cn/csrc/c101930/c1044452/content.shtml.

"上海司度")委托资产管理机构设立多个资产管理计划,并控制、使用资产管理计划开立的账户进行了交易,其行为涉嫌违反账户管理使用的有关规定。富安达基金管理有限公司(以下简称"富安达基金")、中信期货有限公司(以下简称"中信期货")、北京千石创富资本管理有限公司(以下简称"千石资本")、国信期货有限责任公司(以下简称"国信期货")为满足上海司度交易需求,为其设立资产管理计划,供委托人控制、使用,其行为涉嫌违反资产管理业务的有关规定。

中国证监会始终坚持公开、公平和公正原则,坚决维护市场交易秩序,对上述行为进行了立案调查。近期,上述五家机构及其相关工作人员(以下简称"申请人")就其涉嫌违法行为向中国证监会申请行政和解。

根据《行政和解试点实施办法》(证监会令第 114 号),中国证监会与上述申请人于 2019 年 12 月 31 日达成行政和解。

根据行政和解协议:

(一)上海司度及其相关工作人员已交纳行政和解金人民币 6.7 亿元,富安达基金及其相关工作人员已交纳行政和解金人民币 180 万元,中信期货及其相关工作人员已交纳行政和解金人民币 1000 万元,千石资本及其相关工作人员已交纳行政和解金人民币 235 万元,国信期货及其相关工作人员已交纳行政和解金人民币 100 万元。

(二)申请人已采取必要措施加强公司的内控管理,并在完成后向中国证监会提交书面整改报告。

(三)根据《行政和解试点实施办法》第二十九条规定,中国证监会终止对申请人有关行为的调查、审理程序。

## 第五节　网络安全案例

### 一、自动驾驶汽车撞人

2018 年 3 月 18 日晚上 10 点,一辆经过 Uber 改装的沃尔沃 XC90 自动驾驶测试汽车在美国亚利桑那州坦佩市的公共道路上与推着自行车的49岁女性伊莱恩·赫兹伯格(Elaine Herzberg)相撞,赫兹伯格随后被立即送往医院,但因伤势过重不治身亡。

涉事的沃尔沃XC90配备了一套完整的Uber开发的自动驾驶系统,包括7个摄像头,其中有一个向前的摄像头阵列同时监测近景和远景,1个安装在车顶的360度激光雷达以及多个无线电雷达组成的全车360度的雷达系统,还有一位安全员。然而在这四重保障之下,意外还是发生了。

事故发生前,这辆无人驾驶车正在以每小时43英里(约69公里)的时速在限速45英里的道路上由南向北行驶,此时的车辆以自动驾驶模式运行了约19分钟,并在已经设定好的固定行驶路线上进行到第二圈的测试。坦佩市警方在一份报告中称,从视频网站Hulu获得的记录信息显示,自动驾驶车辆的安全员拉斐尔·瓦斯奎兹(Rafael Vasquez)在事故当晚看了大约42分钟的美国选秀节目《美国之声》,并在当晚9点59分结束,这与事故发生的时间基本保持一致。

碰撞发生前6秒,此时无人驾驶车辆已经探测到前方有物体存在,但无法判断是什么物体,而在这6秒时间内,安全员并没有收到任何来自系统的刹车提醒。碰撞发生前1.3秒,自动驾驶系统决定启动紧急刹车,但实际上,只能由操作员踩刹车才行。与其他自动驾驶汽车开发商一样,当自动驾驶系统出现故障或出现无法处理的驾驶情况时,Uber的自动驾驶系统才会要求车内的安全员进行干预。碰撞发生前0.5秒,安全员抬头看了一眼前方,发现行人正在过马路时,安全员露出了惊恐的表情,而此时再踩刹车为时已晚。

## 二、自动驾驶与网络安全

一年后美国司法机关对发生于一年前的Uber无人驾驶车辆撞死行人的案件有了判决结果。判决结果显示,Uber自动驾驶车辆属于正常行驶,在该起案件中不承担任何刑事责任;车上安全员拉斐尔·瓦斯奎兹因在事发时看手机的行为将由警方进一步调查,可能面临过失杀人的指控;而行人伊莱恩·赫兹伯格由于横穿公路同时也负有一定责任。至此,世界上因自动驾驶车辆在公共道路上撞击行人并致死的首例案件告一段落。由于自动驾驶(无人驾驶)属于较前沿课题,法律框架和细则都很模糊,但不容置疑的是自动驾驶技术的目的是让出行更便利,如果脱离了安全,便利也就失去了意义。网络安全作为其中的关键是自动驾驶绕不开的议题。

2018 年 6 月,日本政府提出的自动驾驶汽车需要满足的 10 大安全要素中,其中就有网络安全。这 10 大安全要素包括:①设置 ODD(运行设计域);②自动驾驶系统安全;③遵守安全标准;④网络安全;⑤HMI(驾驶员监视功能);⑥配备数据记录装置;⑦无人自动驾驶车辆的安全性;⑧安全性评价;⑨使用过程中的安全确保;⑩向自动驾驶车使用者讲解使用方法。根据国际自动机工程师学会(SAE)对自动驾驶技术的分类,自动驾驶技术分为从 L0 到 L5 级 6 类(表 10 - 1)。

表 10 - 1　自动驾驶技术分类

| 自动工程协会分类 | 车辆可以实现的功能 |
| --- | --- |
| L0 | 驾驶员负责操作一切功能 |
| L1 | 自动系统可以在有些时候帮助驾驶员进行部分驾驶活动 |
| L2 | 自动系统可以进行部分驾驶活动,但需要驾驶员持续关注驾驶环境,并进行主要的驾驶行为 |
| L3 | 自动系统可以进行部分驾驶活动,并在一些环境中关注驾驶环境,但需要驾驶员随时准备接手并控制车辆 |
| L4 | 自动系统可以进行部分驾驶活动,并在一些环境中关注驾驶环境,无需驾驶员的干预,但此功能仅在一些特定场合特定情况下适用 |
| L5 | 自动系统完成所有驾驶任务,完成人类在所有场景下的活动 |

资料来源:DOT, NHTSA. Federal Automated Vehicles Policy[S]. 2016:9.

要能实现车辆的自动驾驶活动功能,它所要配备的技术、联通的网络非常复杂。首先,车辆上需要配置各种不同种类的电子感应器,用来感应汽车和物体之间的距离;同时它需要具备停车技术,以连接电子控制和刹车系统;它还要具备全球定位系统、导航以及内置地图系统;要有 360 度视野的摄像头。另外,车辆里面配置的电脑、感应器、摄像头要能感应路面上的物体、识别物品性质(识别为行人、移动物体或塑料袋等)、预测物体的移动路径以及计划合适的回应操作。很多自动驾驶车辆还配备专用短距离通信(DSRC)来监测道路碰撞、堵塞、事故状况以及可能的路径规划重置。当 5G 全面铺开时,DSRC 可以提供更多的协作、带宽以及网络安全活动。由于自动驾驶车辆存在非常多的电子器件,同时也涉及大量数据的收集、传输、处理和模拟。干扰/劫持电子系统不仅会发生在一般的零部件上,比如远程进入安全气囊、灯光以及胎压报警系统,而且由于各个电子部件互联互通,几乎所有的带交互端的电子设备都有可能成为黑客入侵的接口。

汽车的通信和娱乐系统最容易被黑客通过入侵手机网络、WiFi、蓝牙等通道,找到车载 APP 漏洞进行攻击,获取用户在这些 APP 上的隐私数据、历史记录,实现监听或促发导航偏离。另外,传感器也是黑客入侵可能的途径。像 GPS、摄像头、激光雷达、毫米波雷达、IMU 等常见传感器装置,都可以被黑客干扰,进而影响自动驾驶的判断机制和行驶轨道。比如攻击激光雷达让其辨别不了即时性不良数据,或者是试着干扰它们长期积累的聚合数据等等。

## 三、案例引发的自动驾驶网络安全思考

这起自动驾驶汽车致行人死亡事故将自动驾驶汽车监管,尤其是自动驾驶汽车的安全性,推上了风口浪尖。其中存在两个核心问题,一是如何衡量自动驾驶汽车的安全性,二是自动驾驶汽车是需要人类驾驶员来共同掌控驾驶活动,还是可以完全实现无人驾驶。

首先是安全。根据美国高速公路安全管理局(NHTSA) 的研究报告,目前 94％以上的碰撞事故都是由于人为操作失误导致。自动驾驶技术由于其依赖于人工智能以及数据分析的判断,理论上被认为能够避免人为操作失误,从而大大提升驾驶安全。然而,一旦自动驾驶系统受到网络攻击或黑客劫持,其安全隐患就可能高于人为操作失误,从而给人身、财务带来巨大损失。目前的自动驾驶系统仍难以做到完全的安全可靠,关于安全性的法律标准也需要进一步定义并量化。很多人坚持认为,无人驾驶汽车只有达到 100％完美的安全可靠性才能合法,那意味着没有任何碰撞、事故或失误。然而事实是,如果需要完美的安全可靠性,无人驾驶汽车将永远不会获得合法地位,因为没有任何无人驾驶系统能够做到始终完美可靠。

其次是责任。就目前的驾驶责任分配而言,生产者和销售者分别对其产品重大缺陷、产品销售瑕疵负责,而司机对其车辆操作负责。在自动驾驶时代,人工智能代

替了司机的操作,而自动驾驶系统又涉及网络运营商、电子器件供应商、地图供应商、数据处理服务者等一系列产品服务提供者。与传统车辆不一样,这些供应商在把产品或服务交由主机厂商组装后基本上就只面向主机厂商承担合同关系。在自动驾驶领域,这些服务商(比如卫星信号服务商)可能需要实时地向客户提供服务。因此,弄清楚网络安全中各方的角色以及各自的义务对处理因自动驾驶带来的纠纷至关重要。

此外还有品牌。与传统车辆的质量问题一样,网络安全能直接影响到主机厂商的品牌和信誉。因此,做一个在网络安全领域可靠、稳健的主机厂,是一个公司负责任的体现。

## 第六节　科技安全案例

### 一、中国自行研制的全球卫星导航系统——北斗导航系统

北斗卫星导航系统是中国着眼于国家安全和经济社会发展需要,自主建设运行的全球卫星导航系统(Global Navigation Satellite System,GNSS),是为全球用户提供全天候、全天时、高精度定位、导航和授时服务的国家重要时空基础设施。中国从 20 世纪 80 年代开始探索适合国情的卫星导航系统发展道路,形成了"三步走"发展战略:第一步,2000 年建成北斗卫星导航试验系统,解决我国自主卫星导航系统的有无问题;第二步,建设北斗卫星导航系统,2012 年形成区域覆盖能力;第三步,2020 年左右形成全球覆盖能力(图 10 - 1)。

2020 年 6 月 23 日上午,我国在西昌卫星发射中心用长征三号乙运载火箭,成功发射北斗系统第五十五颗导航卫星,暨北斗三号最后一颗全球组网卫星。至此,北斗三号全球卫星导航系统星座部署比原计划提前半年全面完成。400 多家单位、30 余万名科技人员集智攻关,实现北斗三号卫星核心器部件国产化率 100%。未来北斗系统将持续提升服务性能,扩展服务功能,保障连续稳定运行,进一步提升全球定位导航授时

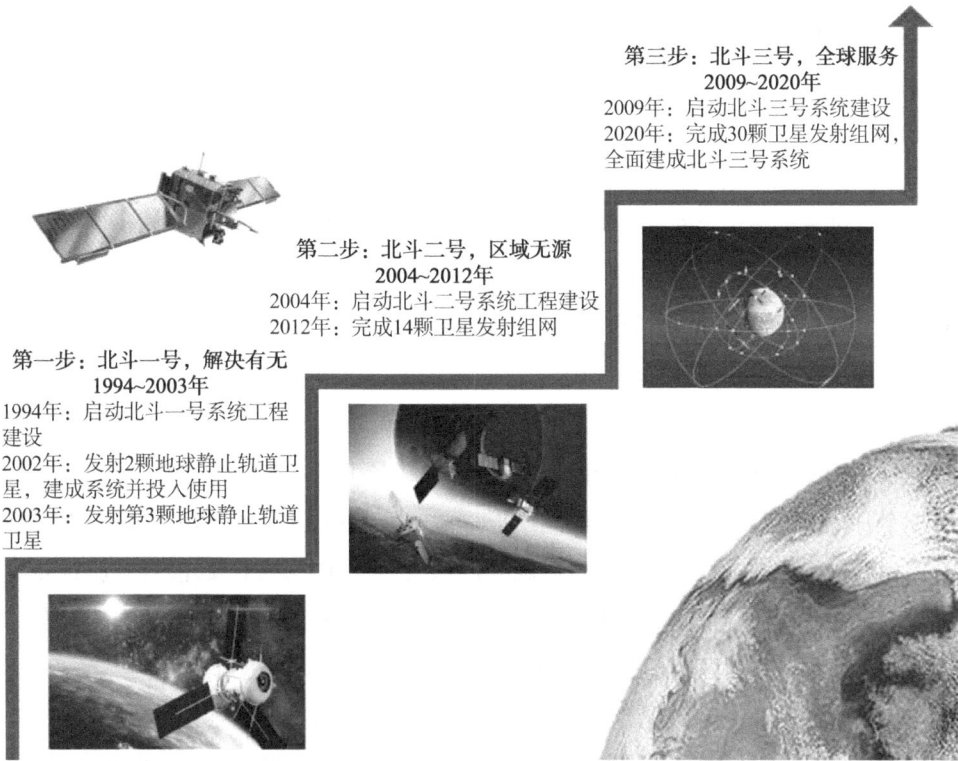

第三步：北斗三号，全球服务
2009~2020年
2009年：启动北斗三号系统建设
2020年：完成30颗卫星发射组网，
全面建成北斗三号系统

第二步：北斗二号，区域无源
2004~2012年
2004年：启动北斗二号系统工程建设
2012年：完成14颗卫星发射组网

第一步：北斗一号，解决有无
1994~2003年
1994年：启动北斗一号系统工程
建设
2002年：发射2颗地球静止轨道卫
星，建成系统并投入使用
2003年：发射第3颗地球静止轨道
卫星

图 10-1　北斗导航系统"三步走"发展战略

资料来源：北斗网。

和区域短报文通信服务能力，并提供星基增强、地基增强、精密单点定位、全球短报文通信和国际搜救等服务，向全球播发性能更优的导航信号。

自 1994 年北斗卫星导航系统启动建设以来，20 多年间，我国在西昌卫星发射中心共组织了 44 次北斗发射任务，利用长征三号甲系列运载火箭，先后将 4 颗北斗一号试验卫星、55 颗北斗二号和北斗三号组网卫星送入预定轨道，任务成功率达 100%。特别是 2017 年开启全球组网以来，两年半时间高密度执行 18 次发射任务。2020 年在抗击新冠肺炎疫情的特殊环境下，北斗工程全线坚持组网发射和疫情防控"双线作战"，有力推进了北斗三号全球组网圆满收官。

## 二、北斗导航系统关键技术攻坚

核心器部件国产化率100％，是北斗三号卫星亮眼的标签。自2009年11月启动建设，10余年来，共有400多家单位、30余万名科技人员集智攻关，攻克星间链路、高精度原子钟等百余项关键核心技术，突破上百项器部件实现国产化研制。中国航天科技集团五院（即中国空间技术研究院）是北斗卫星导航系统的主承包商。对中国航天科技集团五院而言，国产化推进之初步履维艰，全院上下不惜花费超过其他卫星3倍多的时间反复进行验证、测试、迭代。

在国产化的征程中，有一个很难攻克的产品，就是卫星使用的陀螺。五院北斗二号卫星总指挥兼总设计师杨慧介绍，在研制北斗二号卫星的时候，国产陀螺的寿命仅有3个月，但任务要求陀螺必须连续工作8年。为了达到任务要求，北斗团队不仅联合国内合作伙伴进一步突破陀螺寿命难题，更重要的是在系统上设计多种应对模式，确保卫星在一些极端情况下仍能正常工作。卫星在轨运行的实践证明，他们的方案是正确的。而在坚定的国产化路线中，国产陀螺如今设计寿命已达到十几年。

高精度原子钟产生整个卫星的脉动，产生时频基准，传递到其他卫星、地面站乃至用户手里的终端，堪称卫星导航功能的"心脏"。北斗三号卫星副总师张立新介绍，20年前，我国还没有自己的原子钟。国内组织了三个团队攻关，最终攻克了原子钟难题。如今，北斗全球组网星已用上了新一代国产原子钟。

另外，由于北斗系统无法像GPS一样在全球建立地面站，为了打通境外卫星的数据传输通道，五院北斗三号研制团队攻克了星座星间链路技术，采取星间、星地传输功能一体化设计，实现了卫星与卫星、卫星与地面站的链路互通，这就是说，虽然"看不见"在地球另一面的北斗卫星，但用北斗卫星的星间链路同样能与它们取得联系。

## 三、北斗导航系统打破国际技术封锁

从立项论证到启动实施，从双星定位到区域组网，再到覆盖全球，我国卫星导航系统建设历经30多年探索实践、三代北斗人接续奋斗，走出了一条自力更生、自主创新、自我超越的建设发展之路,建成了我国迄今为止规模最大、覆盖范围最广、服务性能最高、与百姓生活关联最紧密的巨型复杂航天系统,成为我国第一个面向全球提供公共服务的重大空间基础设施,为世界卫星导航事业发展做出了重要贡献,为全球民众共享更优质的时空精准服务提供了更多选择,为我国重大科技工程管理现代化积累了宝贵经验。

北斗系统是继美国全球定位系统(GPS)、俄罗斯格洛纳斯卫星导航系统(GLONASS)之后第三个成熟的卫星导航系统,也使我国成为继美、俄之后的世界上第三个拥有自主卫星导航系统的国家。其中美国的 GPS 始于 1958 年,1964 年投入使用。20 世纪 70 年代,美国陆海空三军联合研制了新一代卫星定位系统 GPS,目的是为陆海空三大领域提供实时、全天候和全球性的导航服务,并用于军事情报搜集、核爆监测和应急通信等,到 1994 年,全球覆盖率高达 98% 的 24 颗 GPS 卫星星座已布设完成,实现全球组网。同时,为满足与日俱增的军民用户市场需求,美国实施 GPS 现代化计划,加强 GPS 对美军现代化战争中的支撑。自此,美国拥有了在全球导航系统的绝对话语权,并基于此发展出了相关芯片、应用等民用行业,帮助美国在全球范围内获得了政治、军事、科技等垄断性优势。

在北斗系统投入使用以前,我国一直严重依赖美国的 GPS 系统,其弊端也很明显,如 1996 年台海危机以及 1993 年的"银河"号事件中,美国利用延时技术和干扰手段切断 GPS 定位信号,对我国造成很大威胁。无论是军用 GPS 系统领域,还是民用 GPS 系统领域都存在很大的国家安全隐患。例如在军用领域,如果没有自己的导航卫星系统,在紧急情况下,一旦拥有导航定位卫星系统的国家关闭系统,性能再高的武器装备也无法发挥效能。拥有卫星导航系统的国家能够放出高精度信号,也可以在必要时有选择地屏蔽信号,瘫痪对方的军事调动。

因此,北斗导航系统建成的不仅仅是卫星导航的硬件,它的发展是全方位的,是我国构筑国家科技安全体系的重要一环。中国卫星导航定位协会 2020 年 5 月 18 日发布的《2020 中国卫星导航与位置服务产业发展白皮书》(以下简称"《白皮书》")显示,10 年来,我国卫星导航与位置服务产业总体产值年均增长 20% 以上。2019 年,我国卫星导航与位置服务产业总体产值达到近 3450 亿元,较 2018 年增长 14.4%,预计2020 年产业总体产值将超过 4000 亿元。根据《白皮书》,2019 年与卫星导航技术研发和应用直接相关的芯片、器件、算法、软件、导航数据、终端设备等产业核心产值为1166亿元,同比增长9.1%,在产业总体产值中占比为33.8%。

北斗导航现在正在发展成系列产业,基于北斗导航系统的系列应用也在兴起。中国的北斗全球导航系统可以提供相应的定位、授时等服务,甚至还可以提供GPS没有的短信息服务,可以说是美国GPS事实上唯一的竞争对手。北斗系统打破了美国在全球导航系统方面的服务垄断,也是中国科技原创能力的象征,是综合国力的一剂强心针,预示着中国正向真正的大国迈进。

## 第七节　生物安全案例

### 案例一：传染性疾病及生物武器

在长期的历史进程中,人类一直在与各种传染性疾病进行斗争,鼠疫、霍乱、麻疹、天花等传染性疾病曾经给人类社会造成巨大损失。14世纪中后期,鼠疫席卷欧洲,夺走了2500万欧洲人的生命,占当时欧洲总人口的三分之一。传染性疾病是人类最早接触到的生物安全问题,也是早期生物安全的主要内容之一。重大传染性疾病并未随人类科技水平的进步及卫生医疗条件改善而消亡,在人类逐步认识传染病相关机理并相继消灭曾对人类社会造成巨大灾难的绝大部分传染病之后,新型传染病导致的疫情仍然不时出现。如Ebola、SARS、MERS,以及本次造成重大危害的2019新型冠状病毒(Covid-19)等。这些疫情的发生伴随着人类科技水平的进步,从细菌性病原向病毒性病原演变,从复杂细胞结构体朝简单非细胞结构体演变,以及从多细胞微生物、细菌等生命形态向腺病毒、朊病毒、类病毒等类生命形态演变。此外,战争等非自然因素也会带来重大生物安全风险。

史前时期,人类将从动植物体内提取的毒素涂抹在武器上用于捕猎或战斗。在僵持不下的攻城战中,进攻方把传染性疾病患者的尸体作为武器丢入城内,感染城内居民。存在于公元前19世纪到公元前8世纪的赫梯国,就曾使用过生物武器。赫梯人将感染兔热病的绵羊放入敌方城市或阵营,让对方人员染上致命疾病,从而赢得战争。

14 世纪,鞑靼人在进攻克里米亚的战争中,将染鼠疫死亡的士兵尸体抛入卡法城内,导致鼠疫在城中蔓延。第一次世界大战期间,德国曾经研发并使用生物武器。1915年,德国间谍将细菌战剂用于即将离开美国、前往欧洲协约国的马牛。1916 年,德国间谍企图在俄国圣彼得堡播撒鼠疫菌。1917 年,德国用飞机投放被细菌战剂感染的水果、巧克力和玩具。同年,德国间谍对协约国阵营的骡马接种鼻疽假单胞菌,导致几千匹骡马因得病而死亡。第一次世界大战结束后不久,国际联盟在瑞士日内瓦召开的"管制武器、军火和战争工具国际贸易会议"上通过《禁止在战争中使用窒息性、毒性或其他气体和细菌作战方法的议定书》,成为第一个生物军控国际协议。第二次世界大战期间,臭名昭著的 731 部队曾在我国进行生物武器研究和人体试验。

**案例二：基因污染**

由于物种在其近缘种之间都存在有性繁殖的相容性,基因生物工程作物中人工组合的基因会经过花粉(风扬或虫媒)的传播,将转换后的基因通过有性繁殖过程扩散到其他自然界物种中,从而造成物种和群种的基因混乱,这种现象科学家称之为"基因污染"。如果一个抗除草剂基因"污染"了杂草的 DNA(遗传物质),就会使该杂草获得抗性,成为"超级杂草"。这将增加杂草的控制难度,特别是当若干多个抗除草剂基因同时转入一个野生种,则会带来灾难。更为严重的是,相对于其他任何种类的污染而言,"基因污染"极为特别而且更为危险——它是唯一一种可以自己增加扩散的污染,而人类将束手无策。

生物的功能是在与环境的不断对抗中得以进化的,转基因技术使作物具有的抗性,可能会加速昆虫对抗性的进化。例如转入 Bt 杀虫基因的抗虫棉,其目标昆虫是棉铃虫和红铃虫等植物害虫。但如果大面积和长期种植,昆虫有可能对抗虫棉产生适应性或抗性,从而影响 Bt 农药制剂的防治效果,使农药用量增加。同时靶昆虫因大量死亡而导致数量减少,一方面降低它与对抗虫基因有抵抗力的非靶昆虫的竞争力,导致其他害虫大量繁殖,另一方面也会影响以其为食物的寄生虫或捕食者的数量,从而进一步影响区域生态平衡。相对于传统农药来讲,转基因作物可能会带来更严重的生态问题。

转基因作物作为食物进入人体很有可能出现某些毒理作用和过敏反应。国外已有儿童饮用转基因大豆豆浆产生过敏反应的报道,美国曾发生转基因西红柿导致过敏的事件。1992 年 6 月,在美国和其他一些国家又发现 1512 例与服用一种人造氨基酸有关的病例,其中有 38 人死亡。2000 年,美国阿凡迪斯 SA 公司开发的星联玉米,就被证明能引起少数产生诸如皮疹、腹泻或呼吸系统过敏反应。另外,目前对转基因食品安全性评价一般采用"全食物饲喂啮齿类动物实验"的方法。但是也有部分食品安全事件表明,对人类造成致命危害的食物,啮齿类动物食用后竟然安然无恙,这说明用啮齿类动物来做实验的测试手段仍旧无法保障人类的安全。

### 案例三：实验室生物安全事故

实验室生物安全也越来越成为人类社会的一个重要问题。虽然 2003 年初肆虐中国的"非典"在全国上下几个月的通力协作下逐渐平息,但很快在新加坡、台湾、北京等地就发生了实验室 SARS 感染。台湾实验室 SARS 感染事件发生所在的研究所属于台湾军方研究单位,实验室等级列为 P4,是台湾唯一的"第四级生物安全实验室"。这个实验室设立在山洞中,以两层阻绝设施与外界隔离,拥有全台最顶尖的实验设备。台湾在防护等级如此高的实验基地发生感染事件,事件发生后的通报、防范也漏洞颇多,以致造成民众心理的冲击、甚至影响经济。

国家疾病预防控制中心下属实验室也曾发生 SARS 感染事件。在 2003 年 SARS 疫情平息后,该所被卫生部指定为 SARS 毒株的 6 家保管单位之一。该所腹泻病毒室跨专业从事非典病毒研究,采用未经论证和效果验证的非典病毒灭活方法,在不符合防护要求的普通实验室内操作非典感染材料,发现人员健康异常情况未及时上报。这次疫情中,科研人员不幸感染 SARS,国家疾病预防控制中心的直属机构成为疫情的源头,实验室安全问题成为当时中国疾控的重点环节(见表 10-2)。

表 10-2　实验室生物安全事件案例

| 类别 | 原因 | 事件 |
| --- | --- | --- |
| 人为实验失误 | 因手部刺破或清洁卫生不够。 | 早在 19 世纪中期,流行病学之父塞麦尔韦斯便发现尸解实验的参与学生所感染的病菌与引起产褥热的病菌相同,后来又发现部分产褥热是由于参加解剖学生的手部感染而导致的。 |

| 类别 | 原因 | 事件 |
|------|------|------|
| 人为破坏 | 人为利用生物战剂杀伤有生力量。 | 本世纪 40 年代,日本侵华战争时期,731 细菌部队在中国犯下了制造实验室感染和细菌武器的滔天罪行。 |
| 人为实验失误 | 实验室中的病原微生物以气溶胶的形式飘散在空气中,人吸入这种空气造成感染。 | 1961 年,在莫斯科一家研究所的实验人员从流行性出血热疫区捕捉到一些野鼠带回实验室,疏忽之下把野鼠放在了室内暴露场所,导致数百人感染流行性出血热。本次事故被认为是野鼠身上带有的出血热病毒以气溶胶的形式污染了空气所致,是最严重的一次实验室气溶胶感染事故。 |
| 人为实验失误 | 实验人员接触了被微生物感染的实验动物而感染。 | 1967 年,欧洲的 3 个城市为研制疫苗从乌干达等地进口一批黑长尾猴,这些猴子携带有一种特殊病毒,引起了 13 名工作人员患病,并使这种疾病在德国马堡等地区流行,后将造成这种疾病的病毒命名为马堡病毒。 |
| 人为重大事故 | 试验人员操作过程中的疏忽,使本来接触不到的微生物污染环境,直接或间接感染实验人员。 | 1979 年 4 月 3 日,苏联斯维尔德洛夫斯克实验室发生爆炸,约 10 kg 炭疽芽孢粉剂泄漏,释放出了大量细菌雾,造成附近 1000 多人发病,数百人死亡。 |
| 人为实验失误 | 不当的实验程序导致西尼罗病毒样本与 SARS 冠状病毒在实验室里交叉感染。 | 2003 年 9 月,新加坡国立大学一名 27 岁的研究生感染 SARS 病毒。 |
| 自然引发 | 主要是由禽类传播给人,通过消化道、呼吸道、皮肤损伤和眼结膜等多种途径传播。 | 到目前为止,全球共有 15 个国家和地区的 393 人感染禽流感,其中 248 人死亡,死亡率 63%。中国从 2003 年至今有 31 人感染禽流感,其中 21 人死亡;2004 年初,禽流感席卷美国和亚洲部分国家,中国、日本、越南等国上百万家禽染病死亡,多人可能因感染禽流感病毒而去世。 |
| 人为自然引发 | 病原为甲型 H1N1 流感病毒,病毒基因中包含有猪流感、禽流感和人流感三种流感病毒的基因片段。 | 甲型 H1N1 流感最初发现于 2009 年 3 月,在墨西哥暴发的"人感染猪流感"疫情,并迅速在全球范围内蔓延。世界卫生组织(WHO)初始将此型流感称为"人感染猪流感",后将其更名为"甲型 H1N1 流感"。 |
| 人为无知引发 | 1976 年在苏丹南部和刚果的埃博拉河地区发现它的存在。 | 2014 年至 2016 年,西非爆发了大规模埃博拉病毒感染。根据世界卫生组织的统计,当时的疫情共造成 13000 多人死亡,成为历史上最大规模的埃博拉病毒疫情。2018 年 5 月,埃博拉病毒突然回到中部非洲的刚果(金)。 |
| 自然环境引发 | 鼠疫由沙俄西伯利亚传入满洲里。 | 1910 年 11 月,鼠疫由沙俄西伯利亚传入满洲里,很快延及哈尔滨,危及东北全境,疫情严重。哈尔滨市每天平均死亡 50 余人,最多一天死亡 183 人。 |

| 类别 | 原因 | 事件 |
|------|------|------|
| 自然环境引发 | 环境较差,房前屋后水塘较多,猪圈、牛棚与人居住的房屋紧挨在一起,蚊虫孳生严重。 | 流行性脑脊髓膜炎简称"流脑",病死率和致残率极高,是威胁人群特别是儿童健康的主要传染病之一,在20世纪60年代和70年代初期我国曾发生。 |
| 人为无知引发 | 食用带有病毒的果子狸造成。 | SARS事件是指严重急性呼吸综合征,于2002年在中国广东顺德首发,并扩散至东南亚乃至全球,直至2003年中期疫情才被逐渐消灭。 |
| 人为失误引发 | 研究人员在实验室内未能遵守规章,因操作疏忽而感染。 | 2003年12月,台湾一名SARS研究人员在实验室感染SARS病毒。 |
| 人为失误引发 | 源于中国疾病预防控制中心病毒病预防控制所的实验室感染。 | 2004年4月,SARS疫情再次进入人们的视线,北京和安徽两地共出现9例SARS确诊病例,在短短的几天内有862人被医学隔离。 |

## 第八节　生态安全案例

　　生态安全是国家安全的重要组成部分,是一个国家赖以持续生存和健康发展的基本前提。生态屏障是生态文明建设中构建国家生态安全战略格局的重要组成部分。生态安全是生态屏障建设的目标,生态屏障则是生态安全的保障。生态屏障处于过渡地带,是经过人工改良的具有明确保护与防御对象的复合生态系统,具有一定的空间跨度,在空间上呈封闭或半封闭分布,能提升生态系统服务功能,促进区域或国家生态安全,具有净化、调节与阻滞、土壤保持、水源涵养、生物多样性保育等功能。

　　"两屏三带"是我国构筑的生态安全战略,指以青藏高原生态屏障、黄土高原—川滇生态屏障、东北森林带、北方防沙带和南方丘陵山地带以及大江大河重要水系为骨架,以其他国家重点生态功能区为重要支撑,以点状分布的国家禁止开发区域为重要组成部分的"两屏三带"生态安全战略格局。构建"两屏三带"生态安全战略格局,对这些区域进行切实保护,使生态功能得到恢复和提升,对于保障国家生态安全,实现可持续发展具有重要战略意义。

## 一、青藏高原自然地理条件概况

青藏高原素有"世界屋脊"和"地球第三极"之称,是我国和亚洲的"江河源"。青藏高原作为亚洲乃至北半球气候变化的"感应器"和"敏感区",是我国与东亚气候系统稳定的重要屏障。青藏高原独特的自然地域格局和丰富多样的生态系统对我国生态安全具有重要的屏障作用。

青藏高原众多的冰川、冻土、湖泊、湿地和大面积的草地与森林生态系统孕育了亚洲著名的长江、黄河及恒河等 10 余条江河,是世界上河流发育最多的区域。据计算,青藏高原水资源量约为 $5\,688.61\times108\,m^3$,占中国水资源总量的 20.23%,其丰沛的水量构成了我国水资源安全重要的战略基地,同时,也对我国未来水资源安全和能源安全起着重要的保障作用。

青藏高原自东向西横跨 9 个自然地带。广阔高原边缘的深切谷地发育了热带季雨林、山地常绿阔叶林、针阔叶混交林及山地暗针叶林等森林生态系统类型,在宽缓的高原腹地形成了广袤的内陆湖泊、河流以及沼泽等水域生态系统类型,在高亢地势和高寒气候地区孕育了高原特有的高寒草甸、高寒草原与高寒荒漠等生态系统类型。青藏高原分布有高等植物 13 000 余种、陆栖脊椎动物 1047 种(特有种 281 种,其中国家一级保护动物 38 种),是全球生物多样性保护的 25 个热点地区之一。

青藏高原生态系统对全球碳循环具有重要作用。1999—2003 年,青藏高原主要生态系统在碳循环中均表现为碳固定大于碳释放,整个青藏高原碳积累总量为 $193.64\times106\,t/a$,其中森林生态系统的贡献最大、高寒草甸次之。此外,青藏高原分布着 $1.40\times106\,km^2$ 的多年永久冻土,封存了大量温室气体。青藏高原作为重要的碳汇,影响着区域和全球气候变化。

## 二、青藏高原生态安全屏障面临的挑战

特殊高寒环境下,青藏高原生态敏感且环境极其脆弱。在全球变化和人类活动综

合影响下,青藏高原生态系统的不稳定性威胁加大,资源环境压力加重,作为国家生态安全屏障面临严峻挑战。

### (一) 冰川退缩

由于全球变暖,青藏高原冰川自 20 世纪 90 年代以来呈全面、加速退缩趋势。各区域冰川消融程度不同,藏东南、珠穆朗玛峰北坡、喀喇昆仑山等山地冰川退缩幅度最大。对藏东南帕隆藏布上游 5 条冰川变化监测显示,冰川末端退缩幅度在 5.5~65 m/a。珠穆朗玛峰国家自然保护区冰川面积在 1976—2006 年间减少了 15.63%,珠峰绒布冰川末端退缩幅度在 $9.10\pm5.87$ m/a~$14.64\pm5.87$ m/a。冰川退缩导致地表裸露面积增加、冰湖增多。冰湖溃决并引起滑坡、泥石流发生频率、强度与范围增加。冰川融化使得一些湖泊水位上升,湖畔牧场被淹。冰川融化不仅直接影响河流、湖泊、湿地等覆被类型的面积变化,而且涉及更广泛的水文、水资源与气候变化。

### (二) 生物多样性受到威胁

生物多样性是人类赖以生存的基础,生物多样性的保护与生态安全屏障保护和建设相辅相成。由于不合理的放牧和脆弱环境的综合影响,青藏高原草地原生植物群落物种减少,毒、杂草类增多;20 世纪 70 年代青藏高原草原毒害草仅 24 种,到 1996 年达 164 种。西藏自治区已有 100 多种野生植物处于衰竭或濒危状态。

### (三) 土地退化显著

土地退化主要表现在冻土退化和土地沙化及草地退化方面。2009 年全国第 4 次荒漠化和沙漠化监测结果显示,西藏自治区沙化土地总面积由 1995 年的 $20.47\times10^4$ km² 增加到 2009 年的 $21.62\times10^4$ km²。草地是青藏高原生态安全屏障的重要组成部分,是区域牧业经济发展的基础。在西藏自治区,2003 年全区不同程度的退化草地总面积 $29.286\times10^4$ km²,占草地总面积的 35.7%;1990—2005 年间,西藏草场退化面积每年以 5%~10%的速度扩大。

### (四) 水土流失加重

青藏高原地理环境复杂,水土流失类型多样,伴随着气候变化和人类活动加剧,水土流失日趋严重。2000 年调查显示,西藏地区水土流失面积达 $103.42 \times 104 \ km^2$,其中冻融侵蚀面积占水土流失总面积的 89.11%,水力和风力侵蚀分别占水土流失总面积的 6.00%、4.89%。据 2005 年调查,青海省水土流失面积为 $38.2 \times 104 \ km^2$(占青海省总面积的 52.89%);其中黄河、长江、澜沧江三江源头地区水土流失面积分别占水土流失总面积的 39.5%、31.6% 和 22.5%;目前仍以每年 $3\,600 \ km^2$ 的速度在扩大,成为水土流失的重灾区。

### (五) 自然灾害频发

敏感的高原环境背景,形成了多样的自然灾害类型,且受灾区域范围广大,青藏高原是我国自然灾害类型最多的地区之一。高原气候变化剧烈,气象灾害频发,1967—1970 年高原东部大—暴雪过程平均次数为 1.5 次/a,1991—1996 年增加到 2.4 次/a,90 年代以后进入雪灾的频发期。在雅鲁藏布江大拐弯处不到 20 km 江段范围内,1989—2000 年的 12 年间新增大型和巨型崩塌和滑坡 8 处。

## 三、青藏高原生态安全屏障的保护与建设

有效进行青藏高原生态安全屏障的保护与建设,国务院等部门批准并实施了一系列的规划、保护与建设项目。2005 年 2 月,国务院批准通过了《青海三江源自然保护区生态保护和建设总体规划》,2007 年底,国家发展改革委又批复了《青海湖流域生态环境保护与综合治理规划》,2009 年 2 月,国务院批准通过了《西藏生态安全屏障保护与建设规划(2008—2030 年)》,2011 年 5 月,国务院颁布了《青藏高原区域生态建设与环境保护规划(2011—2030 年)》。上述规划确定了青藏高原生态安全屏障保护与建设的一系列举措。

西藏高原作为青藏高原的主体部分,其生态安全屏障功能保护与建设的相关研究与示范工作取得了一批阶段性成果。其中,《西藏生态安全屏障保护与建设规划(2008—2030 年)》确定的主要工程推进顺利,初步构建起了西藏生态工程的主体框

架,部分重点工程已经取得了比较明显的生态环境效益。具体成效包括:

### (一) 高原生态系统整体稳定,植被覆盖度呈增加趋势

近 20 年来高原各类生态系统结构整体稳定,生态格局的变化率低于 0.15%。植被覆盖度小幅度上升,覆盖度增加的区域面积占全区国土比例的 66.5%。

### (二) 全区沙化面积减少,工程区风沙治理成效显著

沙化土地面积逐步减少,生态系统质量有所改善。沙化土地面积减少了 10.71 万 $hm^2$,年均减少 1.53 万 $hm^2$,年递减率为 0.07%,极重度沙化土地向重度或中度沙化转化。林草复合措施固沙效果好,雅鲁藏布江河谷景观生态改善。

### (三) 退牧还草促进了草地恢复,提高了农牧民收入

工程区草地盖度和生物量显著提高,牧草产量增加。藏北退牧还草工程区内植被覆盖度比工程区外提高了 9.9%～22.5%,平均提高 16.9%。工程区内草丛高度平均增加 2.04 cm,提高了 59.8%。草地载畜能力提高,农牧民政策性收入增加。通过禁牧补助、退牧还草、草畜平衡等措施,开展草原生态保护补助奖励工作,提高了农牧民的政策性收入,人均增收 850 元/年。

### (四) 农牧区清洁能源使用率大幅提高,农牧民生活条件显著改善

新型清洁能源使用率达 65.6%,减轻了对林草生态系统的破坏。西藏农牧区沼气和太阳能等清洁能源推广使用为农牧户节省支出 620 元/年。

### (五) 天然林与自然生态区保护初见成效,野生动植物种群恢复性增长

西藏天然林保护一期工程(2000—2014 年)累计完成生态公益林建设 8.25 万 $hm^2$,工程区森林覆盖率由原来的 38.6% 提至 39.5%。禁止砍伐森林后,森林资源总消耗量由 150.5 万 $m^3$,降低到 69.4 万 $m^3$。自然保护区面积达到 41.37 万 $km^2$,珍稀野生动物种群增加显著。受保护湿地面积已达 430.8 万 $hm^2$,高寒湿地得到有效保护。

#### (六) 生态系统服务能力逐步提升，生态安全屏障功能稳定向好

生态系统水源调节作用波动中提升，森林涵养水源功能稳固保持。生态系统防风固沙作用开始发挥，主要风沙区强度减弱。生态系统碳固定总量增加，固碳功能稳中有升。

## 第九节 文化安全案例

### 一、历史虚无主义

一个国家的历史是一个民族和国家宝贵的文化资源，是民族存续的合法性所在。历史是一面镜子，可以正衣冠、知兴替、明得失，一个民族和国家是否能够正确认识、理解，并分析自己本民族的过去，是一个国家能否获得国际社会尊重的关键。而当一个人缺乏对本国历史的正确认知与理性分析，在错误的历史观中大肆扭曲民族历史，并且片面否定本国历史文化、民族文化、民族传统和民族精神时，很容易成为社会历史虚无主义思潮的源头。

历史虚无主义有各式各样的"外包装"，有时在网络上用"戏说""恶搞"的形式潜移默化地表达出相关概念。如提出一个与主流价值观不符的命题，通过对历史的裁剪和扭曲，打出"不得不知的秘密""百年冤案"等夺人眼球的话题，从而吸引流量。有时又以"事实"和"正义"的姿态出现，在缺乏切实证据的情况下大做"翻案"文章。还有一些以"重评历史"为幌子，企图以解构、裁剪或者编排历史来否定中国革命、建设和改革的合理性，甚至欢迎西方列强的侵略。

和正统的甚至是枯燥的历史叙述不同，网络上有历史虚无主义倾向的信息一般是带有强烈的情绪化色彩，甚至还有很强的阅读性和说服力，社会也往往因为其新奇、煽动性的表现形式而深受吸引。2014年，山东大学高陈其在他的博士论文中调查发现，高校竟然是历史虚无主义的重灾区，在"你觉得当前的历史教科书对历史人物的评价合理吗？"这个问题中，他惊讶地发现，认为"合理"的比例竟然只有选择"不合理"的一

半。尽管绝大多数高校学生认识到历史虚无主义的危害性,但是他们在对历史的认知上仍然与历史虚无主义者的某些观点不谋而合。[1]

可以看到,历史虚无主义已经在我国,尤其是高校内部,造成了较为恶劣的影响。一些教授、高校学生在网络上公开发表的不当言论,也不能不让人心生警惕。[2]

## 二、历史虚无主义的表现

历史虚无主义者往往拿着放大镜去消解历史,他们打开历史的各个角落,翻来覆去就为了找到一点流量的蛛丝马迹。革命先烈可能因为穿了皮夹克照相就变成了爱慕虚荣的人。而他们的英勇事迹也不是因为自身的正义,而是被人骗了、脑子慢等等一系列乌龙造成的。娱乐经济下,众多编剧通过改编一些耸人听闻的历史事件进行娱乐创作,也很容易扭曲人民群众对历史的认知。比如说不关注西安事变对世界政局的历史影响,反而对张学良的私生活津津乐道,不关注英雄先烈董存瑞在最后一刻炸碉堡的大无畏气概,反而戏说他最后一句话是——"同志们,河南人是个骗子!"……对于这些戏说历史的人来说,仿佛找出这些历史人物的弱点甚至缺陷,就可以破坏他们的人设、消解背后的光环,将他们拉到与自己同一水平线上。

历史虚无主义者还常常打着还原历史真相的旗帜重评历史。比如根据一些蛛丝马迹就说朝鲜战争用的是人海战术和虫族式冲击,说什么中国人取胜就是靠着不要命的志愿军填出来的。所以在拥有机关枪和导弹等各式先进武器的美国人面前,这种自杀式打发只会让战场成为胜利者的攻击基地。而实际上,中国军队有着丰富的作战经验,并且有着完备的替补制度,一个人倒下来,另一个人会立刻按顺序顶上。班长倒下了,副班长上,副班长倒下了,二班长上,这就是为什么志愿军似乎无穷无尽的秘密。又比如说用一些耸人听闻的词语做标题吸引网民点击——"李鸿章创立了一家公司,147年后竟然遍布中国各地!"这让许多不明真相的人以为李鸿章创办的公司似乎仍然存在,实际上清朝覆灭,中华民国、中华人民共和国的成立早已将这些旧社会的公司

1 高陈其.历史虚无主义思潮对高校学生的影响研究[D].山东大学,2014:29.
2 典型如湖北大学的梁艳萍教授,中国科学院大学的硕士季子越,他们的"恨国"言论让人瞠目结舌,不仅大肆称中国人为"支那",而且还对中国曾经被殖民的历史拍手称快。

工厂换了内核。还有什么"汪精卫不是汉奸""雷锋奉献实际上为了自己"等。当这些没有调查也没有发言权的人在舆论上翻起风浪时,很容易让不明真相的人产生误解,从而形成错误的历史认知。

历史虚无主义者也有可能站在偏激的立场上以假说的名义设想各种极端状况——如果中国没有打赢抗日战争怎么办?如果中国失去朝鲜会怎样?如果是站在客观理性的立场上分析也就罢了,但这些人大多数都是打着如果的名义而随意想象。历史的发展有无数变量,变化中又蕴含着自身的规律,如果忽略历史自身的惯性和科学规律,仅靠"如果"来随意想象,那么人类历史很容易由科学演变成"玄学"。

历史虚无主义的典型案例是季子越事件。2020 年 4 月,网民爆出中国科学院大学的硕士季子越在境外平台上发表极端言论。这位网名叫"神楽坂一梓月"的同学,是中国科学院大学 15 级化学专业本科生季子越,后保研至本校计算机系,事情曝光时正在美国公派留学。

他在国外的"推特"平台上公然写到:"支那蠢猪认为世间的一切真理都被英武的日本皇军战士们……把你家方圆 960 平方千米夷为平地……这一铁板钉钉而又无限屈辱的事实。"并在日本大屠杀中两名刽子手手持武士刀而立的照片下配文字:"两位英雄一人一刀。南京是日本人的南京,日本内政不容干涉。"还有一些更不堪入目的话语,如"支那废物自嘲完美""支那贱畜知道自己到超市买大米都要交 10% 的增值税吗?"等不一而足。

作为一个中国人,用极端侮辱和歧视性的语言描述自己的同胞,并且公然为日本极端罪恶行为站台,这种罔顾历史事实的行为明目张胆地包含着对中国历史的满满恶意。可笑的是,当一些日本人发现他的言论后,却认为这是一个外国人冒充中国人蓄意挑拨中日关系的闹剧,季子越的精日行为没有得到日本人民的认可,反而引起他们对其身份的怀疑。但不论怎么说,一个在中国土生土长的中国人,其思想和言行居然像受到多年军国主义教育的日本人,这对我国的文化安全教育来说,是一个莫大的讽刺。

季子越在事情曝光后的几周内,终于在重重压力下表现出"悔过"之意,并发表几百字的道歉信——"本人季子越,……我已经意识到,这些言论给广大网友带来了严重的情感伤害,我本人对伤害民族感情的行为感到深深的自责和懊悔,我已经将相关内容删除,并在此向广大网友真诚道歉。作为中国公民,我的行为伤害了我的祖国,辜负了父母、师长和祖国多年的培养……我将继续深刻反思自己的言行举止,希望大家监督。"

可是他真的悔过了吗? 恐怕不是的。他声称删除了之前的不当言论,实际上一条没删,所谓的"辜负了父母、师长和祖国多年的培养",表示要深刻反思自己的言行举止。但是道歉完,反手就点赞了"学校开除就是政治迫害"的推特。季子越的道歉,不是道歉,而是满满的"怎么被发现了"的懊悔。他看起来忽然间就变成正常人了,其实这是"胆小鬼"的生存策略,在重压之下看似驯服,实际上内心不以为然,甚至从未改变。

### 三、案例点评与思考

在历史虚无主义者的"恨国行径"中,季子越不是个案。幸运的是,他已经被曝光出来,并且受到应有的处罚。不幸的是,还有很多人潜藏在角落,他们可能在网络上仍然隐蔽地传播极端的言论和扭曲的价值观。这种否定历史、否定国家的言论往往附加着强烈情绪宣泄和政治煽动性,对于我国青少年或者没有坚定信念的人来说具有极强的诱导作用。可以想象,一旦这种曲解历史、否定历史的历史虚无主义言论在网络上引发病毒式传播,那么也必然导致认同者对党和国家的情感虚无。这对于我国人民的思想文化阵地来说,是一个极大的安全隐患。

当前,国家文化安全隐患的主要渠道主要来自网络,季子越案例也是通过网络传播才吸引了有类似价值观的拥趸。习近平总书记说,网络安全和信息安全是事关国家安全和国家发展、事关广大人民群众工作生活的重大战略问题,我们必须要将网络上的文化安全作为一项长期任务,创新改进网上宣传,运用网络传播规律,弘扬主旋律,激发正能量,大力培育和践行社会主义核心价值观,从而把握好网上舆论引导的时、度、效,从而使网络空间清朗起来。[1] 除此之外,我们还要从国际国内大势出发,总体布局,统筹各方,创新发展,努力把我国建设成为网络强国。

---

1  2014 年 2 月 27 日,习近平主持召开中央网络安全和信息化领导小组第一次会议并发表重要讲话。

　　总之,文化是维系一个国家团结稳定的重要基础,是一个国家综合国力的重要组成部分。正确的历史叙述和历史认知对于提高民族凝聚力有着莫大的意义。毋庸置疑,这种凝聚力所形成的安全屏障也可以极大地提高国家整体安全度,并由此赢得良好的国家安全环境。历史与现实的发展逻辑和价值都意蕴着正视历史的极端重要性,而高校师生作为中国人才的培养基地,用正确地历史观和价值观武装思想更是重中之重。历史虚无主义百害而无一利,缺乏对历史的敬畏之心必将缺乏对国家的敬畏之心。由此看来,拒绝历史虚无主义者对中国历史的扭曲与抹黑,从而维护国家文化安全,将是一个重要而长久的话题。